建構中國——
不確定世界中的大國定位與大國外交
Writing China: Identity Formation and Big Power Diplomacy

張登及◎著

叢書序

　　文化向來是政治學研究中為人忽略的課題，因為文化涉及主觀的價值與情感，它賦予人類為了因應特定時空所仰賴的主體意識，從而得以進行各種發展並創意調整，故與當代政治學追求跨越時空的行為法則，甚至企圖預測歷史進程的必然途徑，可說是南轅北轍的思惟模式。正因為如此，西方主流政治學的研究議程中，存在著對文化的展開起封閉凝固作用的知識論，當這個議程經由近二十年來留學西方的學者帶回國內之後，也已經對在地政治知識的追求產生封鎖的效果。

　　在這樣的知識社會學背景之下，「知識政治與文化」系列推出了，這乃是揚智文化盡其心力，回歸在地的勇敢表現，不僅率出版界的先聲，向西方科學主義主宰的文化霸權宣告脫離，更也有助於開拓本土的知識視野，為在地文化的不受主導做出見證。這個系列的誕生，呼喚著知識界，共同來發揮創意的精神，釋放流動的能量，為邁進新世紀的政治學，注入人性與藝術的氣質。

　　「知識政治與文化」系列徵求具有批判精神的稿件，凡是能對主流政治學知識進行批判與反省的嘗試，尤其是作品能在歷史與文化脈絡當中，發掘出受到忽視的弱勢，或在主流論述霸權中，解析出潛藏的生機，都是系列作者群的盟友，敬請不吝加入這個系列。不論是知識界勇於反思的先進同仁，或亟思超越法則規範的初生之犢，都歡迎前來討論出版計畫；學位論文寫作者如懷有相關研究旨趣，歡迎在大綱階段便及

早來函賜教。

　　我們期盼伴隨著系列一起成長，任由自己從巍峨皇殿的想像中覺醒，掀開精匠術語的包裝，認真傾聽，細心體會，享受驚奇，讓文化研究的氣息蔚然成風。

叢書主編

石之瑜

邱　序

　　1990年代中期以後，由於中共經濟持續高度成長，「中國崛起」遂成為國際政治的焦點研究議題，學界與政界關注的重點包括：第一，中共是否已經崛起？其經濟、軍事與政治力量是否足以成為世界大國？第二，中共崛起之後，對於國際體系的影響為何？現存的國際關係理論是否能夠具備解釋，甚至預測中共對外行為的能力？第三，中共的意圖為何？它如何評估自己的綜合國力？它要成為一個什麼樣的大國？它崛起之後是否會向既存的霸權挑戰？最後，各相關國家面對崛起的中共將採取何種因應對策？

　　現有的西方國際關係論述對於前兩項問題著墨甚多，他們對於中共崛起後的影響，大都傾向於悲觀的看法，認為崛起後的中共將可能成為國際政治與安全不穩與威脅的因素，結構現實主義與霸權穩定論是此類的代表。但是他們對中共的意圖卻因此缺乏客觀的分析，可以說是西方國際關係理論最大的缺失。

　　本書作者也是從結構現實主義的理論出發，旨在描述與解釋崛起中的中共在國際政治上尋求適當地位的過程，但是本書最大的貢獻在於從中國角度客觀與全面性的探討中共崛起的意圖與影響。作者從中共歷史的發展過程分析中共對大國的定義與演進，可以說是當前對此問題最完整與準確的論述。

　　其次，作者幾乎遍訪了中國大陸著名的國際關係學者，分類整理了

他們對中共與大國概念與實踐的關係論述,中共是否已經成為世界性的大國?中共將要成為什麼樣的大國?本書作者在這方面的整理與分析,十分有助於理解這方面的問題。

　　當然作者也必須注意在強調中共意圖的重要性時,是否會陷入建構主義與結構現實主義之間辯論,兩者之間何者更具有影響力的問題。而中共是否可以主觀的願望形塑世界格局,或是仍將受到結構現實主義的影響,進行傳統的權力遊戲,我們也歡迎作者未來能繼續為我們提供客觀與深刻的討論。期許之餘,謹為此序。

於政治大學東亞研究所

趙　序

　　國際政治學者認為，對外政策是一個內外環境因素互動下的產物；「外交」則被視為國家實施對外政策的主要工具。因此，當我們探討中共的「大國外交」時，我們首先要問，中共對外政策的目標和利益是什麼？中共的「大國外交」能否達成中共的政策目標和獲取中共的外交利益？

　　其次，談到國際環境因素對中共對外政策的影響，我們必須瞭解中共對國際形勢變化的認知，尤其是中共眼中的「大國」，在國際戰略格局扮演的角色為何？至於國內環境因素方面，我們關心的是中共的「能力」、「政治」和「意識形態」，對於中共對外政策和「大國外交」的形成，究竟發揮了多大的作用？

　　身為讀者，我們很感謝張登及博士的這本著作，解答了研究中共「大國外交」所衍生的一系列問題。既然本書是改編自作者的博士論文，相信他必然是以嚴謹的學術研究態度，來從事撰寫的工作。事實上，本書使用相當大的篇幅進行理論的建構。作者不僅引進西方研究國際關係的一些理論、介紹了中國大陸學界的相關重要文獻、進行了田野訪談，也藉此開創了分析中共「大國外交」的新架構。作者這些努力的成果，增加了本書論述的客觀性和周延性。

　　本書除了具有學術參考的價值外，也兼顧了實際應用的價值。因為

　　兩岸問題的日趨國際化，已使中共的對台政策，不可避免地受到了中共「大國外交」的影響。因此，這本書還可以作為政府處理兩岸關係和對外關係事務的參考。

　　本書作者張登及博士是政大東亞研究所畢業的高材生，兼具國際關係與中共研究的專才，使作者在研究這個主題時，顯得得心應手。而讀者閱讀本書時，也有行雲流水、一氣呵成之感。有幸先睹為快，本人基於好書與朋友分享的理念，樂將此書推薦給廣大的讀者朋友。

淡江大學大陸研究所教授

趙春山

鄧　序

　　長期從事國際關係與外交政策的研究，對於作者這本有關中共外交的新作能夠問世，感到十分高興。登及在政治大學就讀博士班期間，曾經選修本人的國際政治經濟學課程，在校研修時也曾參與過國際間非政府組織的行政工作，所以在國際關係理論與實務上都頗有體會與掌握。特別是理論方面，登及著力甚深，這點相信讀者可以自己從本書中看得出來。

　　我國在國際間長期與中共競爭，面對當前的國際環境，受到的壓力自不在話下。也因為如此，國內從事國際關係與中共外交研究的論述，多半集中在實務與對策的籌謀，理論面的思考並未受到足夠的重視。對於大陸內部戰略思潮的掌握，有時難免認為是想當然爾。然而冷戰結束之後，大陸政經實力增強，對西方國際關係理論也有更深入的掌握，相應的辯論已經進行了十年有餘。基於「大國」的自我定位，大陸內部對西方的學理既有分析，又不是照單全收。這一進行中的複雜脈絡，頗值台灣學界深究。作者將研究焦點集中於此，乃是本書最大的特色。

　　本人認為此書的出版，將可彌補國內中共外交理論性分析的不足，也鼓勵人們更積極地深入掌握後冷戰時期，大陸內部游移不定的國際戰略思潮。相信本書的問世，不僅是作者未來更新銳研究的出發點，也為

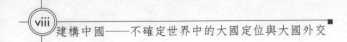
國內中國研究的取向提供了一個值得鼓勵的理論契機。樂觀其成之餘，

謹為之序。

政治大學外交系主任

鄧中堅

鄭　序

　　毫無疑問，登及是國內國際關係學優秀的年輕後進學者，他好學深思、見解獨到、極富研究開創精神。此本著作是他過去數年研究成果的展現。文中充分顯現出其治學態度認真，與研究方法嚴謹，而且本書理論與實務兼具，學理與政策相配合，尤其是將中共過去十年對外關係發展提出完整而有條理的說明，並同時給予充分理論闡釋與經驗證實，對於有心認識中共外交與國際關係理論的人而言，本書皆具有重大參閱價值。特撰此序，以茲鼓勵。

鄭端耀
於政治大學國際關係研究中心

自 序

　　民族是一個想像的共同體；主權是一種社會建構；國際政治無政府
狀態是國家創造的。假如這些近來流行的說法有部分的合理性，則「外
交政策」和「外交行動」就有可能是「想像中的想像，建構裡的建構，
創造下的創造。」極言之就變成是莊周之夢。本書解夢，「亦夢也，是
其言也，其名為弔詭。」

　　然而外交也並非全無所本。所謂「國者人之積，人者心之器。」團
體成員與其領導者面對自然環境、「我們」與「他們」，進退行止必當
有一個章程法式，其基礎是對外在世界的觀察估計、近來與外在世界的
關係，以及由此得到的，可以言之成理並減少不確定性的意義系統。自
我定位為其體，對外政策為其用。若所說的團體被認定為部落聯盟、酋
邦或國家，其「用」或可說就是現代意義的「外交」。

　　團體內部、邊界和外環境都不斷地在歷史中變動，人們的觀察與解
釋又不可能是漫無邊際的完整再現，於是理論抽象成為追尋自我定位、
駕馭觀察所得的必然過程。然而「有直觀而無概念」是為混亂，「有概
念而無直觀」又淪於空洞。概念的理論抽象與變動的歷史實在之間的辯
證遂永無休止。或許歷史實在部分為人們的認識能力所及，或許根本不
可知。「以有涯隨無涯，殆已。」但這也正是千百年來理論工作引人入
勝的奧秘所在。因為理論作為一種社會實踐的實體化效果，不會滿足於
「用不同的方式解釋世界，」而「問題在於改變世界。」塞班（G. H.
Sabine）因而一語道破──理論家是一種超級從政者。準此，在本書的
脈絡中，不僅衙署高官、認知社群，所有相關的發言者都是外交實踐
家。

　　當代國家是一個歷史實在，但根據摩根索（Hans Morgenthau），不
多也不少，它只是一個歷史實在。人們一方面要在不確定的世局中依照
各自的需要找尋抓取這一實在的辦法，一方面又要能看到這個實在的扭

曲、蛻化甚至解消的動能。我們或者要全神貫注地盯住物質向度──經濟、科技、軍事，或者要竭力突顯軟權力下認知、理念、制度的作用，或者還要超逸其外。冷戰結束，正是各國政要與理論家們大顯身手的歷史時刻。中國這個現代國家體系的遲到者，正好崛起並似乎要以自己的方式更加深入地參與其中，使得世紀交替的繽紛喧嘩，既是波瀾壯闊、又帶有幾許陰霾。

出於對這樣一個時代變局的關切，也出於對普遍／特殊、結構／行動者、理論／歷史、客觀／主觀和物質／精神問題的持續追索，作者選擇了本題進行研究。讀者現在看到的這本書即是從作者的學位論文改編而成。書末還增補了幾篇單篇文章，對本題研究終止後的晚近局勢作了一點補遺。雖然嘗試以理念類型的建構去解析當代中國外交之謎，回應惱人的二元對立問題意識，但關於中國的自我定位與大國的外交之路的研究，作者只能說自己現在才剛起步。即便如此，沒有無數鼓勵與扶持的手，這步還真難以跨出。

為此，作者要深深感謝求學歷程中，台灣大學政治學系、政治大學東亞研究所、國際關係研究中心許多師長的啟蒙和督促，各系所同窗的鼓勵與指教；田野研究裡，中國人民大學國際關係學院、中國社會科學院、北京大學國際關係學院、上海復旦大學等地學者慷慨應允受訪，以及台北縣慈暉文教基金會、立青文教基金會和中流基金會的補助。此外，筆者也要向揚智文化有關同仁致意。他們為本書的出版提供了卓越的後勤支援。當然，小書所有愚者千慮的所得，都該毫不猶豫地歸功於師友的義助。必然存在的許多疏漏舛誤，責任無疑是屬於作者自己的。

最後，作者要感謝先父張育傑先生、慈母李紅漪女士與愛妻蔡佳蒨小姐無悔的支持。沒有他們，作者的求知之路將寸步難行。謹將本書獻給他們。

於台灣台北

目　錄

第一章

導　論

建構中國——誰？如何？為什麼？

方法論與本書架構

研究方法

文獻概況

建構中國──誰？如何？為什麼？

近代以前，西方長期陷於教皇、皇帝與王國間的鬥爭，中國則深居在天朝體系的傳統中，雙方並不需要認識對方從而採取「對策」，也就沒有自我定位的急迫性。馬可波羅與利馬竇等人東來，逐漸激發了西方對中國的想像。但具有現代「國際關係」意涵的定位方式，則必須等到普世教會的權威和意義系統瓦解，「民族國家」體系在歐洲基本成型，然後以壓倒性的物質文明和軍事優勢向東亞擴張，才成為歐美建構中國和華人回應西方建構無可迴避的基礎。「東亞病夫」、「睡獅」、「次殖民地」、「半殖民」、「後殖民」等都是此後人們耳熟能詳的述詞。不同的述詞其實代表著各個主體對對象的不同建構，也就會有因應而生的對待方法。就本書而言，這些相互對待的方式，在國際政治上就是「外交政策」。

歷史上中國與其他文明或國家的關係線索萬端，中國內部與外界對它的定位與策略有著日益豐富的對話。本書僅以冷戰結束之後為處理範圍，希望經由分析這十二年來，隨著大陸經改績效出現對國際關係造成的衝擊，產生的中國內外對它的定位建構與政策評估，而能有助於讀者掌握中國與外在世界關係變化的內容和走向。

一、冷戰落幕，國際政治與其理論分化重組，如何建構「中國崛起」？

> 1991年，國際形勢經歷了第二次世界大戰以來空前重大的變化，在和平時期發生這樣劇烈的變化是史無前例的，引起國際社會的嚴重關注。[1]　　　　　　　　　　　──錢其琛

自1989年11月柏林圍牆倒塌、東德政府瓦解，到1991年12月20日夜，蘇聯國旗從克里姆林宮緩緩落下，歷史的發展曾經帶給人們對人類

前途與國際情勢短暫的樂觀，甚至作出「歷史終結」於西方自由民主政治與市場經濟體制的結論。[2]生產、消費、科技、金融、通信乃至文化的全球化更強化了樂觀的呼聲。六四天安門事件後，一時置身事外的北京當局，也被認為早晚將步入蘇聯東歐的後塵。然而，樂觀呼聲還未歇止，民族分離主義、恐怖主義以及全球化帶來的各種負面效應如環境惡化、生態危機、「文明衝突」、價值虛無等等，[3]迅即從意識形態對峙的美——蘇兩極板塊裂隙間噴發出來，引起的震盪不僅敲碎多處兩極結構僵局下的區域和平，還向所有類型的國際政治行動者提供挑戰與機會。冷戰後期隨著相互依存趨勢出現的國際關係理論大辯論，也使得議題的廣度與縱深大大增加。無論是終結論、文明衝突論，傳統學派中相爭辯的新現實主義、新自由主義，加入爭辯的批判理論、全球主義乃至建構主義等等，無不試圖掌握最新發展，建構解釋與建議；但也無一能據卜斷言，認為冷戰結束後的國際情勢已在其掌握之中。

　　「中國崛起」（China Rising）[4]無疑是冷戰結束後，高度不確定的世局中，引人注意且使人困惑的巨大現象。1978年以來，逐步實施改革開放的中國[5]即以可觀的經濟成就與科技、軍事現代化，在國際政治經濟中扮演日益重要的角色，這也使得北京當局早在1992年的「十四大」，便以「國際影響不斷擴大、國際地位空前提高」而頗為自喜。[6]所謂「二十一世紀是中國人的世紀」一時更是高唱入雲，挑起外界複雜的感情。[7]內外激盪的結果，大陸內部的自我評估，無論悲觀或樂觀，也常常忽左忽右，流於情緒。[8]事實上，早在1970年代初美國調整對中蘇戰略時，尼克森（Richard M. Nixon）就曾將中國定位為「五極」之一，期許美、歐、蘇、中、日保持建設性之均衡，促進世界安全穩定。[9]然而冷戰結束，蘇聯瓦解之後，北京漸進主義改革的成就固然成為耀眼新星，但持續成長的「綜合國力」，使得它取代了陷入長期經濟蕭條的日本，被美歐政學界、軍方視為未來威脅與戰爭的可能對手。[10]所謂接觸——圍堵（engagement vs. containment）、外交——威懾（diplomacy vs. deterrence）[11]的辯論，現狀體系的「霸權」對可能的「挑戰者」的關切，尤其是對付新現實主義觀下的「系統中第二大國」，[12]都是從西方

國際關係諸理論建構產生的政策選項。

二、轉變中的中國自我定位建構與外交政策

　　在冷戰結束後的國際關係與全球政治局勢裡，中國角色的特殊性不僅在於大陸近二十年「綜合國力」的崛起，還在於中國的國家屬性和外交經驗在理論與實務上究竟應如何分析對待。[13]不只是西方理論以及實務的分析要面對此一爭論已久的問題，並發出這個「失落的亞洲巨人」（frustrated Asian giant），到底有沒有「大戰略」（grand strategy）的質問；[14]大陸內部從研究到決策者也不免對自己的國力、對周邊國家的反應、對美歐日的意圖、對俄國與發展中國家的友誼，最後，在一體化與全球化面前，對世界的「主題」──和平與發展感到迷惑踟躕。[15]面對遍及內外、相互糾纏的複雜局勢，除了看似不變的長期宣示之外，北京應該以怎樣的外交政策和內政興革加以因應，大陸各界也坦承現在的確是「面臨了一個新階段」[16]，「中國外交正在不動聲色地變化中」[17]，「背後隱含了多種不同的觀測角度，……這些角度和結論往往既存在分歧，又有許多交叉，不易截然分割，也各有所長短。」[18]尤其經歷了1999年5月8日駐南斯拉夫使館遭到北約飛彈襲擊事件，大陸未來外交的走向更發生重大爭論，以致出現根本質疑「多極化」、「和平與發展」判斷的意見。[19]「獨立自主的和平外交」內容一度又向冷漠強硬方向漂移。

三、「大國外交」概念與政策實踐是觀測中國外交變化的指標

　　根據作者既往的研究發現，觀測冷戰後中國對外在世界的評估及自身定位建構的極佳觀察點，即是1990年代中期之後，活躍於大陸內部官方與學界的「大國關係」和「大國外交」概念，與此概念引發的爭議。[20]北京以往礙於反對大國沙文主義、支持「第三世界」等原則，「大國」的自我指涉是個禁忌。[21]但1994年中國在「中俄聯合聲明」中，首度用

了有國際政治意涵的「大國」概念指涉自己與俄羅斯。[22]1997年「十五大」的「大國關係深刻調整」論斷，更進一步為其內部關於「大國」的自我定位打開討論空間。當然，北京早年諱言「大國」並非表示1950年代韓戰以後、1960年代的「造反外交」、1970年代利用戰略大三角結構時，中國就不算是「大國」。早在1954年日內瓦會議期間，蘇聯就反覆倡導「五大國」概念，北京也未有絲毫反對拒絕；但自己作為當事者則幾乎絕口不提。[23]北京所以昔日諱言，今日則在各種官方文件坦然接受「大國」地位，甚至以「夥伴關係」使「大國關係」到位而一度樂觀自豪[24]，其中外交辭令經歷的轉換，大陸學界皆能敏感嗅出甚至公開辯論。有人還公然表示「不苟同」所謂「外交界」的現實主義建議。[25]從官方到學界，政策表達以至爭論背後的自我定位與政策演變特別值得研究者持續注意。[26]

　　總之，既然冷戰結束後的國際體系前景是如此渾沌不明，即便美國官方與學界也在爭辯這一體系究竟是「單極」（unipolar）、「多極」（multipolar）還是「單極」與「多極」的過渡雜型。目前許多國家對現狀都有不同程度的不滿，躍居「單極」的美國也得思考如何因應才不會淪為單邊主義、橫衝直撞的孤立超強（lonely superpower）。[27] 那麼國力上升中的中國，又將如何建構自己的戰略地位和與外界的關係，繼以綢繆何種政策因應，是兼具理論與實務價值的課題。舉凡宣示性原則，像是「獨立自主和平外交」、「和平共處五項原則」、「發展中國家團結合作」，或是政策領域如對外貿易、國防政策、區域安全、國際合作等等，以及雙邊關係：中國與美國、俄羅斯、歐盟、日本，都是可供一窺冷戰後中國對外關係某一面向的適當途徑。然而，上述面向尚不足以同時彰顯從冷戰時代以迄冷戰結束後中國總體外交的連續與變化，和這些變化蘊藏的背景原因。

　　還應該更深刻地考慮到，由於「大國外交」產生於冷戰結束之後，實施改革開放的中國大陸，從觀念學理到經濟貿易都與外在世界互動綿密，對西方國際關係諸理論與相應政策的體察亦更加敏銳。西方國際關係諸理論對「中國崛起」與中國作為「大國」角色的分析，對大陸內部

各界已有建構性的影響。是故，西方國際關係諸理論對國際關係本質的假設，對「中國崛起」現象的評估，就不僅具有「外在於」中國去客觀分析它作為「大國」對國際社會的影響的意義，更還有「介入到」大陸內部各界關於冷戰結束後外交政策、思想辯論的實踐效果。[28]對於向來習慣於突出「理論」對「實踐」的依賴關係，強調理論要為社會主義建設服務的中共而言，這種效果尤有濃厚的政策導向與功利色彩。[29]職是之故，西方國際關係理論對於「大國」中國的兩重意義——分析中國外交與被大陸官方、學界應用以自我建構，對本書剖析中國「大國外交」的內涵與表現便極具對照價值。將西方諸理論假設及其對冷戰後中國國際關係的分析，與大陸內部各界的回應建議，特別是反映在對「大國外交」相關概念的態度予以對比，將更有助於澄清冷戰後轉變中的世界裡，中國「大國外交」的定位內涵和政策影響。

本書的假定是，冷戰結束後出現於大陸各種文獻的「大國外交」相關概念，既是中國自我定位變遷的指標，也持續影響著外交政策內涵；它本身即指涉有特定內容的定位系統與對外政策方針。反言之，也就是說，假若冷戰後大陸內部並未提出與「大國外交」有關的外交政策概念，例如，「大國關係」、「大國的責任」[30]，本書的假定是中國的外交行動與現今相比將有極大差異。

四、本書焦點

所以本書探討主題包括四點：

第一，闡明中國「大國外交」相關概念出現的內政與國際環境背景。

第二，藉由與中國外交政策具體實踐相對照，檢驗「大國外交」相關概念的多重內涵。

第三，深入國際關係理論層面，呈現國力崛起的中國，面對冷戰結束後的體系轉變，外交政策與政策背後「大國」定位的複合樣態。

第四，經過上述三個步驟的分析，提出以敘述、解釋和詮釋冷戰後

中國「大國外交」發展動態的概念建構，並對其未來發展作一預期。

　　為求更深入地掌握大陸內部對「大國外交」的態度乃至後冷戰時期中國外交的看法，本書進行了國內中國外交研究領域尚無前例的大陸相關研究者訪談。這使本書作為中國外交個案研究之一，能更多地貢獻於整個中國外交研究，並促進各方多層次的理論對話。

　　總而言之，著名國際關係理論研究者基歐漢（Robert O. Keohane）與奈伊（Joseph S. Nye）認為，美國是國際體系首要行為者，無論白理論或政策面而言，美國的個案都極具重要性，由是開展了以相互依存概念分析「轉變中的世界政治」與美國外交個案的研究。[31]冷戰結束後，中國既成了世界秩序的問題，也是其解答；[32]它幾乎是唯一讓西方國家產生敬畏，也感到憂慮的政權；[33]它自己也正尋求在國際間發揮更大作用並找尋自己的新位置；也就是說，中國與外在世界都在摸索，避免衝突與圍堵的宿命。[34]既然中國在當前國際格局中作用重要若此，人們更深入地研究這樣一個「大國」的定位如何在內外互動中被建構出來，也當是理論與實務界的要務。

方法論與本書架構

一、「大國外交」概念的基本問題

　　本書屬於一般所知的中國研究（China Studies）與中國外交政策研究的範圍，但也希望其成果將對國際關係理論研究有所貢獻。作者將在政策概念——即中國「大國」定位與政策實踐對比驗證之後，採取西方既有國際關係理論對崛起中國之評估，與大陸內部各種理論爭論和回應作對比，從多種理論與政策立場、角度剖析中國「大國」認同之內涵與有效性並加以重整，進而掌握冷戰後中國「大國」定位與對外政策之內容、變化、原因，[35]並適度提出對其未來發展的評估。

　　然而研究中國「大國」定位與「大國外交」首先要面對的問題是，既然大陸官方只使用「大國關係」一說，但迄未有公開宣示的「大國外交」政策，則「大國」定位和「大國外交」概念有效性即處於不穩定狀態，何能作為展示冷戰後中國自我定位與外交政策發展之指標？針對這個質疑，本書可舉國內外各一個研究案例回應。金淳基（Samuel Kim）曾指出，中國儒家反對逐利造成道德淪喪，歷來攻擊權力政治（power politics）與霸權（hegemony），但這不影響金淳基用達爾文式的觀念解釋中國擁抱「綜合國力」競爭的說服力。[36]金氏也認為，大陸的官方宣示是反對現實主義與新現實主義觀點的，於是往往表現一些頑固或不可預期的行為，以及儀式主義外交。[37]但儘管中共外交原則排斥現實主義敘事，大量的文獻仍主張以現實主義分析中國外交。我們還可以舉國內資深中共外交研究家尹慶耀先生研究中共「統戰外交」為例。雖然人們幾乎沒有從北京官方外交宣示中見過「統戰外交」一詞，但這並不減損尹氏研究的成果。[38]因此，雖然中共官方只正式採用「大國外交」相關概念的某些部分（如「大國關係深刻調整」），這也一樣不妨礙本書的目的，反而突出了冷戰後中國外交的動態與矛盾性格。[39]

　　其次，如同上節所假定的，「大國外交」相關概念作為分析焦點同時具有以下兩種特質：

1. 大陸興起的各種「大國」定位與「大國外交」相關概念，是冷戰後國力增強、持續開放的中國，繼承既有的「獨立自主和平外交」原則醞釀翻改出的對外政策指標，有「依變項」（dependent variable）的性質，這一性質要求研究者提出理由加以解釋並釐清其內容。

2. 「大國」自我定位與政策在依照內外情勢變化更新時，也同步更新對正在進行的行動的指導，這使它也有「自變項」（independent variable）的特色。

這種雙重性質使得中國的「大國」定位與外交現象本身作為研究對象，必須經由背景溯源、政策檢驗、理論對比、動向評估的過程，才能

漸次掌握全貌。而不宜先給予規定式的操作化定義後，再證實或推翻該
定義。

　　用上述分析策略展開研究之前，以下數個方法論（methodology）
層面的課題有先探討的必要。

　　金淳基曾提出研究中國外交需要面對的四個基本問題：一、在一段
時期內，中國外交政策的持續與變遷如何？何以致之？二、中國外交理
念、意圖、原則與行動、結果間的差距如何？何以致之？三、與他國相
較，中國外交政策的特殊性與一般性各是如何？何以致之？四、在形塑
中國外交政策諸因素中，內政因素與外部體系制約兩者間比重如何？其
後果又各是如何？[40]以本書為例，除了處理第一、第二項問題並驗證於
政策實踐外，由於引入了理論對比的觀察，無論是西方或大陸，諸理論
分析中國外交的成果，有的重視內因，有的重視體系；或強調特殊性，
或強調普遍性。因此本書在研究進行前，必須先採取適當的理論——方
法論視角，回應上述第三、第四項議題。進行西方與大陸理論／政策分
析對比時，此一視角也有助於本書分析架構之展開，不會偏取其一。

二、理論的雙重功能：解釋現實也改變現實

　　社會科學研究者，尤其是西方的「中國專家」們，常為缺乏完整而
綜合性的一般理論，以解釋中國的外交行為與政策所苦。[41]依照華爾志
（Kenneth N. Waltz）對「法則」與「理論」所下的嚴格界定，「法則」
是通過觀察或實驗，得出的恆常或可能的關聯關係（association）。但僅
是抓取無限多的經驗事實，不足以產生知識，故需以「理論」解釋「法
則」，滿足人們尋求預測與控制外物的欲望。華氏認為這一界定與自然
科學或經濟學的標準相當，「理論」雖然忽略了個案細節，但它普遍的
適用性可以用以解釋重複發生的行為與現象的規律。按照以上規定，國
際政治研究的目的即是尋找法則，然後建立理論以解釋法則。[42]「理論」
需具有普遍性這一觀點近來也漸為大陸國際政治研究者所體認。[43]然而
華爾志與和他爭論的基歐漢、奈伊都發現，「理論」常被用作增強政策

說服力的口號，用來解釋結果的「理論」反而變成政策動機本身，最後產生規範性作用，要求行動者遵守。[44]「理論」因此從純粹學理的位置，取得了影響政策——包括冷戰後大陸研究者的分析建議等等——的實踐意涵，支持了本書對比西方與中國分析「中國崛起」所得成果的必要性。

進一步而言，華氏將「理論」與「法則」作出區分的見解，可以用以支持基歐漢關於世界政治、世界政治理論的看法。基歐漢以為，世界政治及其理論與人們的價值觀念處於轉變之中，其性質與物理學不同。[45]即便是經過較好檢驗的「理論」，未來也有失效之可能。[46]其原因作者可分述如下：首先，未經組織、解釋的經驗現實（empirical reality）只是茫無邊際的「雜多」（chaos），理論作為「科學知識」乃旨在賦予經驗現實一種思想秩序；其評價標準不在於與現實之相符，而在於解釋力。[47]其次，古典現實主義者卡爾（E. H. Carr）在觸及本體論（ontology）的討論時認為，政治學中不存在物理學意義的「事實」（facts），「事實」是可以被意圖所改變的。[48]綜上觀之，正如加拿大國際關係學者考克斯（Robert W. Cox）闡釋卡爾的思路所言，上升或衰敗中的強權（rising or declining power），或不同的案例所具有的國家／社會關係，都有可能產生不同的國際關係理論；[49]這種現象在冷戰後特別明顯。於是這類觀點便能與大陸文獻質疑「民主和平」、「文明衝突」等理論時的態度相互呼應，認為當前「理論」總是產生於實力強的大國，並反映他們自己的切身關注。[50]

依照本書研究目的來看，並不需要隨著冷戰後西方理論界、文化界的某些潮流，把「理論」之定義繼續朝向「後現代」思路所具有的相對主義（relativism）、觀點主義（perspectivism）延伸；[51]但只就本書闡明「大國外交」的內涵、發展與政策影響這一目的而論，便不宜預設某種特定的理論／方法論／本體論觀點，或專執於某一分析層次（levels of analysis）、某種決策模型出發的理論視角。[52]因為國際關係諸理論與國際社會中的各個行動者，包括中國的外交行動的關係，有以下辯證的雙重作用（參閱圖1-1）：

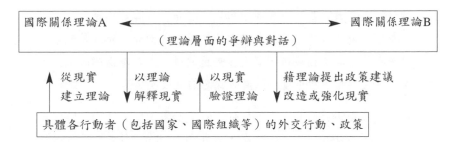

圖1-1　國際關係諸理論與特定外交行動關係圖

1.從現實和政策實踐中提煉概念以建構理論。

2.理論產生概念與政策建議，去指引、批評、改造、強化實踐。

　　因此，為適應研究目的，本書對待「理論」是採取兼顧內政／國際因素、[53]行動者／結構因素（agent/structure）、[54]歷史特殊性／一般性因素的角度，對中國「大國外交」相關概念與政策實踐進行解釋與詮釋。[55]茲闡述如下：

三、內政／國際因素

　　華爾志指出，國際政治的現象可能是某些國家內政層次變項造成，也可能是國際結構的系統性原因造成。長期而言，不同國家卻有類似行為，顯示乃是共同的結構因素制約，就像不同的公司在同一市場結構壓力下，表現出類似的競爭行為，而可用市場理論解釋。在國際政治面，華氏認為解釋這種行為的類似性乃是國際政治理論的任務，而非外交政策理論的職責。[56]不過華氏並非不重視內政因素對個別國家對外政策行動之重大影響，例如，他對1990年代北約東擴及美國干涉波士尼亞、南斯拉夫等政策，便認為這不是出於安全威脅的理由，而是國內大選激發出的國家雄心（national ambition）與因應軍工企業的需求。華爾志論稱：

柯林頓在密爾瓦基、克里夫蘭與底特律這些東歐裔票倉大談北
約東擴。選票與美金乃是美國政治的骨血。而北約新成員也需
要改善他們的裝備設施，買更多先進武器。於是美國的軍工企
業為掌握這龐大新市場，到處鼓吹北約東擴。[57]

在中國外交研究方面，李侃如除了同意冷戰、蘇聯領導共運等國際
因素外，還認為中共的一五計畫、大躍進、文革與四化等國內戰略
（domestic strategies）對中國面對世界的姿態與政策有直接影響。[58]冷
戰時期內政因素影響或許較小，冷戰之後「撞球」似的國際政治比喻對
內政因素的把握就低估甚多。實際上中、美兩國對彼此的政策都深受雙
方國內歷史、文化、經濟、制度等因素牽制。[59]此論更可從杭廷頓宏觀
歷史的角度予以延伸。杭氏指出，歷史上，中國對內政／國際事務沒有
明顯分界，其世界秩序的形象不過是內政秩序的延長，也是中國文明的
擴大投射，複製成擴大的同心圓和正確的宇宙秩序。[60]而金淳基則以冷
戰後多邊組織參與造成收益結構（payoff structure）的改變，說明「全
球化」強化了內政與國際因素的連結。[61]上述這些論點也部分為大陸學
者所證實，例如，米振波認為，1956年「八大」的內政路線產生了「和
平可能實現」的判斷與和平共處的和緩外交。[62]曲星指出，此後1960年
代的「兩面開弓」外交，則是國際形勢與國內「極左思潮」交相作用造
成；[63]之所以1980年代能實現「和平與發展」、「獨立自主」的重要轉
變，是因為對國家利益「有了更深刻的認識」，知道外交要為經濟服
務。[64]應用到本書，則有若干大陸學者承認，由於中國外交受制於內政
形勢與路線，「大國外交」相關概念的興起一方面是出自華氏強調的權
力分布（distribution of power）業已改變，也就是中國國力提昇促發了
「大國外交」；[65]另一方面，此一戰略的辯論也是多種國內發展戰略與
國家利益內容交相作用的反映。[66]

顯然，如同辛格（David Singer）早已指明，偏重不同的分析層次
就會使研究者看到不同的現實。[67]基於上述分析所得，本書目的不在逐
一追究每個內政／國際因素之影響細節，也不宜預設冷戰後中國對外政

策中，「大國外交」相關概念是被某一層次因素主導產生。不論側重內政或國際因素，西方與大陸相關理論的解釋，對於澄清「大國外交」產生的內外背景與作用，當各有助益。

四、行動者／結構因素

有關行動者／結構因素的議題，有時也被稱為意志主導（voluntarism）／決定論（determinism）議題，影響所及遍及社會科學多個領域，理由在於它不僅是一個方法論問題，也更深層地觸及本體論問題。在行動者／結構因素兩方面不同的偏好，對一個研究如何解釋對象影響很大，但這類偏向卻常常不被明說。[68]偏重結構的理論將結構視為自發地（spontaneously）來自各單位行動者的互動，然後不以單位行動者意志為轉移地（unintended）將行動者的位置確立於架構（arrangement）之中。偏重行動者的理論認為，人類與人類結合成的組織，作為目的取向的行動者（purposeful actors），可以再生產（reproduce）並改造其所生活的社會（包括結構）。[69]面對這組二元對立，另外存在著調和兩者的「結構化」理論（structuration theory）；在國際政治研究研究上，該理論既重視物質性的「能力分布」（distribution of capability），也重視行動者共享的「意義分布」（distribution of ideas），意義分布構成行動者行動所由的認同、利益與規則。結構與行動者間的關係是相互性（reciprocal）、循環性與轉化性（transformational）的。[70]

行動者／結構因素的本體論與認識論分析也反映在當前有關國際體系、理念、意識形態、認同、文化等對利益、政策的影響上。[71]其中，哲學、文化與認同問題在冷戰結束之後，往往介入了新自由主義與新現實主義未能涵蓋的許多國際現象，且深深涉及傳統國家安全觀念重視的課題。[72]英國學者阿姆斯壯（J. D. Armstrong）早在1970年代的研究便指出，中共「統一戰線」的意識形態與國際體系外在的變化，兩者作為影響外交的力量，界線十分模糊，而且互相塑造、調適。[73]此外，同樣

是以現實主義作為分析中國外交特徵的結論，便可能同時援用力量對比的結構、霸權們創設的制度、各行動者的歷史經驗，乃至文化與心理因素的論證。[74]歷史學者柯偉林（William C. Kirby）在探討傳統的「中國中心論」的時代意義時，便稱今日此說又以「國粹論」和中國龐大市場吸引各方投資的形式再度出現。[75]儘管冷戰後人們以為意識形態對外交不再有太大作用，賴文（Steven I. Levine）繼承史華慈（Banjamin I. Schwartz）與白魯恂（Lucian W. Pye）的傳統，論證了正式意識形態與非正式意識形態即便正在解體，也還對中國的世界觀（world-view）頗有影響。[76]雙邊關係上，沈大偉（David Shambaugh）更細緻地分析了中國長期對美國的認知和誤解，造成的鉅大衝擊。[77]

同樣地，大陸學者在行動者／結構議題面向上立場頗為多元。有人強調用樸素地緣利益與結構因素分析「大國戰略」。[78]有人主張領導人的「認識」已捕捉了力量對比變化，從而改變外交戰略和對國際建制（regime）的態度。[79]有人認為不同時期（冷戰前期──冷戰後期）意識形態作用不同，因而安全觀與客觀國家利益會受主觀因素影響。[80]也有學者認同理論應追求普遍性（universal），擔心「大國意識」造成中國「角色定位」錯誤。[81]

顯然，如同古典現實主義巨擘摩根索（Hans J. Morgenthau）在其著名的「現實主義六原則」第三點要求的，強調理性因素的現實主義並不為利益、權力等概念賦予永久性定義。特定時期的政治、文化環境會使不同的利益決定政治行動。因而，雖然被分別歸於現實主義與自由主義，明智的摩根索與基歐漢都引述了詮釋社會學理論家韋伯（Max Weber）的名言：[82]

> 直接支配人類行為的是物質上與精神上的利益，而不是理念。但是由理念所創造出來的世界圖像（images of the world）常如鐵道上的轉轍器，決定了軌道的方向。在這軌道上，利益的動力推動著人類的行為。[83]

基於上述分析，對於冷戰後中國「大國」的定位建構，不妨對側重

結構或行動者主觀認知乃至文化、意識形態的理論一併考慮，以照顧到冷戰後體系轉變、價值失控的獨特性質，和大陸內部的因應對策與具體行動的整體關係。因為對於中國「大國外交」，國際關係諸理論不僅具有建構和解釋作用，還同時兼具制約政策思路的「結構」以及主導政策變遷的「行動者」雙重身分。

五、歷史特殊性／一般性因素

在1970年代，已故國內資深大陸問題研究者郭華倫教授曾經質疑不瞭解中共歷史與黨政，直接套用西方理論的可行性。[84]實際上，此一辯論不僅與中國的獨特歷史背景有關，也與本書已經討論過的內政／國際因素、行動者／結構因素有關。[85]目前，多數的國際關係（國際政治）研究傾向採用基於自然主義（naturalism）本體論假設的實證主義方法，假定社會世界與自然世界並無基本差異，可用相同標準與方法探索其「行為規則」（behavioral regularities）；[86]其最形式化的處理方式乃是以邏輯與數學展現。[87]此種方法在追求「一般性」時，也同時遭到兩方面的質疑。第一種質疑已見於華爾志對歸納主義的批評。第二種質疑則來自對自然主義多所保留的各種方法論觀點，突出歷史、制度、詮釋、解構等研究途徑；[88]這些途徑常打破內政／國際的界限，並對行動者改造結構的動能給予較多關注。

上述這些方法論上相連的問題也反映在各國外交研究中。公認的現實主義外交家李辛吉就認為，美國外交的矛盾來自於理想主義與孤立主義的歷史傳統，造就了二十世紀主要的國際協議與架構。而且美國自認為「強大到足以付出任何代價」，使得它常面臨進退兩難之困境。[89]這一歷史性研究的案例暗示，美國作為行動者有撼動結構的潛能，而其內政因素對國際政治有重大影響。關聯到本書的主題──崛起中的中國，其「大國外交」的屬性，也可以看到歷史特殊性對一般性國際結構的衝擊。

慣見的，出自大陸對中國外交的歷史特殊性的評語為「中華民族

『歷來』愛好自由與和平。」[90]實際上，中國常表現的獨特「多原則外交」（multiprincipled diplomacy）現象，正是困擾一般化理論研究者要求簡潔、行為一致的來源；[91]以至於有論者認為，這種「多原則共存」一如中國歷史上儒、道、法等思想傳統和多重道德原則並立一般，使前述理論難以找出有序、規則的中國外交偏好。美國理論界展現的追求理論的一般性，也只是適應一個獨特的超強行動者的需求而已。[92]還有大陸研究者以對外動武的行為為例，主張「中國的確有自己的style（風格）。」[93]態度更強烈的人，除了將「客觀中立」的一般性理論等同於社會達爾文主義，還要從「東方主義」手上奪回自己的歷史闡釋權。[94]本書的旨趣不在參與歷史特殊性／一般性問題的爭辯，但面對理論與實踐（政策）交織的景況，在解釋同時作為後果與原因的「大國外交」現象時，理當抱持一種具體與時空交織（situated in time and space）的問題意識，不忽略前置條件——包括國際結構與內政等方面的影響。這種重視特定案例獨特性的路徑，一方面糾正了「反歷史主義」（anti-historicism）的缺失，對於脫出法則的文化多樣性更為敏銳；另一方面也保留了組建理論去解釋對象，以現實檢證理論概念，並供未來比較性、一般性研究加以驗證的必要性。[95]對本書而言，也就是「聚焦於不同脈絡、領域裡，可觀察的經驗性對象——外交政策行動（foreign policy action），」[96]去掌握變化中的中國「大國外交」。

社會學家韋伯的研究指明，強調歷史特殊性不等於簡單的年表研究（chronicle），歷史特殊性及其因果解釋也可以從概念建構與案例比較得來。[97]實際上，華爾志說明北約東擴時，以歷史的角度與事例，生動地呈現了美國內政因素如何抗拒均勢結構。[98]摩根索也同意，目前民族國家與國家利益的連鎖關係乃是歷史的產物，註定在歷史的過程中有消失之日。[99]杭廷頓所謂的「單極片刻」（unipolar moment），對獨特的中國「大國外交」與一般結構制約間的關係保持平衡的方法論態度，較為符合本書的研究旨趣。

六、本書架構的介紹

闡述了以上方法論層面的問題後，本書各章安排如下：

第二章將先對中國「大國外交」相關概念的出現背景做出結合內政／國際因素、行動者／結構因素、歷史特殊性／一般性因素原則的分析，然後再以此為背景扼要概述冷戰後中國與外在世界——包括主要「大國」、周邊區域與國際組織的關係，驗證「大國外交」的政策內容與發展。易言之，第二章係針對中國「大國外交」政策實踐與歷史發展層面進行分析。第三章在介紹西方國際關係諸理論的假定與內容後，將呈示其對冷戰後中國「大國崛起」的建構性思考與對策。第四章以相關之大陸內部研究文獻對西方理論與政策的回應，進一步說明中國「大國外交」代表的自我定位意涵與未來發展的多種可能性。其中包括與大陸國際關係專業研究者訪談的彙整，以此突顯大陸內部各界對「大國外交」與其政策實踐的界定、評價，取得足以觀照行動者本身的概念定義與政策評估。三、四兩章顯然涉及到理論對話與建構層面。最後一章的結論將把理論與實踐兩個層面作為對象，整體檢討中國「大國外交」相關概念的內涵，藉此綜合建構出便於理解冷戰後中國「大國外交」自我定位的一組概念類型，並對中國的外交未來發展作一簡要預測[100]，以為本書之總結。關於本書之分析範圍，研究的起訖時點為自1989年5月（前蘇聯總統戈巴契夫訪問北京）至2001年8月。美國遭「911事件」恐怖襲擊，摧毀塔里班與海珊政權之後尚在變化的局勢先暫不處理。[101]

研究方法

研究方法指涉的是，為達成本書研究目的，在上節方法論框架引導下，蒐集資料與處理資料的技術。[102]本書蒐集的資料與文獻分析方法此處不再贅述。比較值得一提的是本書採用的訪談法。也就是作者於2000年8月至11月前往大陸若干國際關係專業研究機構，進行有關本書

主題訪談所得的紀錄。

本書賴以進行的傳統文獻資料，與既往諸多中國外交研究相較，其分析技術並無獨特之處。要言之，即以官方黨政正式文件掌握官方政策立場——對「大國」定位與「大國外交」的態度與其發展。以外交行動、對外關係的實質發展驗證官方立場與實際行動的一致或差距程度。以各方的理論與政策研究角度，解釋「大國外交」概念與現象的內容，並探討理論對政策發展的影響。訪談資料的取得方法、性質與對本書的可能貢獻特另闡明如下。

以往研究中國外交決策的文獻雖承認對大陸相關人員的訪談是研究的一個重要方法，也應是取得資料的重要來源，但卻遭遇與中共現任或卸任高層官員接觸不易的困難。[103]尤其許多有關中共決策的研究認為，其決定是領導人對問題的思考，交政治局等高層討論後公布，也就是具有自上而下的色彩。這種特質並不因分析者採取何種決策模型而有不同。[104]如果將「自上而下」與「高度集權」的假設推極而言，則對處於權力核心「外圍」的大陸內部國際關係研究者的訪談，一則難以獲取其真誠的意見，一則也難以供作探究政策概念產生、演變與影響的依據。實際上，即使在美國，亞倫‧懷丁也認為應當展開的與中情局（CIA）等情報專家的訪談合作，一樣難以辦到。[105]

但是若將「自上而下」與「高度集權」的假設，置於今日國際事務範圍愈加擴大、議題愈加專門的環境而論，則專業研究者及其構成的知識社群（epistemic communities），在形塑國家利益、規劃具體政策方面的影響就顯著增加。掌握知識、傳布新觀念甚至可以成為「論述性權力」與「技術性權力」的來源，並醞釀出新的行為模式。[106]儘管大眾與知識社群的意見或專業建議如何上達並影響政策宣示，其過程外界難以一窺全貌，但中國外交研究者對大陸內部學界的爭論、一般大眾的意見兩者對中國外交的影響的重視，已經使「由上而下」的假設必須修正。[107]

以沈大偉對大陸「美國觀察家」（America Watchers）的訪談與文獻研究為例，他以專業研究機構、大學與媒體工作者為對象，分析了他們對美國的認知與爭論，並得出對「美麗帝國主義」的各種曲解與誤解，

對中美關係顯有負面影響的結論。[108]另外，麻省理工學院學者克里斯坦森（Thomas J. Christensen）近期的研究也應用對匿名中共官員、學者的訪談，探索中國明知自己是一個權力相對弱勢的角色時，認知（perceptions）因素在促使中國挑戰強者過程中，可能產生的作用。[109]無論專業研究者的研究與爭論是否曲解現實，[110]一如若干接受訪談的學者指明的，他們的訓練與角色使自己分析相關問題時，兼有科學性與敏銳性，介紹的新觀念對政策的影響日漸上升，並有部分研究者藉由意見被採行而進入決策圈。[111]

確立對大陸內部國際關係專業研究者訪談的價值後，此處對訪談法的一般性質，以及本研究訪談的進行方式，本書引用收錄記錄的原則作簡要敘述。

訪談法（interview）相對於問卷法，在方法論範疇常被歸為質化研究法（qualitative method）的應用。此法假定行動者為現實世界所制約，但也有意識地模塑且改造現實世界。因而訪談重視的是受訪者對特定議題的主觀經驗、態度與評價，藉以瞭解受訪者身處的現實，及他／她們論證、評價現實的預設邏輯。[112]訪談法在這方面與本書目的——掌握大陸內部國際關係專業研究者對冷戰後中國「大國外交」政策概念與實踐的建構和評價，頗為契合。然而一般量化／問卷研究對訪談法的質疑，包括樣本不具代表性、無法產生可比較的統計並建立通則等，並不影響本研究的進行。因為本書對中共官方政策立場與其實證檢驗，基礎在於傳統的文獻資料，特別是官方文獻與統計，而不是以訪談所得作為政策落實的佐證。所以訪談所得的在本書中的功能依照重要性順序分別有兩點，這兩項功能依舊能以成文、具名的其他文獻加以相互驗證。

1.掌握中國大陸內部多種不同的理論思考與政策評價，幫助本書解析「大國外交」概念與政策的多重面貌與發展方向。

2.視同未文字化的表述，提供分析官方文獻、統計、大陸境外理論與對華政策的參考。

本書進行的訪談採取非結構化（unstructured）的形式，也就是以本

書研究目的為提問基礎，參照計畫受訪者已公開發表的相關分析、主張進行提問，並無結構化的、統一的問題順序。若計畫受訪者並無與本書主題直接有關之公開著作，則由訪者先行介紹本研究的目的及初步觀察，再由受訪者評論。從受訪者的初步回應中，找尋相關議題請其進一步闡釋。此一形式重點不是驗證事先假設的普遍理論，而是瞭解大陸專業「圈內人」對「現實」的看法。因而訪談進行時，對受訪者的理論立場、政策分析乃至價值取向採取精神上的理解態度，有助於捕捉他／她們作為行動者的主觀意向與期望。[113]此外，由於每個受訪者受訪時間長短不一，非結構化的訪談較能因地制宜。

儘管無法對受訪者做有系統的抽樣選擇，本書計畫的受訪對象名單皆先行諮詢若干國內專研中共國際關係學者，並儘可能兼顧官方性研究機構、重點大學相關系所以及它們的地域分布。[114]訪談進行時間為2000年8月下旬至11月中旬，除兩次訪問外，其餘皆為訪者與受訪者單獨訪談。由於多數受訪者建議訪者，不宜在論文撰寫時提示其姓名職務，為照顧這些要求，本書僅以英文字母代碼表示受訪者。[115]

文獻概況

直接與本書有關的既有研究性文獻可分為三部分：一、國內研究中國「大國外交」的成果；二、其他地區（主要是歐美）對於冷戰後「中國崛起」現象的理論與政策分析；三、中國大陸內部關於「大國外交」相關概念與政策的討論。後兩者在本書的研究架構中，已經屬於中國「大國外交」概念與政策發展的一部分，彼此的交互影響具有政策意涵，將於本書第三、四兩章專門予以分析。此處先介紹國內直接以中共「大國外交」為主題的成果，並對於西方有關冷戰後中國「大國外交」的相關研究的情況作一綜合性的陳述。

一、國內研究的成果

　　中共官方的正式文件並無「大國外交」一詞，「大國外交」更未像「三個世界」論與「獨立自主和平外交」一樣，成為中共既定的對外戰略。[116]較多的國內學術文獻將「大國外交」現象直接作為既成事實分析，其中既有富含價值的成果，也引發了進一步探索的需要。也就是說，國內研究成果對冷戰後中國「大國外交」應作為分析性的概念，還是成形的具體政策尚無共識，對於其概念的內容與觀察重點也有所不同。

　　本書發現，國內對中共「大國外交」議題的討論發端於1998年下半年，此或與該年6月以後，美、俄、法、英四國首腦先後訪問北京，該年11月江澤民先後訪問俄、日有關。《中央日報》專欄評論者石祿於1998年9月撰文指證，北京「大國外交」緣起於1995到1996年間，對台文攻武嚇失敗之後，內部展開的重新界定國際形勢與對台政策的爭論。「經過激烈辯論，以『中國國際戰略學會』高級顧問黃政基為代表，胡平、戴小華、曲星、俞曉秋、劉吉等人為主要理論旗手的中國『大國論』，根據綜合國力重量不重質的思考，逐漸占上風。因而從1997年開始，全方位推動與調整相關『大國』的關係。」石文分析，此一策略首重均勢，以「戰略夥伴」促進多極化去慢性顛覆美國領導。其目的依序為要求國際社會接受北京片面制定的對台框架、以和平氣氛突顯台灣為麻煩製造者、以「大國」姿態否定「非大國」台灣的地位。石文批評指出，大陸水患不斷、壓制人權、國企瀕危，「怎麼可能是『大國』？」這將使北京虛幻的「大國」形象暴露無疑。[117]

　　《中央日報》專欄分析家石沙在1998年撰文認為，中共「出頭」外交調子愈唱愈高，始自1998年8月底「第九次外交使節會議」江澤民親臨講話，其意義在於以「大國外交」與「發展中國家外交」相結合，對美多極制衡以保障自身利益。[118]

　　董立文在1998年12月刊出的研究指出，中共的「大國」戰略意識始自「十四大」（1992年），1997年「十五大」以後成為外交政策的主流。

此一政策起源於1980年代以來綜合國力上升後，對「世界大戰」與「多極化」認知的逐漸改變，「世界愈和平，中共愈認為自己是『大國』。」──其外在的作為，表現在1997年之後江澤民多次在國際場合的宣示，以及頻繁的「元首外交」與「夥伴關係」建立。其意義在於：一、以「大國」界定、肯定自己；二、以「大國」角色與他國交往，爭取承認其「大國」地位。但董立文分析認為，「大國外交」存在著理論與實務上多種矛盾。主要是「大國」究竟是「發展中大國」、「區域大國」或「全球大國」，三者不能並存下，中共自我認定出現混亂。[119]董立文稍後的另一研究則指出，北京國際角色的重新自我定位，以「大國外交」強迫我國接受「一國兩制」，乃是亞太安全不穩定的根源。亞太安全有賴中共政治改革，以達到「民主和平」理論的境界。[120]

1999年之後，國內有關「大國外交」的研究持續增加。于有慧認為，中共實行大國外交的官方基礎始於鄧小平1990年主張與蘇、美、日、歐拉好關係，而成熟於1997年「十五大」確認要與發達國家加強關係。于有慧明確引用西方現實主義與新現實主義理論解釋此一發展，認為北京強調「相對利得」與主權，其「新型國家關係」與「新安全觀」即出自權力平衡之衡量，以確保權力、財富與國際地位。故「大國外交」是增強國際地位的手段，以中共對主權與安全的僵硬態度來看，不適用自由主義理論。[121]

殷天爵認為，表現為「夥伴關係」的中共「大國外交」，背景是中國國力崛起，與在台海演習後引發西方「中國威脅」的疑慮，故而以制衡、合作、博得好感等多種方式，運用「大國」地位，走出「韜光養晦」而展開強勢作為。殷天爵認為，中共「大國外交」亦旨在封殺我國外交空間，我宜及早因應。[122]

邱坤玄指出，1997年9月中共「十五大大國關係深刻調整」論斷出現後，「大國關係」成為中國外交論述常見的議題。由於結構現實主義[123]旨在分析體系內大國力量分布，與中國「大國外交」、「多極化」、「格局分析」立論相近，頗值借鑑。邱坤玄從冷戰後國際權力結構總體發展演變的剖析出發，結合中國客觀國力評估，認為中國雖為政治大

國，但無法以主觀願望改變結構。何況中共大國定位不清楚，故其「大國外交格局」是一種面向二十一世紀的「主要構想」而未被斷言為成熟的既定政策。[124]邱坤玄認為，從政策面理解「大國外交」，應以「夥伴關係」為主；從大陸學者的論述看來，則還有「作為大國應有的心態與行為調適，與西方接軌，成為一個正常化的大國。」但近期發展顯示，中共也強調在「第三世界」中的領導角色。[125]

在2000年的進一步研究中，邱坤玄以補強結構現實主義而具新自由主義色彩的「霸權穩定論」，分析美、中霸權護持與反霸的關係與攻守形勢，認為中共為提昇綜合國力，且受制於與其他大國之矛盾，並無意願直接挑戰美國。[126]

施子中接受殷天爵關於「大國外交」即「夥伴關係」的分析，並認為中共所言「格局問題」就是「大國關係」。施子中並以「衝突色彩的現實主義」走向「協調色彩的現實主義」形容其演變，以達成發展經濟並孤立台灣的目的。但由於北京政權理念與西方有異，實力不足，內部情勢不穩，故進展頗受局限。[127]

根據公開報導，外交部為因應北京「大國外交」對我國的壓力，於1998年12月成立了「反制中共『大國外交』專案小組」與「諮詢委員會」研擬應變。[128]1999年秋，我國高層提出兩岸「特殊國與國關係」之後，前外長胡志強亦撰寫專文評論中共「大國外交」與我國對策。胡志強認為「大國外交」出自對我國「文攻武嚇」失敗，而思通過華府找尋統一捷徑，靈感來自1994年美俄的「戰略夥伴關係」。其作為即扮演「大國」角色，要求他國對台表態「三不」，將台灣香港化，並以聯合國否決權威脅我國友邦。身為外長，胡志強提出我國應以國會外交、網路外交、二軌外交、人道外交等為對策。[129]

1999年10月，楊志恆撰文整體回顧中國五十年外交軌跡之際，也分析了中共的「大國特質」及冷戰後的「大國外交」策略。楊志恆雖然視中國建政初期為一「虛弱大國」，但他提出一個一般性命題——大國在外交上最大的特質是不論他是否強大，都有一定的影響力，小至區域，大到全球，都不會被忽視。而中國無疑為一「大國」。楊文之分析從中

共各階段一定設想的假想敵立論，認為冷戰之後，中共在促進多極化、制衡美國、壓縮台灣空間等方面頗感有成。其「大國外交」意在以「夥伴外交」發掘雙邊利益，抵銷邊制威脅，並分化美國盟友。但楊志恆質疑此一政策與中共「反霸」說詞牴觸，自己反而走上了霸權之路。[130]

石之瑜在次年（2000年11月）對兩岸有關「大國外交」的文獻做了較有系統的回顧，文中認為，「大國關係」的說法反映了北京外交政策前提與在世界上的自我定位的演化，甚至涉及了國內秩序與制度的安排。由於「大國」身分調整涉及決策者主體性質與利益順序的重整，已對中共當前權力結構產生衝撞。石之瑜回顧文獻論稱，國內學界多從古典現實主義直接分析被視為既成政策的「大國外交」。相對於台灣，由於中共顯示為「大國」，因而側重的是中共對外爭取現實利益的「外交」，而少注意到與定位、認同問題有關的「大國」。參照大陸內部時下出現的各種「大國外交」探索去看，石氏以為，國內多數見解與之交集不多，對於大陸內部出現的一些未從敵友制衡的角度出發的新論點，以及彼等亟思跳脫對抗困境，公開呼籲超越主權、直面世界人權、民主、自由、市場的論述策略所造成的內部政治後果，尚未予以探究。[131]

李登科在2000年底撰文對中共「大國外交」的背景、提出、意義、目的做了綜合性的評估，文末將1990年至2000年初中共與安理會常任理事國首腦高峰會之時地與議題詳細表列，頗具資料性價值。李文同意上述多數文獻觀察，認為「大國外交」可追溯到1993年底錢其琛「中國正在世界的東方崛起」的工作報告。至於其推動，李文則認為1994年9月「中俄建設性夥伴關係」成立是開始推動「大國外交」之起點，「十五大」宣示改善與發達國家關係之後則算是開始大力推動。李登科評估中共「大國外交」成果認為並不豐碩，最大難題在於西方對於中國是否是一個「大國」意見十分分歧，也在於中國難以分化西方盟國。[132]

二、西方與大陸相關文獻

本書第三章將對西方（主要是歐美國家）國際關係諸理論的概況，

以及其用以分析冷戰後中國外交的成果作更完整的介紹。第四章則將詳細分析大陸國際關係理論與政策研究，對西方既有國際關係理論評估中國外交的成果之回應。此處僅先略舉代表性案例呈現其特點。

對於本書而言，重要的西方相關文獻可分為兩類。第一類是以國際關係理論為主要焦點，在舉例說明理論時方才出現與中國有關之分析。[133]第二類文獻則無論是否揭舉特定理論，都以政策考慮為導向，直接討論國際現勢的內容占主要篇幅，或逕以中國之發展與對外政策為分析對象。

國際關係理論的屬性本就與現實密切相關，一般性地探討冷戰後國際關係的理論研究也不免對中國崛起之影響加以論析。[134]直接與中國有關的部分，更是集中於如何對待中國逐漸崛起這樣的問題意識，也就是上述第二類研究主要呈現的。其成果以下列四種類型最具代表性，但許多具體的分析並非如想像般涇渭分明，而是兼採多種論述混合的途徑：[135]

1.爭論中國國力與影響力的規模，以此揭出正確對待中國的戰略。[136]
2.從政治現實與地緣戰略分析中國的影響。[137]
3.結合政治現實與文明、認同問題探討中國可能之動向。[138]
4.以全球化——相互依存為背景，提出西方（或美國）面對中國崛起應有之對策。[139]

至於大陸方面，直接以「大國外交」為題的文獻不多，但以「大國關係」、「大國」的定位與本質，乃至「大國」所具有的的內政／外交體制為題的研究則汗牛充棟。改革開放以來，大陸在政經與學術文化各方面與西方接觸劇增，西方國際關係理論與政策分析也被大規模引進並引起理論與應用方面的激烈爭辯。然而由於中共以往強調「理論」的實踐與實用性格，除了純粹政策性的文章外，理論取向強的研究亦充滿對中國前途之關切情緒。尤其受到特殊政治環境制約，以及學科發展尚未成熟，外界往往一時難以釐清其論述中的概念與建議。然而就以最鮮明的公開研究成果為例，便有承繼西方結構現實主義分析中國崛起後，國

際環境不容樂觀者。[140]也有從不同程度的現實與理想角度，贊同「大國外交」，對環境審慎樂觀者。[141]以至還存在著不同程度的理想主義、自由主義外交政策的主張。後者這些主張在面對現實之餘，從政治改革、擴張人權與民主等方面，對中國外交的得失尤有頗多申述。[142]

三、現有文獻的損益

綜觀以上文獻之概況可知，對於冷戰後中國「大國外交」的分析，不同的取向各有其特色。

西方文獻從理論一貫與實證充分等多種角度，企圖捕捉冷戰後中國崛起的國力實況以及想當強權的企圖。但也有從歷史、地緣智慧乃至文明與認同問題得出獨到結論者。西方相關文獻的優勢在於占領了國際關係理論的上游，熟知分析國際關係的工具。但對於本書研究目的而言，西方文獻大多著墨在「中國崛起」的程度評估，推算中共擴大國家利益的戰略，然後再設法籌謀因應之道。「大國外交」這一冷戰後出現的中國外交政策新趨勢，彼等並未給予注意。因為西方論述評估「大國」偏重客觀權力資源的度量，以及由此演繹而來的策略計算，較少注意中國政策發展的歷史背景，也對大陸內部興起的政策辯論較為陌生。這就對進一步掌握參與國際社會較晚的中國「大國外交」構成了某些阻礙。實際上，冷戰後西方世界對本國各自的外交戰略也是激烈爭論，理論交鋒熱烈，只是這種發展在分析中國案例時，還沒有得到充分反映。

相較於西方既有文獻，文化背景相同的便利使國內的分析更能直接切入中國的外交政策。目前研究冷戰後中國「大國外交」的專文已有不少。不過由於直接面臨北京外交壓力，國內除了部分文獻促進理論面之發微，以及探究大陸內部價值與心態曲折堂奧外，多數論述具有較強的時勢研判取向。本書認為，基於歷史經驗與文化接近的優勢，對中國「大國外交」理論與實踐的探索對比還有更廣闊的空間。

大陸內部的文獻則處於看似求同，更多存異，徘徊於西方理論、政策與所謂的「中國特色」之間，並在時局高度不確定下，爭取影響高層

政策與知識社群的認同。所以，大陸方面的文獻具有他方不易取代之價值。而理論文獻彼此的內部互動影響，更是單純時勢分析所難究查的。

　　本書正是從既有文獻各自的觀察與效果出發，評估冷戰後處於演變中的中國「大國外交」發展背景、政策實踐，並探討前述文獻尚未考掘的理論前提與理論面互動的後果。第二章將結合冷戰後中國「大國外交」概念產生的歷史背景，以及各方致力評估的「中國崛起」的「綜合國力」現況，對「大國外交」出現的原因，做出具體分析。這是研究冷戰後變動的世局中，中國的「大國」自我定位與「大國外交」的歷史與現實基礎。

註釋

[1] 錢其琛，〈1991年國際形勢和中國的對外政策〉，收錄於《中國年鑑》（北京：中國年鑑出版社，1992年），頁294。

[2] 此處本書指法蘭西斯・福山（F. Fukuyama）的論點。參閱Francis Fukuyama, *The End of History and the Last Man* (London: Hamish Hamilton Press, 1992).

[3] 布里辛斯基（Zbigniew Brezinski）指出，以「不連續性」（discontinuity）作為特徵的當前情勢，尤其面臨著「既定價值」（established values）崩潰與「倫理混亂」（ethical perplexity）的挑戰，「歷史終結」根本未曾發生。他因此擔憂這種混亂足以威脅美國既有的優勢。參閱Zbigniew Brezinski,*Out of Control: Global Turmoil on the eve of the Twenty-First Century* (New York: Macmillan Press, 1993), pp. ix-x, xiii-xv.

[4] 此處用David Goodman與Gerald Segal編的一本書的標題。參閱David S. G. Goodman and Gerald Segal, eds., *China Rising: Nationalism and Interdependence* (London: Routledge Press, 1997)；大陸學者也有以「中國崛起」為書名，例見閻學通，《中國崛起——國際環境評估》（天津：天津人民出版社，1997年）。

[5] 國內外各種統計中，多將大陸與港澳分別列項、計算。本書分析中國的定位與外交，也不包括香港、澳門政府的作為。

[6] 江澤民，〈在中國共產黨第十四次全國代表大會上的報告〉，收於《中共年

報》1993年版，（台北：中共研究雜誌社，1993年），第四部分，頁4之119。

[7]例見黃嘉樹，〈讓東方巨龍騰飛於天際〉，收於季羨霖等編，《大國方略──著名學者訪談錄》（北京：紅旗出版社，1996年），頁53。

[8]參閱陳峰君，《當代亞太政治與經濟析論》（北京：北京大學出版社，1999年），頁105。

[9]參閱Henry Kissinger, *Diplomacy* (New York: Touchstone Press, 1994), p. 705.

[10]例見George Friedman and Meredith LeBard, *The Coming War with Japan* (New York: St. Martin's Press, 1991); Zbigniew Brzezinski, *The Grand Chessboard: American Primacy and Its Geostrategic Imperatives* (New York: BasicBooks Press, 1997), p. 174. 關於中國成為一種威脅勢力的觀點，可以從樸素的現實利益出發，也可以從帶有「理想」或歷史色彩的地緣棋盤論、「文明衝突論」出發。例見William Overholt, *The Rise of China: How Economic Reform is Creating a New Superpower* (New York : W. W. Norton & Company Press,1993); Samuel P. Huntington, *The Clash of Civilizations and the Remaking of World Order* (New York: Touchstone Press, 1996); Richard Bernstein and Ross H. Munro, *The Coming Conflict with China* (New York: Alfread A. Knopf Press, 1997)；John Mearsheimer, *The Tragedy of Great Power Politics* (New York:W. W. Norton & Company Press, 2001).

[11]參閱Kim R. Holmes and James J. Przystup ed., *Between Diplomacy and Deterrence: Strategies for U.S. Relations with China* (Washington D. C. : the Heritage Foundation Press, 1997).

[12]相當詳明的討論，可分別參閱秦亞青，《霸權體系與國際衝突》（上海：上海人民出版社，1999年），頁126-144；邱坤玄，〈霸權穩定論與冷戰後中（共）美權力關係〉，《東亞季刊》，第31卷第3期（2000年7月），頁1-14。

[13]如季辛吉（Henry Kissinger）認為，中國與俄羅斯都沒有經營國際秩序的經驗。著名哈佛大學歷史學教授柯偉林（William Kirby）認為，中國在1912年以前根本不是「國家」，而民國以後的外交成就卻也繼承了帝國時期的傳統，在1945年以後成為國際上的一個強權（Power）。參閱季辛吉，〈後冷戰的國際新秩序應如何定位〉，丁連財譯，《中國時報》，1991年12月1日，版9；William Kirby，〈中國的國際化──民國時代的對外關係〉，《二十一世紀》，第44期（1997年12月），頁33-37。有關的討論亦可見陳樂民編，《西方外交思想史》（北京：中國社會科學出版社，1995年），頁27。

[14]韓裔美國著名中國外交研究者金淳基（Samuel S. Kim）累積其多年探索經驗認為，冷戰結束後的中國外交，兼具彈性與固執兩種特色，表現為又是教條，有時又沒什麼原則，使得人們難以從事理論簡潔化處理。參閱 Samuel S. Kim, "China and the World in Theory and Practice," in Samuel S. Kim, ed., *China and the World: Chinese Foreign Relations in the Post-Cold War Era* (Boulder: Westview Press, 1994), pp. 3-5. 關於中國到底有沒有所謂「大戰略」，蘭德公司對中國歷朝歷史經驗作了追溯研究。參閱 Michael D. Swaine and Ashley J. Tellis, *Interpreting China's Grand Strategy: Past, Present and Future* (Rand, MR1121-AF2000), pp. 7-8.

[15]王逸舟，《環球視點》（北京：中國發展出版社，1999年），頁88-93。

[16]王逸舟，〈面對世界我們應有的態度〉，《環球時報》，2000年12月1日，版7。

[17]李寶俊，〈從戰略夥伴關係的建立看中國外交理念的變化〉，收於李景治編，《世紀之交的中國與世界——國際政治論文集》（北京：中國人民大學出版社，1999年），頁74。

[18]李慎明、王逸舟編，《2001年全球政治與安全報告》（北京：社會科學文獻出版社，2001年），頁1。

[19]例見張睿壯，〈重估中國外交所處的國際環境〉，《戰略與管理》，2001年第1期（2001年2月），頁20-30；王逸舟編，《單極世界的陰霾——科索沃危機的警示》（北京：社會科學文獻出版社，1999年），頁1-5。另可參閱北京大學國際關係學院，〈「北約空襲南聯盟及其對國際政治格局的影響研討會」紀要〉，收於梁守德編，《走向新世紀的歐洲與大國關係》（北京：中國國際廣播出版社，1999年），頁31-33。

[20]作者關於這兩個概念的初步追蹤分析，參閱拙作，〈發展中的中共「大國外交」新構思——兼論對兩岸關係形成的挑戰與契機〉，《中國事務》，第3期（2001年1月），頁34-65；以及拙作，〈中共建政後歷屆黨代表大會政治報告涉外言論的內容分析〉，《東亞季刊》，第32卷第1期（2001年1月），頁53-82。

[21]如毛澤東1954年12月曾明確說：「我們反對大國有特別的權利，因為這樣就把大國和小國放在不平等的地位。大國高一級，小國低一級，這是帝國主義的理論。」轉引自裴堅章編，《毛澤東外交思想研究》（北京：世紀知識出版社，1994年），頁167-168。

[22]參閱〈中俄聯合聲明〉，《人民日報》，1994年9月4日，版1。

[23]冷戰落幕後大陸出版的外交史也對這一敘事表示認同。例見曹英編，《神祕之門——共和國外交實錄》（北京：團結出版社，1993年），頁111-112。

[24]例見季志業，〈大國關係初步到位、良性互動始見成效〉，《現代國際關係》，1999年1-2期（1999年2月），頁84-85。

[25]大陸學者坦承這是一深刻語境變化，背後代表中共面臨的歷史抉擇，例見喻希來，〈世界新秩序與新興大國的歷史抉擇〉，《戰略與管理》，1998年第2期（1998年4月），頁1。對「外交界」不苟同的意見，亦見喻希來，〈外交哲學中的人類道德──答張睿壯先生〉，《戰略與管理》，1999年第2期（1999年4月），頁100。

[26]爭論例見房寧、王小東、宋強（等），《全球化陰影下的中國之路》（北京：中國社會科學出版社，1999年），頁21-23、封底裡頁；陳佩堯，〈中國應該怎樣研究制定對外戰略〉，《中國評論》，2000年7月號（2000年7月），頁37。

[27]例見Samuel P. Huntington, "The Lonely Superpower," *Foreign Affairs*, Vol.78, No.2 (March/April 1999), pp. 35-40. 杭廷頓認為國際局勢目前不過是 "unipolar moment" 罷了。

[28]參閱王逸舟，〈中國國際政治研究的幾個問題〉，收於資中筠編，《國際政治理論探索在中國》（上海：上海人民出版社，1998年），頁2；王逸舟，《西方國際政治學：歷史與理論》（上海：上海人民出版社，1998年），頁4。

[29]參閱王緝思，〈國際關係理論與中國外交研究〉，收於資中筠編，《國際政治理論探索在中國》，頁297-298。

[30]「大國」、「大國關係」、「大國責任」與「大國外交」等，均為與本書主題──「大國外交」有密切關係的概念群，其中以「大國外交」一詞含攝最廣。諸概念發展的詳細討論見第二章。

[31]Robert O. Keohane and Joseph S. Nye, *Power and Interdependence*, 2nd edition (New York: HarperCollins Press, 1989), p. vi.

[32]Samuel S. Kim, "China and the World in Theory and Practice," p. 3.

[33]參閱趙全勝，《解讀中國外交政策》（台北：月旦，1999年），頁8；Warren Christopher, "Standing Firm with China," in Warren Christopher, *In the Stream of History: Shaping Foreign Policy for a new Era* (Stanford: Stanford University Press, 1998), pp. 425-431.

[34]William J. Perry and Ashton B. Carter, *Preventive Defense: A New Security Strategy for America* (Washington D. C. : Brookings Institute Press, 1999), p. 104.

[35]這樣做的另一個原因也在於，特別是在冷戰結束後這樣一個變幻無常的環

境下，目前並無任何單一理論足以說明北京的外交政策內容與趨勢。參閱 Samuel S. Kim, op. cit., p. 11.

[36] Samuel S. Kim, op. cit., p. 28.

[37] Samuel S. Kim, "China's International Organizational Behavior," in Thomas W.Robinson and David Shambaugh ed., *Chinese Foreign Policy: Theory and Practice* (Oxford: Claredon Press, 1994), p. 408.

[38] 參閱尹慶耀，《中共的統戰外交》，四版（台北：幼獅，1988年）。中共官方的術語是「統一戰線」。

[39] 本研究深度訪談受訪者代號D訪談資料。

[40] Samuel S. Kim, "China and the World in Theory and Practice," p. 11.本書引註金氏這四點分析時，已將原文節錄換序，特此說明。

[41] 參閱趙全勝，《解讀中國外交政策》，頁37-38。

[42] Kenneth N. Waltz, *Theory of International Politics* (London: Addison-Wesley Press, 1979), pp. 4-6, 69-70, 116-117. 華氏1970年代末提出此界定，部分原因在呼應法國結構主義者李維‧史陀（Levi-Strauss），糾正以為廣集資料數據就能獲得知識的「歸納主義幻想」（inductivist illusion），同前註，頁4。

[43] 例見資中筠，「序言」，收於資中筠編，《國際政治理論探索在中國》，序言頁2。

[44] 例見Kenneth N. Waltz, *Theory of International Politics*, pp. 119-122; Robert O. Keohane and Joseph S. Nye, *Power and Interdependence*, pp. 6-7; 此處也包括華氏所區分的各層次行為者。

[45] 西方「國際關係」研究者有的偏好使用「國際關係」（international relations）一詞，有的為避免與國際經濟關係相混，而用「國際政治」（international politics），更有認為「國際」一詞限於國家行為者而忽略了國際組織、個人之作用，而在國際關係理論辯論中另舉「世界政治」（world politics）一詞。參閱Paul R. Viotti and Mark V. Kauppi, *International Relations Theory: Realism, Pluralism, Globalism* (New York: Macmillan Press, 1993), p. v. 本書使用本地習用的「國際關係」，並不排斥此「世界政治」等概念的意義，以及國際政治經濟的影響。

[46] Robert O. Keohane, "Realism, Neorealism and the study of World Politics," in Robert O. Keohane ed., *Neorealism and Its Critics* (New York: Columbia University Press, 1986), pp. 5-6.

[47] 參考Kenneth N. Waltz, *Theory of International Politics*, pp. 8-9; 對「理論」的

此種定位，與社會學的看法較為相近。亦參閱Thomas Burger, *Max Weber's Theory of Concept Formation* (Durham: Duke University Press, 1976), pp. 57-58.

[48] E. H. Carr, *The Twenty Years Crisis* (New York: Haper & Row Press, 1964), pp. 3-14。此項分析，亦可參見王逸舟，《西方國際政治學：歷史與理論》，頁67-69。

[49] Robert W. Cox, "Social Forces, States and World Orders: beyond International Relations Theory," in Robert W. Cox ed., *Approaches to World Order* (Cambridge: Cambridge University Press, 1996), pp. 85-87. 考克斯進一步認為，不同的認同形式（forms of identity）包括文明、社會階層、性別、宗教、族群對國際政治的本質都可能有不同觀點，在互為主觀的意義上產生的，人們集體享有的觀點，是某種「理論」的本體論或認識論基礎，因而不應有哪一種理論聲稱擁有認識論的絕對優越地位。參閱Robert W. Cox, "Introduction," in Robert W. Cox ed., *The New Realism: Perspectives on Multilateralism and World Order* (New York: United Nations University Press, 1997), pp. xxi-xxiii.

[50] 參閱資中筠，「序言」，收於資中筠編，《國際政治理論探索在中國》，序言頁3。

[51] 後現代思路進一步質疑「實在」與「思想」的完全對應（correspond）與準確再現（representation）關係，認為傳統「理論」超越歷史特殊性而將特定時空產生的論述斷言為普遍永恆，乃是危險的。最激進的反本質論（anti-foundationalism）方面認為，現代理論的「大敘述」（grand narrative）只是語言遊戲與機率的產物。「觀點主義」在尼采（F. Nietzsche）與傅柯（Michel Foucault）的脈絡下，否定現實（reality）之根本實在性，存在的只是論述或詮釋，而對現實的詮釋可有無限多。參閱David Howarth, "Discourse Theory," in David Marsh and Gerry Stoker eds., *Theory and Methods in Political Science* (New York: Palgrave Press, 1995), pp. 116-118; Steven Best and Douglas Kellner, *Postmodern Theory: Critical Interrogations* (New York: The Guilford Press, 1991), pp. 27-28, 39-40.

[52] 關於外交決策研究的有關模型，經典分析例見Graham T. Allison, *Essence of Decision: Explaining the Cuba Missile Crisis* (Boston: Little, Brown & Company Press, 1971)；不同層次、角度的文獻介紹，參閱石之瑜，《近代中國對外關係新論》（台北：五南，1995年），頁10-11。

[53] 層次分析上，華爾志原初的討論可見Kenneth N. Waltz, *Man, the State and War* (New York: Columbia University Press, 1959).

[54]行動者／結構因素議題有時也被表現為微觀／宏觀（micro/macro）、行動者／體系（agent/system）、個別／整體（parts/whole）等提法。可參閱 Alexander E. Wendt, "The Agent-Structure Problem in International Relations Theory," *International Organization*, Vol. 41, No. 3 (Summer 1987), p. 338.

[55]因此，本書方法論上的「解釋」，除了參考狹義的理性模式與一般性解釋，亦運用重視行動者與歷史特殊性的意向解釋（international model）與時間脈絡的發生學解釋（genetic model），後兩者已具有「詮釋」的精神。參閱Alan C. Isaak, *Scope and Methods of Politics Science*, 3th edition (Illinois: The Dorsey Press, 1981), pp. 133-166.

[56]Kenneth N. Waltz, *Theory of International Politics*, pp. 68-72.

[57]Kenneth N. Waltz, "NATO Expansion: A Realist's View," *Contemporary Security Policy*, Vol. 21, No. 2 (August 2000), pp. 24-25, 30.另一位國際關係理論家郝斯迪（K. J. Holsti）也對內政結構（domestic structure）的影響作了一般性分析，參閱K. J. Holsti, *International Politics: A Framework of Analysis*, 5th edition (London: Prentice-Hall Press, 1992), pp. 331-347.

[58]Kenneth Liberthal, "Domestic Politics and Foreign Policy," in Harry Harding ed., *China's Foreign Relation in the 1980s* (New Haven: Yale University Press, 1984), pp. 43-70.范乃思（Peter van Ness）早期的研究也具體表現了這一關聯。參閱Peter Van Ness, "Three Lines of Chinese Foreign Policy: 1950-1983," in D. J. Solinger ed., *Three Visions of Chinese Socialism* (Boulder: Westview Press, 1984), pp. 116-119.

[59]Kenneth Liberthal, "Domestic Forces and Sino-U.S. Relations," in Ezra F. Vogel ed., *Living with China: U.S.-China Relations in the Twenty-First Century* (New York: W.W. Norton & Company Press, 1997), pp. 254-276. 又如何漢理指出，弱勢的中國政府，特別容易對與其他社會的接觸和所造成的滲透抱持懷疑。參閱Harry Harding, "China's Co-operative Behavior," in Thomas W.Robinson and David Shambaugh eds., *Chinese Foreign Policy: Theory and Practice*, p. 400.

[60]杭氏且認為，正因如此，中國人不能接受多極與多邊安全觀念，而亞洲人都是樂於接受主從關係；甚至日本人也是只知「搭車」（Bandwagoning），不懂制衡與合作。亦見Samuel P. Huntington, *The Clash of Civilizations and the Remaking of World Order* (New York: Simon and Schuster Press, 1996), pp. 235-237. 此論的歷史性分析，參見Mark Mancall, *China at the Center-300 Years of Foreign Policy* (New York: Free Press, 1984).

[61]Samuel S. Kim, "China and the World in Theory and Practice," pp. 29-30; James

N. Rosenau, "Competing Theoretical Perspectives," in Thomas W. Robinson and David Shambaugh eds., *Chinese Foreign Policy: Theory and Practice*, pp. 530-532.

[62] 米振波,〈推動對美緩和與對日關係〉,收於米振波編,《周恩來與大國關係的變動》(天津:南開大學出版社,2000年),頁70-72;該文引述的觀點主要出自劉少奇(內政)、周恩來(外交)的談話。

[63] 曲星,《中國外交50年》(南京:江蘇人民出版社,2000年),頁5。

[64] 同上註,頁440-441。

[65] 受訪者代號N訪談資料。

[66] 受訪者代號D、E、H訪談資料。

[67] David Singer, "The Level-of-Analysis Problem in International Relations," in James N. Rosenau ed., *International Politics and Foreign Policy* (New York: Free Press, 1969), pp. 20-29.

[68] Paul R. Viotti and Mark V. Kauppi, *International Relations Theory: Realism, Pluralism, Globalism*, p. 15. 國內社會學界關於「結構」與「行動者」問題的總結性分析,可參閱葉啟政,《進出「結構——行動」的困境》(台北:三民,2002年)。

[69] 參閱Alexander E. Wendt, "The Agent-Structure Problem in International Relations Theory," pp. 337-338; David Dessler, "What is at stake in the Agent-Structure debate?" *International Organization*, Vol. 43, No. 3(Summer 1989), p. 449.

[70] 限於本書目的,此處綜合了紀登士(Anthony Giddens)、德斯勒(David Dessler)、溫特(Alexander E. Wendt)等人關於行動者/結構問題的看法,並忽略了他們本體論上的不同意見。參閱Anthony Giddens, *A Contemporary Critique of Historical Materialism*, 2nd edition (London: MacMillian Press, 1995); David Dessler, ibid., pp. 451-454; Alexander E. Wendt, *Social Theory of International Politics* (Cambridge: Cambridge University Press, 1999), pp. 92-138.

[71] 例見Alexander E. Wendt, ibid., Ch.3-Ch.6.關於文化、認同問題在冷戰結束之後,重獲國際關係學界重視。亦可參閱Yosef Lapid and Friedrich Kratochwil eds., *The Return of Culture and Identity in IR Theory* (Boulder: Lynne Rienner Press, 1996).

[72] 參閱Peter J. Katzenstein, "Introduction: Alternative Perspectives on National Security," in Peter J. Katzenstein ed., *The Culture of National Security: Norms*

and Identity in World Politics (New York: Columbia University Press, 1996), pp. 17-19.

[73]參閱J. D. Armstrong, *Revolutionary Diplomacy: Chinese Foreign Policy and the United Front Doctrine* (Berkeley: University of California Press, 1977), pp. 62-63.

[74]最純粹的體系結構論證如Michael Ng-Quinn, "Effects of Bipolarity on Chinese Foreign Policy," *Survey,* Vol. 26, No. 2 (1982, Feburary). 霸權角逐、霸權穩定論證如秦亞青,《霸權體系與國際衝突》;結合歷史與地緣分析中共現實主義的例子可見黎安友(Andrew J. Nathan)、陸伯彬(Robert S. Ross), *The Great Wall and the Empty Fortress* (New York: W. W. Norton & Company Press, 1997), pp. 3-55.

[75]參閱William C. Kirby, "Traditions of Centrality, Authority, and Management in Modern Chinese Foreign Relations," in Thomas W. Robinson and David Shambaugh eds., *Chinese Foreign Policy: Theory and Practice*, pp. 15-16.

[76]參閱Steven I. Levine, "Perception and Ideology in Chinese Foreign Policy," in Thomas W. Robinson and David Shambaugh eds., *Chinese Foreign Policy: Theory and Practice*, pp. 30-35. 方參考Lucian W. Pye, "Chinese Self-Image as Projected in World Affairs," in Gerrit W. Gong and Dih-jaw Liu(林碧炤), *Sino-American Relations at a Time of Change* (Washington D. C. : CSIS Press, 1994), pp. 157-160.

[77]參閱David Shambaugh, *Beautiful Imperialist: China Persives America 1972-1990* (Princeton: Princeton University Press, 1991), pp. 3-19; Harry Harding, *A Fragile Relationship: The United States and China Since 1972* (Washington D.C.: The Brookingd Institution Press, 1992), pp. 100-106.

[78]例見胡鞍鋼、楊帆(等),《大國戰略——中國利益與使命》(瀋陽:遼寧人民出版社,2000年),頁12-43。

[79]例見曲星,《中國外交50年》,頁441-444;謝益顯,《中國外交史1979-1994》(鄭州:河南人民出版社,1995年),頁55-60。

[80]例見閻學通,《美國霸權與中國安全》(天津:天津人民出版社,2000年),頁10-12;閻學通,《中國崛起——國際環境評估》(天津:天津人民出版社,1997年),頁17、195-196。

[81]受訪者代號K訪談資料。

[82]Hans J. Morgenthau, *Politics Among Nations*, 6th edition (New York: Alfred A. Knopf Press, 1985), pp. 10-12; Judith Goldstein and Robert O. Keohane, "Ideas and Foreign Policy: An Analytical Framework," in Judith Goldstein and Robert

O. Keohane eds., *Ideas and Foreign Policy: Beliefs, Institutions and Political Change* (Ithaca: Cornell University Press, 1993), pp. 11-12.

[83]Hans J. Morgenthau, ibid., p.11. 原文出自韋伯（Max Weber），〈世界諸宗教之經濟倫理〉，收於韋伯，《宗教社會學論文集》；原文為德文，中譯本康樂、簡惠美譯，《宗教與世界:韋伯選集（II）》（台北：遠流，1989年），頁71。該段摩氏未引之下句為：「人們希望自何處被拯救出來、希望被解救到何處去，以及要如何才能被拯救，這些問題的解答全在於世界圖像。」

[84]郭華倫，《中共問題論集》（台北：國際關係研究中心，1976年），頁131-168。

[85]參閱Lu Ning, *The Dynamics of Foreign-Policy Decisionmaking in China* (Boulder: Westview Press, 1997), pp. 172-175.

[86]Mark Neufeld, "Interpretation and the 'Science' of International Relations," *Review of International Studies*, Nol. 19, No. 1 (January 1993), pp. 39-40.

[87]如博奕理論、決策理論與人工智慧。參閱Peter Bennet and Michael Nicholson, "Formal Methods of analysis in International Relation," in A. J. R. Groom and Margot Light eds., *Contemporary International Relations: A Guild to Theory* (London: St. Martin's Press, 1994), p. 206.

[88]這些途徑與自然主義／實證主義的爭辯與關係，參閱黃旻華，〈評「國際關係理論中的建構主義」〉，《問題與研究》，第39卷第11期（2000年11月），頁71-100；莫大華，〈國際關係理論大辯論研究的評析〉，《問題與研究》，第39卷第12期（2000年12月），頁65-89。

[89]Henry Kissinger, *Diplomacy*, pp. 17-20; 西方外交與基督教「天職」（calling）使命感關係的分析，參閱陳樂民編，《西方外交思想史》，頁8-10。

[90]例見江澤民，〈江澤民在劍橋大學發表演講〉，《文匯報》（香港），1999年10月23日，版A4；曲星，《中國外交50年》，頁2-3。這類官方與學界論述均大量引用中國古代歷史。引文雙引號為作者所加。

[91]Samuel S. Kim, "China's International Organizational Behavior," pp. 402-403, 430.

[92]參閱石之瑜，《中共外交的理論與實踐》（台北：三民，1994年），頁4-5；王逸舟，《西方國際政治學：歷史與理論》，引論頁3。

[93]受訪者代號T訪談資料。

[94]辛旗，《百年的沉思──回顧二十世紀主導人類發展的文化觀念》（北京：華藝出版社，2000年），頁146-148。大陸學者汪暉進一步討論了晚清

以來中國現代化過程中，抗拒現代性、理性化的思想根源，及其在烏托邦
式實踐中的表現。參閱汪暉，〈當代中國思想狀況與現代性問題〉，全文
轉載見《台灣社會研究季刊》，37期（2000年1月）。

[95]參閱Theda Skocpol, *Vision and Method in Historical Sociology* (Cambridge:
Cambridge University Press, 1984), pp. 1-18.

[96]Samuel S. Kim, "China and the World in Theory and Practice," p. 17.

[97]Guenther Roth and Wolfgang Schluchter, *Max Weber's Vision of History: Ethics
and Methods* (Berkeley: University of California Press, 1979), pp. 196-197. 而
且，「理性化」作為簡化決策（以制度學派的概念——降低「交易成本」
transaction cost為例）的意識形態，在歷史上，本就隨著地理、宗教等因素
而存在著相互對立的各種形式，而不是只有「一種理性化」。參閱Douglass
C. North, *Structure and Change in Economic History* (New York: W. W. Norton
and Company Press, 1981), pp. 45-51.

[98]例見Kenneth N. Waltz, "NATO Expansion: A Realist's View."

[99]Hans J. Morgenthau, *Politics Among Nations*, p. 12.

[100]此處引用金淳基對預期（forecast）與預測（prediction）的區分。預測是
針對特定時點上，特定事件的後果而言；預期則是對一定範圍內，可能
的政策選項（alternatives）而言。參見Samuel S. Kim, "China and the World
in Theory and Practice," p. 33.

[101]本書雖不處理「911事件」後的事態發展，但在統計資料等方面則儘可能
更新至2001年底。

[102]研究方法在此等同於「研究技術」（research techniques）。參閱Alan C.
Isaak, *Scope and Methods of Politics Science*, pp. ii-iii.

[103]許志嘉，《中共外交決策模式研究——鄧小平時期的檢證分析》，頁17。

[104]用於中共「大國外交」研究，例見殷天爵，〈中共大國外交與夥伴關係
之研析〉，《共黨問題研究》，第25卷第3期（1999年3月），頁82-92。一般
性的決策模型見Ole R. Holsti, "Model of International and Foreign Policy,"
Diplomatic History, Vol. 13, No. 1 (Winter 1989), pp. 15-43.應用於中共政治
過程者，參閱趙穗生，〈科學地認識中國大陸政治〉，《中國大陸問題研
究》，第33卷第1期（1990年1月），頁66-79。

[105]Allen S. Whiting, "Forecasting Chinese Foreign Policy: IR Theory vs. The
Fortune Cookie," in Thomas W. Robinson and David Shambaugh eds.,
Chinese Foreign Policy: Theory and Practice, pp. 522-523.

[106]基歐漢與奈伊在1977年即已指出，在當時環境下，美國專業研究者對政

策的重要影響;參閱Robert O. Keohane and Joseph S. Nye, *Power and Interdependence*, pp. 4-5. 關於「知識社群」的討論,參閱Peter M. Haas, "Introduction: Epistemic Communities and International Policy Coordination," *International Organization*, Vol. 46, No. 1 (Winter 1992), pp. 1-35.

[107]參閱Samuel S. Kim, "China and the World in Theory and Practice," pp. 16-17.

[108]David Shambaugh, *Beautiful Imperialist: China Perceives America 1972-1990*.

[109]參閱Thomas J. Christensen, "Posing Problems without Catching up: China's Rise and Challenges for U. S. Security Policy," *International Security*, Vol. 25, No. 4 (Spring 2001), pp. 5-40.

[110]也有大陸學者認為,外界(包括台灣)對中共外交的理論與政策分析,由於採取了「西方中心」的立場,難以掌握中共外交實況。受訪者代號G、H。H則認為台灣的研究「方法」上是正確的,但受「思想因素」影響,以致往往沒有結合大陸的實況。

[111]受訪者代號G、S、W、X等訪談資料。X受訪者並以「全球化」、「經濟全球化」等概念為例,說明新觀念經由研究者們倡導、使用、辯論,漸次為官方局部、大部接納。

[112]參閱David Marsh and Gerry Stoker eds., *Theory and Methods in Political Science*, pp. 137-141.該書同意,由於高層政治(high politics)管道受到限制,訪談法連在西方都很少用於與中央政府有關的研究。

[113]參閱石之瑜,《大陸問題研究》(台北:三民,1995年),頁7-9、200-201;呂亞力,《政治學方法論》,四版(台北:三民,1987年),頁145-151;Danny L. Jorgensen, *Participant Observation*,中譯本王昭正、朱瑞淵譯,《參與觀察法》(台北:弘智文化,1999年),頁20-21、111。

[114]受訪者所屬單位的遴選,其在中共外交決策過程中的位置,參閱朱雲漢,《中共對台智庫角色研究》(台北:行政院陸委會委託專案,1997年);法務部調查局,《中共對台工作組織體系概論》(台北:法務部,1996年);David Shambaugh, *Beautiful Imperialist: China Perceives America 1972-1990*, pp. 8-9. 在全體受訪者中,除了兩名為國際關係研究博士生外,其餘皆為學術研究或政策研究機構專任人員(博士學位、副教授、副研究員或相等資格以上)。

[115]代碼順序與職務、單位、性別、姓名、訪談時間順序無關。

[116]關於這一點,並未為多數論者所注意。另參閱葉自成,〈中國外交戰略下的兩岸關係〉,《兩岸雙贏》,17期(2000年6月),頁22。

[117]石祿,〈中共的「大國外交」與對台策略〉,《中央日報》,1998年9月21

日，版9。

[118]石沙，〈多極化體系裡的中共外交〉，《中央日報》，1998年12月2日，版8。

[119]董立文，〈論中共的「大國」意義及其問題〉，《中山人文社會科學期刊》，第6卷第2期（1998年12月），頁65-76。

[120]董立文，〈兩岸關係與亞太安全〉，參閱中華歐亞教育基金會網頁 http://www.eurasian.org.tw/ monthly/m-main.htm#1。

[121]于有慧，〈中共的大國外交〉，《中國大陸研究》，第42卷第3期（1999年3月），頁45-62。

[122]殷天爵，〈中共大國外交與夥伴關係之研析〉，頁82-93。

[123]亦稱「新現實主義」（Neorealism）。

[124]邱坤玄，〈結構現實主義與中共大國外交格局〉，《東亞季刊》，第30卷第3期（1999年7月），頁23-38；邱坤玄，〈中共大國外交與獨立自主外交〉，《共黨問題研究》，第26卷第11期（2000年11月），頁5-8。

[125]邱坤玄，〈中共的大國外交與獨立自主外交〉，頁5。

[126]邱坤玄，〈霸權穩定論與冷戰後中（共）美權力關係〉，頁1-14。

[127]施子中，〈中共推動大國外交與建構夥伴關係之研析〉，《戰略與國際研究》，第1卷第3期（1999年7月），頁1-42。

[128]〈反制中共大國外交，胡志強決成立專案小組〉，《聯合報》，1998年12月29日，版13。

[129]胡志強，〈中共「大國外交」及我國因應之道〉，《政策月刊》，第50期（1999年9月），頁29-36。

[130]楊志恆，〈中共外交的策略與原則〉，《中國大陸研究》，第42卷第10期（1999年10月），頁29-43。

[131]參閱石之瑜，〈誰來解讀中共的「大國外交」——兼論現實主義之外的兩岸關係論述〉，發表於台灣與中國大陸關係史討論會；國史館主辦，2000年11月4日。

[132]李登科，〈冷戰後中共大國外交策略之研究〉，《國際關係學報》，15期（2000年12月），頁33-67。

[133]例如，華爾志早在1970年代末期，討論體系極化程度時，舉中共為例，說明美國可能忽略個別國家的弱點，去創造他國的「形象」。參閱Kenneth N. Waltz, *Theory of International Politics*, pp. 130-131. 原文是：We create other states in our image。後來在理論辯論中，華氏又以中國戰國時代為

例，闡釋國際體系歷史的古老，體系結構特性具有一般性。參閱Kenneth N. Waltz, "Reflections on Theory of International Politics: A Response to my Critics," in Robert O. Keohane ed., *Neorealism and Its Critics*, pp. 329-330.

[134]例如，華爾志延續體系理論之推理，認為體系特質不變，古老的權力形式也將回到平衡。其中日本、德國、中共有機會成為平衡美國的大國（great power）。Kenneth N. Waltz, "The Emerging Structure of International Politics," *International Security*, Vol. 18, No. 2 (Fall 1993), pp. 44-79.

[135]例如，雅虎達（Michael Yahuda）認為互賴（interdependence）對中共確實產生了影響，但現實主義使中共具有「搭車」（free ride）心態並擴增武備，是以和平未必能獲致保障。Michael Yahuda, "How much does China Learned about Interdependence?" in David S. G. Goodman and Gerald Segal eds., *China Rising: Nationalism and Interdependence,* pp. 6-26.

[136]例如，西格爾（Gerald Segal）, "Does China Matters?" *Foreign Affairs,* Vol. 78, No. 5 (September / October 1998), pp. 24-36.西格爾認為過度誇張中國成長與實力乃不符現實，亦不足以產生合理對策。

[137]例如，Zbigniew Brzezinski, *The Grand Chessboard: American Primacy and Its Geostrategic Imperatives.*

[138]例如，Samuel P. Huntington, *The Clash of Civilizations and the Remaking of World Order.*

[139]例如，強調多邊主義、戰略對話與制度發展的作用，可參閱伊卡娜米（Elizabeth Economy）、奧森伯格（Michel Oksenberg）編，*China Joins the World: Progress and Prospects* (New York: Council on Foreign Relations Press, 1999).

[140]例如，閻學通，《中國崛起──國際環境評估》；閻學通，《美國霸權與中國安全》；張睿壯，〈重估中國外交所處的國際環境〉，頁20-30。

[141]例如，陳佩堯，〈中國應該怎樣研究制定對外戰略〉；葉自成，〈中國實行大國外交勢在必行〉，《世界經濟與政治》，2000年1月號（2000年1月），頁5-10；葉自成，〈廿一世紀初的新形勢與中國大國外交戰略新概念〉，《國際政治研究》，2000年第1期（2000年2月），頁24-36。

[142]例見喻希來，〈世界新秩序與新興大國的歷史抉擇〉；盛洪，《為萬世──一個經濟學家對文明的思考》（北京：北京大學，1999年）；資中筠，〈為了民族的最高利益，為了人民的長遠福祉〉，《太平洋學報》（北京），1999年第4期（1999年12月），頁10-15；時殷弘，〈現代國際社會共同價值觀念──從基督教國際社會到當代全球國際社會〉，《國際論

壇》,2000年第1期（2000年2月）,頁4-9；趙梅,〈通向自由和繁榮之路〉,《美國研究》,2000年第3期（2000年9月）,頁132-141。趙文是關於資中筠編,《冷眼向洋：百年風雲啟示錄（上、下）》一書的書評。

第二章

中國「大國外交」的背景與實踐

1990年代以前的「大國」定位沿革

中國是一個「大國」，到日內瓦是參加一個正式的國際會議
了，我們是登上國際舞台了，因此要唱文戲，……要有板眼，
都要合拍，又是第一次唱，所以還是要本著學習的精神。[1]

——周恩來
（1954年4月對中國代表團全體成員講話）

我國已經結束了外在帝國主義統治下的殖民地和附屬國的地
位，成了一個真正獨立的國家。……偉大的抗美援朝運動，繼
續加強了我國的獨立地位，我國已經以「世界大國」的身分出
現在國際舞台上。[2]
——劉少奇
（1954年一屆人大一次會「關於中華人民共和國憲法草案的報告」）

現在世界上究竟誰怕誰？不是越南人民、老撾人民、柬埔寨人
民、巴勒斯坦人民、阿拉伯世界人民和世界各國人民怕美帝國
主義，而是美帝國主義怕世界各國人民，……無數事實證明，
得道多助、失道寡助。弱國能夠打敗強國，小國能夠打敗「大
國」。[3]
——毛澤東
（1970年「支援印支三國人民抗美救國鬥爭聲明」）

中國「大國外交」的概念與政策落實究竟起於何時，國內相關文獻
有很多不同的意見。對於當代西方的研究者而言，中國的「大國形象」
（great power self-image）古已有之。[4]然而中國所謂的「大國」，從一開
始在文義與內涵上就埋下與近、現代西方「主權國家」同中有異的因
子。西方相關研究認為，過去中國這種「大國」與西方不同之處在於，
它是「自封為國家」（a civilization pretending to be a state）的文明，其歷

史上的戰爭多是內戰性質，目的是爭奪「天下」（即普世帝國），所以主權觀念並不存在，朝廷運用的「以夷制夷」不同於歐洲的「權力均衡」。[5]華人社會的研究者則指出，鴉片戰爭乃至共和革命以降，中國才從「沒有國名、國界、國旗、國徽、國歌」的非現代性政府被迫接受了西方定義的主權國家身分與遊戲規則，[6]並反身地企圖「以子之矛攻子之盾」，以保全物質以至文化各層次的生存與「利益」。在此之前的「外交」，應以朝貢體系的「古代外交圈」去理解。[7]

1920年代之後，中國從東方馬克思主義（特別是列寧與史達林）吸收了國際工農革命觀念，「結合中國實際」構成了形形色色的「有中國特色」的外交戰略與理論。其間經歷了「半封建半殖民」的「不國」狀態、抗戰時被盟國哄抬的全球「四強」大國地位、[8]共產革命勝利後所謂「站起來了」的新國家、挑戰現狀兩面作戰的世界革命中心，最後方才暫時過渡到了「建設社會主義現代化強國」的軌道。這一「曲折前進」的歷程使得人們注視中國「大國外交」定位建構與現象時，理應多一層歷史脈絡與客觀國力的綜合關照，方能不偏於個別論點的斷言。

周所皆知，1990年代前，中共官方頗諱言「大國」二字，「大國外交」更是從未出現在官方文件之中。但細加考察可以發現，雖然當時北京對「大國」一詞多半賦予負面的評價，卻也可以在其中找到當下中國「大國」概念與「大國外交」戰略興起的觀念雛形。然而，正因為中國歷史的特殊性與現代主權國家國際關係結構一般性兩者的相互作用，使得如本章起首引述的周恩來、劉少奇與毛澤東三則論述透露的不同立場，可以交替出現甚至並存，並延伸至今。在改革開放以至蘇聯解體、社會主義意識形態消退之後，中國對國際形勢與自己在國際政治中的地位的判斷就更為複雜，更具不確定性。

一、戰後到1950年代：日內瓦會議曇花一現的「世界大國」

中國的外交史研究者同意中國成為國際「四強」可以追溯到1941年底太平洋戰爭爆發，1942年元旦美、英、蘇、中領銜並由二十六國簽署

的「聯合國宣言」。當時被舉為中國戰區統帥的蔣介石還因此稱：「國家之聲譽和地位，實為有史以來空前未有之提高，甚恐受虛名之害。」[9]戰時美軍派員至延安參觀，中國中央為此於1944年發出了「關於外交工作的指示」，也明白說「在國際統戰中，美、蘇、英與中國關係最大。」1945年朱德在歡迎馬歇爾訪問延安的大會上也說，「中美的團結與美、蘇、英、中各大國的團結，一定能夠戰勝一切障礙。」[10]今日大陸內部的國際關係研究者在「大國」概念普遍化的氛圍中，更有人直接認為中國具有「一極」的地位，早始於戰後擔任聯合國安理會常任理事國之時。[11]

北京建政之初，周恩來曾對中共外交部人員指出，中國是國際戰場上後來的「大國」。[12]韓戰方歇，越共與法軍尚在越北激戰，蘇聯在1953年9月28日照會美、英、法三國，提議應召開「五大國會議」。周恩來公開聲稱：「在第二次世界大戰之後，法、英、美、蘇和中華人民共和國，對於解決和平與國際安全的重大問題，負有特別重要的責任。」[13]1954年2月，蘇聯在美、蘇、英、法四國外長柏林會議中再度提議召開所謂「有中華人民共和國參加」的「五大國會議」解決朝鮮與印支問題，並認為「亞洲沒有中國，就不能參與此事。」，《真理報》且大肆鼓吹中國是「偉大的世界大國，中國將和其他大國一道以平等地位來參加會議。」中國喉舌《人民日報》對蘇聯的吹捧則坦然轉載。[14]也就是在這一背景下，周恩來稱該會議「利於打開經過大國協商解決國際爭端的道路。」對於日內瓦會議，前中國外長唐家璇認為，「五大國」的身分「擴大了新中國在國際事務的影響。」中國外交學院副院長曲星在其近作上也承認，該會是中國在「世界大國外交舞台首次亮相。」[15]接受作者訪談的大陸學者亦指出，中國媒體在該會期間就自稱「五大國」。[16]足以說明今日中國之「大國」自我定位，最早應可追溯到中共在韓戰得勢後，1954年召開的日內瓦會議。就在同一年8月，毛澤東也提出世界和平維繫於「大國」關係，只是這一關係中是否包含中國，毛沒有明說。[17]

在日內瓦會議初次現身的「大國」與「大國協商」概念與中共「一

五計畫」的內政要求是相適應的，目的是以緩和的國際環境促進國民經濟的恢復。[18]前文引述劉少奇在一屆人大與「五四憲法」草案中的報告正是出現於日內瓦會議之後三個月。同一年周恩來訪問印度時還提出了沿用至今的「和平共處五項原則」。[19]但1954年一屆人大與1956年中共「八大」所謂「階級矛盾基本解決」，主要矛盾是生產力落後的內政／外交路線，隨後即被毛澤東內政搞大躍進，外交上斷言美帝是「紙老虎」、反對赫魯雪夫「和平過渡」的新路線所取代。[20]

　　1950年代初期乍現的「大國」概念無法持久，更深層的因素在於近代中國的歷史經驗。鴉片戰爭以來，迫於所謂「三座大山」的制約，使得中共建政後對「大國主義」有意識地加以排斥。例如，毛澤東曾在1954年年底會見緬甸總理時，將「和平共處五項原則」推到極端，認為「大國」有特別權利乃是帝國主義的理論，一個國家即使人口只有幾萬，和人口幾億的國家也應完全平等。[21]同樣在1956年的「八大」的「政治報告」，劉少奇要求為了支持亞非拉人民反殖、世界人民反戰，應「教育己方人員採真正平等態度，嚴格反對大國主義」。[22]到了1950年代後期與「蘇修」齟齬日增、同時感受到兩超強的壓迫時，中國更鮮明地公開反對「老大哥」的「大國沙文主義」。[23]

二、1960年代到1970年代：「大國」就是「帝、修、反」

　　避稱「大國」的心態與毛澤東精神勝物質、柔弱勝剛強、人民勝紙老虎的思想結合後更為激昂，也就是本節一開始所引述毛澤東言論代表的思想。毛澤東提出中國外交史上著名的「中間地帶論」時表達了這一思想；[24]又在1964年對來訪法國議員稱：「反對大國欺侮我們，就是說，不許世界上有哪個大國在我們頭上拉屎拉尿。」毛澤東還疾呼：「法國是小國，中國是小國，只有美國和蘇聯才是大國，難道一切事都要照他們辦，要到他們那裡朝聖？」[25]

　　「大國」在1950年代後以至1970年代末，實際上等於物質文明強大富裕，但意識形態錯誤的「帝、修、反」強權——主要指美蘇兩國。一

窮二白的亞非拉「人民」自有翻身之道，不必走以資本主義物質文明為
基礎的「大國」道路。反對兩個超級大國的外交政策到1970年代初成為
反對超強以低盪遂行擴張的「三個世界」劃分。1971年10月中國代表首
次在聯合國自稱是一個「發展中國家，屬於第三世界。」[26]中國不是強
大富有、「原子彈多」的「大國」。屬於「第三世界」的觀點從此開
始。然而中國並非自視與其他「第三世界」、「發展中國家」完全相
同，有論者認為，「領導世界鄉村包圍世界城市」的理論更是一種「超
級大國論」。[27]

　　據大陸旅美學者趙全勝指出，毛澤東「繼續革命」理論以「世界革
命」指導外交，可從1965年正式見諸於黨報，其精神是破壞一切現狀的
權威結構，以自力更生的孤立主義和兩大國鬥爭。這一精神持續到1970
年代，基於地緣現實考慮而與美緩和之後，還表現為死亡二十五萬人的
唐山地震，中國峻拒任何外界援助的行為。[28]待鄧小平上台，中共政權
即逐步走出「繼續革命」而向「後革命階段」過渡，意識到經濟相互依
存下要減少對抗，適應現存世界體系。[29]1990年代以來，中國歷次旱澇
接受國際組織與港澳台的慈善援助，就是從1970年代初已操作「大三角」
的現實心態出發，也是無法想像的。

三、1980年代：不依附任何大國集團的獨立自主外交政策

　　金淳基認為，後毛澤東時期中國外交理論的最明顯轉變乃是列寧主
義「戰爭不可避免論」（inevitability of war）的迅速淡出。這一淡出也有
利於中國裁軍以發展經濟。金氏認為，鄧小平的路線是現實主義與功能
主義（functionalism）的混合。[30]至於這一轉變是如何發生的，大陸學
者曲星認為這是出於對「國家利益」有了「更深刻的認識」，這一認識
「實現了從『戰爭與革命』到『和平與發展』的重要轉變」，於是對「處
理大國關係有了更成熟的思考」，中國又再度成為世界和平與發展的重
要因素。[31]

　　吾人或不必附和「大國論者」曲星以今日興起之「大國關係」角度

對1980年代初中國外交路線轉變所做的詮釋。不過筆者以往的研究亦認為，最遲至1979年初中共實現對美關係正常化，以及進行了「懲越戰爭」之後，文革所代表的內政／外交整體路線即可謂瓦解，內部以經濟現代化發展為優先，外部則對發達國家逐步開放的政策已無理論與現實的障礙[32]，這中間行動者主觀認識的轉變扮演著甚為吃重的角色。[33]用趙全勝宏觀／微觀與國內／國際相連結的分析法說，這種現象也叫做「象徵性宏觀結構」，即「世界觀」的改變。[34]

然而，1980年代初期並未如1954年前後一般，引燃對「大國」定位與「大國協調」的肯定。其原因包括：第一，對美關係正常化後，緊接著是美國總統雷根上台，加強對台軍售、胡娜事件、湖廣鐵路債券等事件，使北京持續拉攏美國的構想遭遇挫折；第二，儘管由於蘇聯和阿富汗、越南關係增溫，對北京構成壓力，使北京把「第三世界」戰略推向「以蘇畫界」的「一條線」聯美反蘇統一戰線，但聯美反蘇卻使中國在亞非拉地區外交頻頻失分；第二，雷根政府對蘇採取星戰計畫等強硬措施，而蘇聯自1982年3月24日布里茲涅夫「塔什干講話」起，敵視北京政策開始鬆動，當年年底雙方即恢復副外長級磋商。[35]上述發展產生了1982年「十二大」中國作為「第三世界」「發展中國家」，以「反霸」維持和平，但「不依附任何大國與大國集團」的獨立自主外交政策；[36]以及後來「東西南北」格局觀察中，「南北問題是核心問題」的判斷，自謂「中國永遠屬於『第三世界』」，[37]要求「南南合作」去改變「不合理的國際經濟秩序」。誠如一位接受筆者訪談的大陸學者所說，1980年代獨立自主外交對美蘇兩「大國或大國集團」的叛逆性很強，而認同「發展中國家」，因為北京也發現西方並不將中國接納為體系中常態的一員。[38]曲星則以為「獨立自主」的戰略，使中國在「大三角」取得主動，贏得雷根的「八一七公報」與戈巴契夫的撤除「三大障礙」。[39]

在1982年「十二大」胡耀邦的報告上，曾經出現了「我國是有十億人口的『大國』，應當對世界有較大貢獻」的表述。[40]本書認為，這一表述與1957年毛澤東對緬甸來訪副總理所提「中國『國家大』、事情多，連自己都管不過來，怎還會想到去侵略別人呢？」[41]周恩來1949年

在政務院所提「中國是個『大國』，地大、人多，經濟發展又不平衡，」1975年對泰國總理所提「國家愈大，麻煩愈多」[42]的說法相近，也就是國內學者曾指出的，這些「大國」概念重點是英文的"Big"，而不是"Power"。[43]前者是指地理上地大人多，少有國際關係上的「能力」（capacity）指涉。後者方才具有國際體系權力分布與「大國協商」中的「大國」意義。

不過，鄧小平在1985年初，農村經改收效、「綜合國力」初步上揚的背景下，對日本訪客提出「和平與發展」、「東西問題」與「南北問題」的談話中，論及中國自身時，既延續了上文「十二大」樸素的提法，又有國際政治色彩地說：

> 世界上的人在議論國際局勢的「大三角」。坦率地說，我們這一角力量是很單薄的。我們算是一個「大國」，這個大國又是「小國」。大是地多人多，地多還不如說是山多，可耕地面積並不多。另一方面實際上是個「小國」，是不發達國家或叫發展中國家。如果說中國是一個和平力量，……現在這個力量還小。……我可以大膽地說，到本世紀末，……也就是我曾經跟大平正芳先生講的達到小康水平，中國對於世界和平……會起比較顯著的作用。[44]

1980年代末的蘇東巨變初起，國際格局行將大變，中國也面臨成長減緩與「六四事件」遭受制裁等內外齊臨的龐大壓力，失去了1980年代中期的活躍主動。鄧小平一反前文的「小國」謙沖，要領導階層既堅定團結又要有改革形象，要「冷靜觀察、穩住陣腳、沉著應付」；「善於守拙、絕不當頭、韜光養晦、有所作為。」[45]1990年鄧小平又以中國屬於未來「多極」中一「極」鼓勵所屬：

> 美蘇壟斷一切的情況正在變化。世界格局將來是三極也好，四極也好，五極也好，蘇聯總還是多極中的一個。不管它怎麼削弱，甚至有幾個加盟共和國退出去。所謂「多極」，中國算一

極,中國不要貶低自己,怎麼樣也算一極。[46]

　　總之,回顧北京1990年代以前的外交政策發展與其中的「大國」概念可以說明兩點:

　　第一,無論是從發生的時間順序,或是從推論的邏輯來看,中國的「大國」概念必然要「先行」於今日人們常說的「多極化」、「大國關係」與「大國外交」。沒有某種關於自身之「大國」的認識,則「多極化」、「大國關係」就純為其他主要國家的彼此關係,自己則僅是結構中選擇甚少的弱勢行動者,更遑論操作「大國外交」策略。足見「大國」概念的根本性與重要性。[47]要言之,不同的「大國」概念可以導出內涵完全不同的「大國關係」觀察與「大國外交」政策;但沒有任何「大國」概念則必然沒有「大國外交」可言。

　　第二,中國「大國」概念無論是否帶有國際政治上的涵義,都並非1990年代之後才突然興起,也並不一定和經濟、軍事「綜合國力」的絕對量的增長有必然關係。[48]在某個歷史脈絡與體系結構中,行動者引用著不同的「大國」概念為自己定位,顯然與當時的內政／國際因素有關。但我們卻不必因為大陸內部有不同的「大國」概念,而去追逐外交政策的所有細節,因為本書的研究旨趣在於釐清其中自我定位建構變遷的部分。

四、1990年代以前的三種「大國」概念類型

　　藉由1990年代以前中國外交史的扼要回顧,本節依據中共的論述先區分出三種曾經出現、意義不同但現實裡可以重疊的「大國」概念:

1. 「人地大國」。就是指「地大人多」的「大國」。此概念適用於一個國家領土面積與人口數量的描述,因而並不指涉國際關係中的某種特殊地位與能力。例如,加拿大、澳洲面積大,奈及利亞人口多,清帝國地又大、人又多,以此觀之,都算是「大國」。
2. 「體系大國」。指從主權國家力量對比的結構出發,用軍事、經

濟、科技指標和國際組織中的優越地位定位的「大國」。這一界定和意識形態與倫理上「正確」與否沒有關係。蘇聯1953年邀請北京參加的日內瓦「大國協商」、1990年鄧小平的「一極」說，都意指力量對比下的「大國」。[49]

3. 「反大國／挑戰大國」。本節的討論還發現，存在一種抗拒「大國特權」，要求大小國家一律平等，尤其排斥以優越的經濟、軍事力量強行把持「國際政治經濟舊秩序」的定位系統，它與中共建政之後的外交史相始終。但是這種政策定位實際上並非任何「小國」所能為，其「大」、「小」判準也不徒以物質的「力量分布」為依歸，本書以「反大國／挑戰大國」稱之。[50]這一定位系統曾用於抗拒「社帝」蘇聯、挑戰現代西方（尤其是美國），而可以作為內外宣傳的辭令，或作為觀察現實的依據。其發展可從1954年「和平共處五項原則」、1955年萬隆會議、1960年代的革命外交、1970年代的「三個世界」理論、1980年代的「第三世界最大發展中國家」等政策窺知軌跡。

以上的歷史回顧，將有助於本書對冷戰後中國的「大國外交」概念與實踐進行釐清本源的工作。當人們發現中國徘徊於「區域大國」、「全球大國」、「最大社會主義國家」、「最大發展中國家」等定位與戰略時，將可以從本節的歷史性分析找到線索。

評估中國「綜合國力」的崛起

華爾志回顧歷史指出，幾世紀以來，國家的國際地位升降過程是極緩慢的，因為國家的「權力」（power）基礎變化不大。在「大國」（great powers）較多時，要成為「大國」還比較容易。若「大國」數量很少時，加入就十分困難。[51]當1970年代人們大談美國霸權衰退，「五極」興起時，華氏以中國為例指出，中國超強的意象（image），乃是美

國人自己想像出來的。[52]無論華氏「大國」評價的具體指標如何，此處的「大國」似乎有客觀的評定標準則明白無疑。吾人面對歷史上變動不居的中國「大國」概念，特別應該關注國際政治學一貫重視的國力規模。實際上，本書將指出，中國「綜合國力」的增長，也促發了中國「大國」概念與「大國外交」的新轉變。

冷戰落幕、蘇聯解體後，美國實務界頗以中國崛起成為區域甚至世界大國為安全領域最重大之事態。中共領袖也稱五十年來的發展「誠足自豪」，GDP自1952年起平均年增7.7%，經濟總量世界第六，外匯儲備世界第二，「國內生產總值增長了五十六倍，工業、農業、國防和科技領域的許多方面進入了世界先進前列。」「舊中國積弱的狀況已經一去不復返了。」[53]於是不管是出於何種政策面的考慮或理論興趣，如何「客觀地」分析中國的國力，成為包括大陸內部在內許多研究的焦點。僅僅是如何看待GDP等統計，就有莫衷一是、互相衝突的多種見解，遑論關於中國經濟是否即將超越美、日的爭論了。[54]著名的英國戰略學者西格爾就從經濟、貿易、軍事（包含軍售與國防預算）、文化等多方面分析，堅稱中國只是一個區域性「中型強權」（middle power），對國際政治並無太大的影響力。[55]黎安友與陸伯彬雖同意今日中國已比過去一百五十年的中國更為強大，但實際上只是國際體系的一個「弱極」，改革之餘面對自己的落後，往往用「空城計」等詐術虛張聲勢嚇阻他國。[56]美國戰略學者布里辛斯基則警告，切莫因統計預測對中國前景過於樂觀而驚慌失措。[57]

關於判斷中國的國力到底是否足為一個「大國」，實證資料的呈現與分析當然是必經的環節。在目前大陸內部盛行的，與結構現實主義頗為類似的「格局分析」中，更把「格局」視為實力結構與關係結構的綜合體。故而，以「數量特性」分析一國實力便成為探索「格局」是否「多極化」，中國自己國力如何，中共當採何對策的常見方法。[58]本書探討中國「大國」定位建構與外交時，也當先採取這種常見的做法，即用統計上的指標呈現，檢討國力統計的意義。之後再結合「大國」、「大國外交」相關概念出現的背景等等，力求多面地掌握「大國外交」的各

個面向。

一、探討「綜合國力」的概念

（一）權力、國力與「綜合國力」

在冷戰時期，國際政治為兩極化的意識形態所籠罩，對於兩強外其他國家的權力雖然也有爭論，但遠不及現在極化（polarize）走向不明時那樣熱烈。尤其中國與俄國的權力如何評估，說法更是各持己見。誠如包德威（David A. Baldwin）引述吉爾平（Robert Gilpin）的話認為，「權力」真是國際關係領域中最麻煩的概念之一。包氏對華爾志談權力忽略了過程（process），也就是華氏的「能力」、「權力資源」（power resources）概念迴避了權力具體的效力領域（scope）與效力對象（domain）要求予以修正。[59]本書雖不擬對結構現實主義與新自由主義國際關係理論這方面的爭議細節採取立場，但對於理論爭辯中的「權力」，以及中共經常使用的國力、「綜合國力」等概念的內容為何，彼此關係如何，在具體檢視實證統計前，理應先予處理。

由於意識形態的干擾與翻譯的習慣，國力（national power）、權力（power）與「綜合國力」（comprehensive national power）三個國際政治概念時常成為研究中國外交的困擾。大陸內部極少使用西方國際關係理論中所說的「權力」，原因在於中共的意識形態理念強烈反對所謂「強權政治」。[60]在大陸的語彙中，權力不是指階級壓迫就是指種族歧視，所以正當的權力只能用於「階級專政」，完全不適用於愛好「和平與發展」的外交政策。但台灣和海外華文學界多把西方文獻中的 "power"稱為「權力」，大陸則僅在翻譯西方論述時將 "power"譯為「權力」，甚至也有譯為「實力」者。[61]說到中共自己，則絕口不提「中國的權力」，而是談國力、「綜合國力」、「實力」。對於中國與他國關係，也是用「力量平衡」[62]、「力量均衡」[63]稱之。

本節之所以主要使用「國力」一詞，是為了遷就研究對象——大陸

文獻中最常使用的「綜合國力」概念，因為下文中常常需要引述大陸內部有關研究的文獻，擅自改動亦頗為不便。但本書認為，除了一開始提到的理念性因素以外，大陸文獻中所謂的國力、「綜合國力」，指涉的內容與西方論述的「權力」並無不同。所以要檢討中國「綜合國力」的性質，仍舊必須先從西方既有的權力概念著手。[64]

（二）西方國際關係理論中的權力要素與其類型

摩根索認為「權力」是國家立即的目的，無論其最終目標為何。所以國際政治與國內政治一樣，都是權力鬥爭。武裝力量是構成權力首要的物質性要素。但摩氏闡明武力不是權力自身，它是要用以改變對方之意圖而使己方實際上不須使用武力。因此摩氏還區分了具有道德權威作基礎的「正當權力」（legitimate power）與赤裸的「非正當權力」（illegitimate power），並認為前者在物質力相近時，有效影響對方的機會多於後者。意識形態就具有強化「正當權力」的作用。[65]

摩氏極為睿智地指出，現代國家的權力之所以擴大，與「原子化的西方社會」（atomization of Western societies）中，個人的無力感成正比。[66]至於「國家權力」之要素，摩氏列舉了地理、自然資源、工業能力、軍事準備、人口、民族性、士氣、外交品質與政府品質九項。但他警告不可像地緣至上、軍事主義等觀點一般，犯了偏執某一要素的謬誤。[67]

基於今日國防事務日益昂貴與複雜，非中小國家所能負擔，在蘇聯瓦解後，華爾志在國際權力結構中仍給俄羅斯很高評價。他認為實際上，第二次世界大戰後的和平，主要奠基於核武的發明與所形成的嚇阻。[68]在自力救濟的國際無政府狀態下，用「權力分布」分析體系結構的華氏，也很關心如何測量權力，因為事涉「極數之計算」（counting poles and measuring power）。但是華氏深知各國經濟、軍事、政治力量發展極不均衡，他也如摩氏一般警告偏執一兩項優勢的危險。國家的「能力」（capability）與所獲致的地位是由人口、領土、資源、經濟、軍事、政治等因素加起來決定的，而每種因素在不同時代重要性也不同。

所以評估國家的能力並不以一兩次戰爭結果為準。但幸運的是，人們通常會對哪些國家算是「大國」（great powers）有共識，困難點只在邊緣案例如何畫界。所以在1979年華氏便指出，軍力本身並不是國力的基礎。發展軍備，還是要看經濟與科技。[69]承襲一貫的邏輯，華氏依據中國近期經濟成長的結果，在1993年判斷，中國在十年內將成為主要大國。[70]

1970年代中期明確提出度量國力方程式的克萊恩（Ray S. Cline）指明，聯合國各國平等是虛有其表，而倡言科學度量國力的重要。「權力」是以對他國國力的比較評估為基礎，而無論用說服或強制，使他國做其本不願做之事的能力。克氏且對所列舉的國力要素彼此關係以數學公式表示，以利計量比較。其列舉的要素包括基本實體（人口與土地）、經濟能力、軍力、戰略與意志。[71]

著名的現實主義代表人物季辛吉極力為具有歐洲外交傳統的「權力平衡」概念辯護。但他也體察到，雖然理論上權力可以精密估算，但真要找出平衡點則極為困難。更難的是各國又會有不同的計算結果，不同結果的衝突和協調才能締造「權力平衡」。也正是因為一國實力太難估計，僅依賴這些估計，不足以成為國際秩序的基礎。所以季辛吉不得不以十九世紀「神聖同盟」（the Holy Alliance）的形成為例，闡釋「理念」在「權力平衡」過程中的重要性。發自「理念」所形成的安排，可以減少冒險測試實力的動機。[72]

基歐漢則曾批評現實主義把權力界定為「資源」的說法，認為其排序結果往往與現實大相逕庭。而另一種把權力界定為能力、影響力（ability to influence）的主張，其論證在奈伊看來也只是自我反覆（tautology）。因為一切行動都會被說成是有權力介入，但這不能說明什麼。[73]重視相互依存的奈伊在1990年代特別強調「軟權力」（soft power）的重要，尤其是在全球化趨勢下，資訊優勢將導致新的權力結構變革。「軟權力」是以思想、文化、制度、議程改變他人偏好，而非只靠強制手段的能力，奈伊稱此為一種「羅致行為權力」（co-optive behavioral power）。其最主要的機制為美國的意識形態和美國主導的國際建制

（international regime）。[74]

　　以分析「文明衝突」知名的杭廷頓在論述冷戰結束後西方勢力的衰退時，也是把權力定義為用引誘或強制方式改變他者行為的能力。因此，操作權力需要有經濟、軍事、制度、政治、科技等資源。面對奈伊的「軟權力」主張，杭氏仍堅持經濟與軍事力量的優越性，因為唯有物質力的強大，提高本民族的自尊，才能在文化意識形態上有吸引力。所以在具體分析方面，他也羅列了「各大文明」經濟與軍事的統計數據[75]。

（三）大陸文獻中的「國力」與「綜合國力」研究

　　一如冷戰時代中共官方有避稱「大國」的習慣，大陸內部專研「國力」的學者也避用「權力」一詞。但這卻不妨礙他們廣泛研習大談權力的西方文獻，提出如何衡量中國「綜合國力」的方法。之所以稱「綜合國力」，依照研究該主題長達十年的解放軍學者黃碩風的意見，乃是來自辯證法。辯證法重視事物總體及其各部分相互轉換的力量，表現為一種綜合的性質，[76]至於「綜合國力」的要素，黃碩風列舉了政治力、經濟力、國防力、科技力、外交力、文教力、資源力。加權計算後，得到的各國國力排序為美國（100）、日本（71）、德國（67）、俄羅斯（55）、中國（44）、印度（29）。[77]

　　閻學通專門探討了「中國崛起」的外在環境條件。他主要以經濟和軍事力作為評估「現實國力」的指標。但在說到未來局限時，閻學通提及人口負擔、教育問題、資源缺乏與政治制度等障礙。可見後面四者在他看來，也可說是國力的要素項目。[78]

　　其他大陸討論中國國力的文獻，雖沒有列舉國力要素項目並作統計，但對於無法統計的「軟國力」卻已有頗多的著墨。除了黃碩風、閻學通將政治力（政治制度）、文教力列入考慮外，鼓吹「大國外交」的北大國際關係學院教授葉自成主張，「大國」不僅要看人均水平與經濟實力，外交戰略與意識尤其是「綜合國力」的重要部分。[79]河北師大田文林以為，高質量的戰略可以使物質力起加倍作用，反之則是浪費資源。政治正當性則可以在物質力量不足時，使決策獲得支持。許多歷史

上武力強大之帝國轟然倒塌,則是人心皆去的結果。[80]復旦大學臧志軍則指出,古中國、拿破崙的法國、十九世紀英國以及當代美國之所以成為「有影響的世界大國」,乃是因為有價值理念「軟資源」作為人口、土地、軍事、經濟等「硬資源」的支撐。[81]上海國際問題研究所朱馬杰提到,當代國際關係演進的新模式最深的根源是文化這一「軟力量」在起作用。「大國外交」間的衝突其實是文化差異的反映。[82]前中國社會科學院美國所所長資中筠則將科技、政治也隨同經濟、軍事列入「硬件」,要求人們追究精神、信仰、價值、歷史傳統等「軟件」。她以美國為例,說明國際競爭若在經濟力競爭,而經濟力取決於科技與管理知識,則一國的力量實際上正是在「人」。美國吸引了全球最青壯而優秀的人才,背後的精神基礎則是豐富的精神遺產、言論自由與批判精神。[83]

(四)小結

綜上所述可知,排除意識形態因素外,西方國際關係理論中的「權力」與大陸文獻的「國力」、「綜合國力」概念指涉的對象確是大同小異。雙方都注意到權力或者「綜合國力」要素與資源中,包括有形的物質部分,以及無形的制度、價值、戰略與文化部分。不過兩方以及彼此內部對權力本身,與構成權力的要素兩者的區分共識較少。摩根索等人曾細究了權力中,「力」的本質與來源,所以「權力」本身與資源條件是不一樣的兩個範疇。但多數學者並不刻意區別權力本身與權力的資源條件──或者說「要素」。於是權力就等於諸要素的總合。有些研究者則將焦點轉到不同時空中各種資源、要素重要性的差異。

在較難度測的無形、軟性權力的重要性方面,其與有形的物質性要素的關係如何,意見就更為分歧。無分中西,人們或者偏向以無形的要素作為物質性要素發揮作用的基礎。或者反過來以為無形要素之所以奏效,基礎還是在於物質因素的成就。這些偏向又與研究者強調國際秩序無政府的一面,或相互依存與理念影響的一面有關,涉及到最深層的國際關係本體論問題。[84]

從本書研究的目的來看,可以將西方國際關係理論的「權力資源」

和「權力要素」等同於大陸文獻中的「綜合國力要素」。在不作細節區別時，要素與資源都被權力一語化約。這在大陸相關文獻裡又被直接稱為「綜合國力」，或簡稱「國力」。

本書也同意華爾志的論點，即各個不同的時代中，諸權力要素的重要性也不一樣。毛澤東時期的中國重視「革命精神」的作用，與鄧小平時期以後認為科技是首要生產力，社會主義的根本任務就是發展生產力，從而導出對經濟、科技特別強調的「綜合國力」要素分析，兩者形成強烈的對比。隨著中國在國際政經過程涉入程度加深，人們又加強了無形要素（軟權力）的份量。所以下文將擷取上述各家論點中，對權力資源，也就是國力要素共識最高的經貿、軍事、外交領域作為觀察指標，用公開取得的統計數據，簡明地表列中國「大國外交」相關概念的另一背景——「綜合國力」的實況。然後經由與其他主要國家的比較，扼要地闡釋其意義。關於複雜的「軟權力」內容，配合經貿、軍事、外交等項，本節也提供一些既有的評估數據，供作參考。

二、經濟與貿易指標

在經濟力面，近二十年來中國的確成長極快，GDP與貿易額總量增加甚多，兩者在2002年底已位列全球第六，且成為亞洲成長最快的經濟體。有大陸學者認為，「大國」就是看指標「總量」，客觀力量上去了，「不是別人封你的，所以也不必裝窮。」「總量」決定「大國」姿態。[85]但與其他主要國家相較，其GDP僅為美國的九分之一、日本的四分之一，人均值更在全球七十名之外。儘管有若干研究用「購買力平價」（PPP）計算中國實質經濟規模，排除美元匯差後，估得GDP僅略落後美、日而位列全球第三位。[86]但是這種估計連帶地與未來中國必能維持強勢成長的期望，都被部分大陸學者斥為誇大。[87]何況包括世界銀行的許多研究都指出，中共官方統計得出的高成長率部分來自國營事業生產的浮報高估，從1986年到1995年GDP實質成長，應每年平均減算1.3%。[88]（相關資料參閱表2-1、表2-2）

表2-1　近年中國GDP增長率

經濟 成長率	2001	2000	1999	1998	1997	1996	1995	1994	1993	1992	1991	1990	1989	1988
	7.3	8.3	7.1	7.8	8.8	9.6	10.5	12.6	13.5	14.2	9.2	3.8	4.1	11.3

資料來源：參閱行政院主計處編《中華民國台灣地區國民經濟動向統計季報》
　　　　　（2001年11月），頁40。2001年中國部分資料來源均為「中華人民
　　　　　共和國2001年國民經濟和社會發展統計公報」，中國國家統計局
　　　　　2002年2月28日發布，http://www.stats.gov.cn。

　　在對外貿易與外資來源方面，從相互依存的面向觀察中國的「國力」
也是一項重點。目前中國為世界第六大貿易體，以美、歐、日發達國家
和台、港、星等亞太周邊地區為主要貿易對象，中國與亞太區域發展中
國家的貿易占了它與全體發展中國家貿易額的大半（55.6%）。

　　與其他主要國家相比，中國對於外貿的依存度也顯然高於美日，近
於從事整合許久的歐盟國家。然而，貿易並不等於「相互依存」，「相
互依存」也非必然是「互利」。中國外貿額占GDP的比重在1972年只有
5%，[89]但2001年已近44%，在主要大國間，僅次於德、法。而美國與
日本龐大的產值中，外貿僅占18-20%左右。由於顯而易見的貿易「不對
稱」（asymmetries）及中國對「經濟建設為中心」價值的重視，很可能
一方面增大中國在國際經貿中的「敏感性」（sensitivity）與「易損性」
（vulnerability），一方面還造成中國內部不同部門的利益分化，也就是貿
易上的「綜合國力」要轉換為對其他大國的政策影響力要受到很大的制
約。[90]不過，也有論者認為，中國的歷史經驗與自然資源基礎，使它仍
是世界上少有的仍保有自給自足自由餘地的國家。[91]可見其「易損性」
仍有很大的彈性。（相關資料參閱表2-3、表2-4、表2-5）

　　外國在大陸的直接投資（FDI）對中國經濟成長貢獻良多。中國社
會科學院亞太所所長張蘊嶺坦承，1985年以後中國的經濟增長，60%以
上歸功於外資，這一論斷且為國內學者陳永生關於大陸外國直接投資的
研究證實。[92]目前大陸外資來源以港澳為首，美、歐、日與台灣、新加
坡投資亦大。這樣的對外開放經貿政策，自1997年以後，每年為中國帶

表2-2　2000-2001年主要國家GDP及人均購買力指數資料表

	中國	美國	德國	法國	英國	日本	義大利	俄國
GDP（資料年分）（十億美元）	1,160 [a]	9,873	1,872	1,299	1,443	4,749	1,185	401 [b]
全球排序	7	1	3	5	4	2	6	15
人均 GDP（美元）[c]	895	33,540	25,750	23,560	24,390	34,340	20,310	2,740
全球排序	未在前70名	6	11	18	16	4	22	未在前70名
經濟成長率%	7.3	3.3	1.3	1.5	2.5	1.3	1.4	-6.1
人均購買力指數[d]	11.1	100	73.7	72.1	69.6	78.9	68.9	21.9
全球排名	76	2	15	16	21	11	25	59

資料來源：中、俄兩國以外，各國GDP均參考《中華民國台灣地區國民經濟動向統計季報》（2001年11月），頁41。本表中，有關各國統計數據來源並不統一，原因在於國內外主要統計資料多不包括俄羅斯，大陸部分則儘可能以其官方最新發布之數據為準，在比較前應予注意。

　　a.2001年中國GDP為95,933億元人民幣，美元數值依照匯率8.27求得。

　　b.俄國2000年數值另見 *Pocket World in Figures-2002 edition,* (London, Profile Books Press, 2001), p. 194.

　　c.本列及以下數據，除中國部分之外，均見英國經濟學人編，*Pocket World in Figures-2002 edition*, 人均GDP僅為全球前七十位國家依次排序。中國數值依照2000年11月「第五次人口普查」129,533萬人估得，資料來源見中國國家統計局網站，http://www.stats.gov.cn/sjjw/pcsj/rkpc-5/rk0501.htm。

　　d.參閱經濟學人編，*Pocket World in Figures-2002 edition*, p. 27.

表2-3　2000與2001年主要國家進出口與對外依存度統計表（單位：十億美元）

	中國	美國	德國	法國	英國	日本	義大利	俄國
外貿進出口總值	509.8	2,038.7	1,054.3	603.5	621.1	858.7	474.2	150.7
占全球貿易總額%	3.9	15.6	8.1	4.6	4.7	6.6	3.6	1.2
全球排名	7	1	2	4	5	3	8	21
對外依存度（%）a	43.94	20.56	56.32	46.46	43.43	18.08	44.07	37.58

資料來源：中國外貿資料引自其外經貿部網站（為2001年年終值）外，其餘
國家數值為2000年年終值，參閱世界貿易組織網頁：
http://www.wto.org/english/res_e/statis_e/ webpub_e.xls。
a.對外依存度亦稱「貿易依存度」，係以外貿進出口總額除以GDP
得來。

表2-4　2001年中國主要貿易夥伴與貿易額統計表　　　　（單位：億美元）

2001年主要貿易夥伴排名	日本	美國	歐盟	南韓	台灣	新加坡	俄國	發達國家總計	發展中國家總計	亞太發展中國家
貿易額	877.5	804.8	766.2	359.1	323.4	109.3	106.7	2,465（2000）	2,197（2000）	1,755（2000）
順逆差	+21.6	+280.8	+46.2	-108.7	-223.4	+6.5	-52.5	+341	-33	+1

資料來源：中國外經貿部網站，http://www.moftec.gov.cn。歐盟資料引自行政
院陸委會，《兩岸經濟統計月報》，101期（2001年1月），頁42；
發達國家與發展中國家等區域統計數字參閱International Monetary
Fund, *Direction of Trade Statistics Quarterly* (December 2001), pp.
261-268.

表2-5　中國歷年貿易順差統計表　　　　　　　　　　（單位：億美元）

	2001	2000	1999	1998	1997	1996	1995	1994	1993	1992	1991	1990	1989	1988
貿易順差	225	241	292	435	403	122	166	53.5	-122	44	81	87	-66	-77

資料來源：經濟部統計處，《國內外經濟指標速報》，202期，（2000年10月），頁86；經濟部工業局，《大陸工業發展季報》（2000年9月），頁122。

表2-6　歷年中國大陸外資FDI來源統計　　　　　　　（單位：億美元）

國別	港澳	美國	日本	台灣	歐盟（英德法）	新加坡	維京群島	南韓	合計
2000年	158.4	43.8	29.1	22.9	30.5	21.7	38.3	14.9	407.1
1979-2001年6月	2188.2	320.8	296.8	274.6	205.6	179.3	155.0	113.0	3690.6

資料來源：行政院陸委會，《兩岸經濟統計月報》，108期（2001年8月），頁44。

來二百二十億美元以上的貿易順差，其中順差來源主要是美國。

　　主要國家外貿進出口總值、貿易依存度以及中國的貿易夥伴、貿易順差與外國在大陸直接投資等資料可見表2-6。

三、國防與軍備指標

　　在國防軍備上，一般性統計指標在易得性與可信度方面，都要比經貿類指標低得多，而且解釋差異更大。本書僅列舉國防預算、陸海空兵力軍備總數、參與國際安全保障（同盟）條約數等，臚列成表，作為評估的依據。

　　由於軍力向來是國際關係理論最為重視的權力指標，重視「綜合國力」與「槍桿子出政權」的中共自不例外。在國防軍事指標上，中共的國防預算全球排名約為第六到第七位，無法確定排序乃是由於估計其軍

事開支與隱藏預算額度方法不同所致。根據瑞典著名研究國防與裁軍智庫 SPIRI指出，2000年度全球國防支出較1990年大幅增加30%，達到全球GDP的2.6%。其中俄羅斯增加軍費24%最高。美國國防支出占全球軍費36%，法國7%，中俄各占3%，這些國家是全球主要軍火消費者。[93]儘管中國逐年增加的國防支出確實引人側目，但從總額來看，中國只位居第六。較小的經濟基礎規模使中共要獲得更多資金投入，以追近其他領先者的水準，顯得十分困難。（參閱表2-7）

戰略核武方面，中國具備對美俄有限的核子嚇阻能力。[94]與部分西方論點相似，鄧小平也同意「兩彈一星」對中國「大國」地位極為重要。[95]然而從現有資料分析，中國的戰略威嚇能力極大程度局限於少量陸基長程導彈（十枚左右可擊中美東的東風五型-CSS-4，與十餘枚可擊中關島、莫斯科的東風四型-CSS-3），它們設置於傳統發射井，隱匿性差。現役的海基導彈潛艦據信僅有一艘，且有嚴重噪音問題。此外中國也缺乏先進的長程轟炸機。中共軍備管制研究者，復旦大學教授沈丁立亦承認，所有上述戰略裝置還嚴重缺乏早期預警與現代指管通情（C3I）的支援。[96]

傳統軍備上，美國學者認為，波灣戰爭顯示中國龐大的兵員總量是沒有意義的。[97]其裝備清單中，陸軍大量主戰車屬陳舊的T-59型，現代地空作戰甚為重要的新型武裝直升機數量甚少。空軍方面，中國僅有三百五十架左右殲八型以上空優戰機，且妥善率與訓練完善程度等因素尚難估計，遑論具有進步的遠距運輸、空中加油、指管預警、長程轟炸能力。[98]中國海軍多數潛艦為久役的R級，水面艦除新購兩艘「現代級」與「旅海」、「旅滬」等級別較為先進外，多數艦種反潛、防空能力差。[99]以南海爭端可能引發的衝突為例，美方學者認為，中國不見得是擁有美、英先進裝備的馬、印、星等國的對手，這也是何以印尼等國敢於占據南海島嶼的原因。[100]（統計資料見表2-8）

誠然，大陸目前積極引進並研發新武器，發展載人航天乃至登月計畫，算計取得航空母艦的利弊、時機，企圖心不容忽視。[101]不過，以中國之經濟能力，要同時推進潛艦與導彈更新、航母取得，並給養先進

表2-7 主要國家2001至2002年國防預算與占GDP比例表

	中國大陸	美國	日本	德國	英國	法國	俄國	印度
預算數額 (單位:億美元)	201 (351)[103]	3,430	404	210	340	253	218	156
排序	7	1	2	6	3	4	5	8
占GDP比例%	1.7 (3.0)	3.4	0.9	1.1	2.4	1.9	5.5	3.0
排序	6	2	8	7	4	5	1	3

資料來源:中國數據依據2001年九屆人大五次會議公布資料,參閱新華網2001年12月14日刊載。其餘各國資料為作者自IISS(The International Institute of Strategic Studies) ed., *The Military Balance 2001-2002* (London, Oxford University Press, 2002).

的大型遠洋水面戰鬥群,可謂不切實際。所以就現況而言,中國軍事方面「權力要素」的品質可用大陸學者「規模龐大、裝備落後、效率低下」之語概括;所謂「崛起」的中國,其總體軍事實力與體系首強的差距,恐怕比之韓戰時與美軍之距離,乃至甲午海戰時與日軍的距離,還要差很多。[102]

強權的軍事力量也可以表現在具有軍事意義的同盟和海外駐軍上,這使得一國的軍力得以投射到領土主權以外的遠方,先期制約假想敵。比較之下,西方傳統大國美、俄、法、英沿襲各自的殖民傳統、結盟關係與勢力範圍,均有數萬到數十萬的海外駐軍與許多軍事基地。尤其是將全球劃分防區的美軍,更是當代霸權的典範。蘇聯解體後俄羅斯被迫大規模從東歐撤軍,則可謂權力的萎縮。中共雖曾大規模向北韓、北越派出軍隊與軍事顧問,但1980年代迄今,則幾無常駐之海外駐軍(參閱表2-9)。「中蘇友好同盟條約」在1980年期滿後,中國也僅剩與北韓的盟邦關係。如果海外駐軍與盟邦是軍事性權力的要素,中國之資源僅優於二次大戰戰敗無法正式駐軍海外的日本。曾經是戰敗國的德國,也藉由參與歐盟行動向前南斯拉夫等地派出軍事人員,當屬權力之伸張。

表2-8　2000年主要國家各軍兵種軍備統計表 ("+"表示裝備數量可能略多於
　　　　表列數)

		中國	美國	俄國	法國	英國	德國	日本	印度
總兵員（萬人）		231	137	98	27	21	31	24	126
兵員／人口比		0.18%	0.48%	0.67%	0.46%	0.35%	0.39%	0.19%	0.12%
戰略核武	潛射彈道飛彈 SLBM	12	432	280	64	58	0	0	0
	洲際彈道飛彈 ICBM	20+ 150(IRBM) 375(SRBM)	550	740	0	0	0	0	0 20(IRBM)
	戰略轟炸機	0 （中程轟-6約 110架[a]）	208	206	88	0	0	0	0
陸軍	主戰車MBT	8,000	7,620	13,820	809	636	2,521	1,050	3,414
	武裝直升機	352	2,331	1,180	291	368	244	180	194
海軍	戰略核潛艦 SSBN	1+	18	17	4	4	0	0	0
	戰術潛艦（含 核子動力）	69	55	34	6	12	14	16	16
	航空母艦	0	12	1+	1	3	0	0	1
	巡洋艦	0	27	7	1	0	0	0	0
	驅逐艦	21	54	17	3	11	2	42	8
	總水面主力作 戰艦	62	128	35	35	34	14	54	27
空軍	戰術戰鬥機	1,204[b]	5,816	3,889	473	456	501	490[c]	775
	空中加油機	10	605	20	14	29	0	0	6

資料來源：本表資料係作者參照IISS (The International Institute of Strategic
　　　　　Studies) ed., *The Military Balance 2001-2002* (London, Oxford
　　　　　University Press, 2001)整理編成。
　　　　　a.參閱《1998日本防衛白皮書》（台北：國防部史政編譯局，1999
　　　　　　年），頁65。
　　　　　b.此處僅計算殲七-Ⅱ型以上機種，含強五（Q-5）型戰機，及運
　　　　　　交中的SU-30MKK型戰機。
　　　　　c.參考《2001日本防衛白書》資料，參閱http://www.the-sun.com.hk
　　　　　　/channels/news/20010707/ 20010707015550_0001_1.html。

表2-9　2001年主要國家參與安保（軍事同盟）條約及海外駐軍數

	中國	美國	俄國	法國	英國	德國	日本	印度
參與安保（同盟）條約	1[a]	12	12	6	4	2	1	0
海外駐軍	0	179,973	18,650	22,650	25,154	370	0	+2,000

資料來源：安保條約資料參考《1998日本防衛白皮書》，頁306-313。海外駐軍資料參考*The Military Balance 2001-2002*。此資料尚未含阿富汗與伊拉克占領軍。

　　a.中共唯一締結且仍有效的盟約為「中朝合作互助條約」。俄羅斯的部分，與獨聯體國家互訂之條約占十個。

四、外交與國際參與指標

　　外交與國際參與既有權力要素的性質，又是國力的表現和結果。然而，相較於軍事指標，一國的外交活動與影響力更是缺乏「客觀」估計標準。若是將影響日益擴大的民間國際參與列入，情況又特別複雜。[104] 本書自相關文獻整理出1990年至2001年中共黨政首長，包括國家主席、副主席、中央總書記、人大委員長、總理、政協主席出訪，以及主要大國（美、俄、英、法、日、德、印度）總理（美國含國務卿）以上首長訪問大陸之次數，作為分析的依據。另外也引述了主要國家參與聯合國維和行動與在聯合國安理會行使否決權之資料，以及各國參與國際組織數統計，作為評估冷戰結束後中國參與國際過程的憑藉。

　　從最洞見觀瞻的政府首長互訪紀錄與出席重大國際組織會議來看，冷戰後中國的國際活動頻率顯著增加，而於1996年到1999年達到歷史性高峰，其中1998年內，中共首長訪問發展中國家的次數極少，扣除獨協國家與出席東協會議外，僅餘有一例（胡錦濤當年4月訪日後順訪南韓）。這一表現顯然也與「大國」、「大國外交」等概念的出現和發展亦步亦趨。但是各國各級首長每次的外交活動其影響力與品質自不宜等值估計。冷戰結束之後中國除了大量增加對聯合國與國際組織的參與外，對周邊發展中國家乃至傳統亞、非、拉發展中國家的訪問亦更趨頻繁。

表2-10 中國黨政首長出訪與主要國家首長到訪統計表

	1990	1991	1992	1993	1994	1995	1996	1997	1998	1999	2000	2001
出訪大國	2	2	4	2	6	8	8	7	10	8	7	5
出訪國際組織	0	0	2	1	1	3	3	3	4	3	6	1[a]
大國首長來訪	0	3	3	2	4	2	3	7	4	5	4	7
出訪總數	8	7	9	5	12	11	15	13	11	15	12	19

資料來源：作者整理自新華社，《中華人民共和國年鑑》（北京：中國年鑑出
版社），1990-1999年。2000年部分則參考《共黨問題研究月刊》
當年各月大事紀要（第26卷第1-12期）。
a.2001年「上海合作組織」高峰會與「亞太經合會」非正式峰會
均在中國大陸境內舉行，中共領袖出訪減少。

其中的雙邊與多邊關係還有待下章的檢證。（參閱表2-10）

　　中國對聯合國的態度自1980年代後轉趨積極，1990年代後更大倡提
高聯合國安理會的地位與作用，視其為維持體系現狀的重要機制。[105]
但中國在聯合國中很少積極使用其「大國」地位——常任理事國的權
利，包括否決權與參與列強的海外維和、干預行動。與第二次世界大戰
戰敗國日本相似，中國參與聯合國維和行動派駐人數僅五十餘人。行使
否決次數不及美、俄的十分之一，亦不若英法。（參閱表2-11）

　　一般性地觀察中國與國際政府間組織（IGO）和非政府組織（NGO）
的關係，中國的參與頻度相較於1980年代前的確大有增加，增加幅度是
主要國家之首位，是全球各國總平均值之1.8倍。以官方性質的IGO為
例，與發達國家相比，中國是1980年代以來唯一參與數目正成長的國
家。以1980年代前完全不屑一顧之西方國家建立、主控的國際貨幣基金
（IMF）為例，到2000年底，中國的「特別提款權」（SDR）已經推進至
全球第八位，占83億美元，較前一年還推進了三名。[106]以非官方的
NGO為例，中國的參與數則成長了15倍。美國學者江憶恩（Alastair Iain
Johnston）應用回歸統計分析指出，中國的國際組織參與率已高於相同
經濟水平國家的預測值，接近發達國家的水準。[107]（參閱表2-12）

　　不過這些計量的觀察忽略了不同組織的活動力與影響力。而且雖然

表2-11　主要國家參與海外維和行動與在安理會行使否決權統計表

	中國	美國	俄國	法國	英國	德國	日本	印度
參與維和行動派駐國（地區）數目	5	14	16	14	12	6	2	4
參與維和行動派駐人數	53	15,221	7,119	8,771	7,931	7,226	30	2,146
在安理會行使否決權次數	5	59	120	17	26	--	--	--

資料來源：維和行動資料見*The Military Balance 2001-2002*。否決權行使統計
　　　　　參閱鄭啟榮、李鐵城，《聯合國大事編年》（北京：北京語言文化
　　　　　大學出版，1998年），頁404-415。

表2-12　主要國家參與國際政府間組織IGO統計表

	中國	美國	日本	德國	英國	法國	俄國	印度
1977年	21	78	71	--	91	104	43	65
1999年	51	63	63	83	74	89	66	59
1999年八國排序	8	5	5	2	3	1	4	7
成長率	142%	-19%	-11%	--	-18%	-14%	53%	-9%

資料來源：Union of International Associations, *Year Book of International Organization* (Munchen: K. G. Saur Verlag GmbH & Co. Press, 2000), pp. 1477-1513.

中國的參與大幅成長，參與數在包括印度的八個主要國家中，仍是敬陪末座。假定國際組織也是施展一國政府與人民影響他國意向的重要資源的話，中國這方面的「國力」仍尚屬有限。（參閱表2-13）

表2-13　主要國家參與國際非政府組織NGO統計表

	中國	美國	日本	德國	英國	法國	俄國	印度
1977年	71	1,106	878	--	1,348	1,457	433	733
1999年	1,258	2,648	2,124	3,459	3,321	3,523	1,673	1,687
1999年 八國排序	8	4	5	2	3	1	7	6
成長率	1671%	139%	142%	--	146%	141%	286%	130%

資料來源：Union of International Associations, *Year Book of International Organization* (Munchen: K. G. Saur Verlag GmbH & Co. Press, 2000), pp. 1477-1513.

五、教育科學文化與「軟國力」

　　前文中無論西方國際關係理論或大陸內部有關文獻都承認，經濟、軍事、政治以外，所謂「軟國力」的重要性。作為各種有形「國力要素」的基礎，經貿需要的是管理科學、制度與研發環境上的進步。軍事需要的是科學技術與指管通情等軍務上的全般能力之進步。政治則要求法律、行政體制乃至政權正當性要有相應於經濟、軍事的調適與現代化。上述多數項目都難以數據化評估。本書僅以資訊科技應用現況、高等教育人數、教育預算、科學研發經費作為初步指標，所以此部分後續推論應更加保守。

　　依統計資料觀察，除了經濟、軍事、外交方面中國的「國力」指標成長頗多外，人們也注意到中國在所謂的「全球化」與「資訊時代」裡，通信與資訊設備的使用正迅速普及。至1999年底，中國國內不含港澳，使用個人電腦總人數已位列全球第八，使用行動電話戶數位居世界第三。2000年底中國信息產業部公告，大陸資訊業規模已居世界第三，出口創匯五百五十億美元。[108]但若拋開絕對數量的角度，則中國在這些統計的人均量上仍然偏低。再深入考慮使用者所能獲得的教育與科研資源，以及高等教育的普及程度，中國與其他主要國家間仍有不小差距。（參閱表2-14、表2-15、表2-16）

表2-14　主要國家高等教育人數占人口比率表

	中國	美國	日本	德國	英國	法國	俄國	印度
每千人人數	2.8	52.9	31.3	25.4	31.3	35.3	--	--

資料來源：行政院主計處2000年統計資料網頁，http://www.dgbas.gov.tw/ dgbas03/bs8/world/ i_socec3. Xls。該統計無印度與俄羅斯之資料。

表2-15　主要國家公共教育支出占各主要國家GDP比率表

	中國	美國	日本	德國	英國	法國	俄國	印度
比率	2.5	5.4	3.6	4.8	5.3	6.0	3.5	3.2
八國排序	8	2	5	4	3	1	6	7

資料來源：中國國家統計局，《中國統計年鑑2000》（北京：中國統計出版社，2000年），頁887。

表2-16　主要國家政府研究與發展經費占GDP比率表

	中國	美國	日本	德國	英國	法國	俄國	印度
比率	0.66	2.63	2.80	2.41	1.95	2.25	0.88	0.73
八國排序	8	2	1	3	5	4	6	7

資料來源：聯合國教科文組織（UNESCO）網站2000年公布資料，http:// unescostat.unesco.org/statsen/ statistics/yearbook/tables/sandtec。

六、綜合分析

　　總體而言，中國確實在改革開放中，尤其是冷戰後迅速累積了西方理論重視的各項「權力資源」；也就是說，綜合呈現的國力確有大幅增長。尤其是「硬國力」——經濟貿易指標的崛起，早在1995年就被資深大陸國際問題研究者何方認為，是「大國地位」不容置疑的證明。[109]但總量的增長並不代表超越其他主要國家，相反的，若干指標顯示中國的「國力」與其他強權仍有顯著差距。無怪江澤民說：「如果把這一成就分散到十二億人口身上，那成績就算不得什麼了。」[110]對於人均值低

的特性，北京大學國際關係學院陳峰君直言，中國簡直還處於「勉強度日的水平。」[111]南開大學蔡拓更深入指出，中國的所有人均指標數值與發達國家的差距，短期內不是縮小而是更大。中國以有限經濟基礎要追求功利式的現代化，必將嚴重破壞資源生態，造成全大陸的生存危機。[112]於是，外界對中國的「國力」與前景有多種趨向極端的看法，或者肯定，或者否定中國在某一個或某幾個項目上的發展規模、前景與重要性，並推論出非常樂觀或悲觀的估計乃至政策建議也就不足怪了。[113]

回到理論面看，沒有仔細界定議題範圍與對象的「權力」或「國力」是頗為抽象的。倘若一定要追究冷戰結束後中國是否為「一極」，將遭遇華爾志所言「邊緣案例」的困難。況且所謂「極」的觀念是來自冷戰中「兩極」的用語，其中不僅指涉兩方概等的「權力資源」，也指涉兩方形成對抗性的權力關係。[114]目前在經貿方面，中國在亞洲金融風暴中，以其政經「權力資源」或「綜合國力」顯示具有穩定區域經濟的力量。[115]區域安全方面，中國在朝鮮半島、柬埔寨等區域和平問題也展現了對周邊地區的力量投射。[116]但在科索夫甚至東帝汶問題上，中國的影響力便至為有限，加入世界貿易組織（WTO）的過程也使中國極感吃力。這種國力極度不對稱的現象，以往曾使中共發展了毛澤東「人民戰爭」與「革命外交」的戰略，[117]今日則使中共內部醞釀利用局部微小的失衡與破壞，造成災難性的後果，並用「超限戰」策略，以求延展威脅他國的能力；[118]或者寄希望於造成對手難以承受的傷亡，則擁有敵人十分之一的先進常規與戰略裝備就足以遏制敵人。[119]

要言之，「綜合國力」分析的合理結論是，多數的現況計量排序裡，中國徘徊於全球主要國家五到八名之間。接續上節「大國」概念歷史背景的探討，中國的人口、土地以及若干經貿、軍事指標總量可以在全球排入「五強」或「八大」。在某些議題領域中，有影響涉及該議題範圍內事務的潛力。但是，這些是否足以使中國成為國際間能與其他主要國家相稱的「一極」？中國與其他主要國家是否有意竭力發展類似冷戰「兩極」的「極化」關係？[120]還是中國將在國際上致力於獲取摩根索、布里辛斯基所說的，以共享價值產生之「正當性」順服為基礎贏得

的「權力」？[121]上述問題的答案在主客觀上都還屬未定。

　　此處的結論是，統計指標複雜的內涵與難以確定的趨勢，恰恰是使得「大國」定位建構與「大國外交」成為內容值得爭論的概念，而不是確定了「大國」與「大國外交」的定義。也就是說，以固定的某個「大國」標準衡量中國是怎樣一種「大國」，反而限制了人們洞悉冷戰後中國「大國外交」多種發展方向的能動性。

官方文件中的「大國」定位

　　前文指出，中國的「大國」概念與定位並非僅始自冷戰落幕。「大國」概念在1990年代之前的中國外交史中，曾以多種不同的形貌出現。1990年代以後，中國「綜合國力」各面向呈現不均衡的成長，並對某些1990年代以前影響力不曾到達的國際議題領域發生了衝擊。在此一歷史與現實雙重背景下，1990年代中共官方才一改過去諱言「大國」的積習，開始在黨政正式會議以及與他國發表之公報、聲明中公開使用「大國」一詞。當然，研究國際關係與外交政策時，對於各國官方宣示的外交原則都必須以實際的行動表現——外交行為去驗證。但官方公開的宣示，還是為觀察國際政治與各國外交的人們提供了方便的切入點。

一、黨政會議文件

　　關於中共黨政會議文件，尤其是主要領導人在黨代表大會、全國人大所作的開場報告，在研究其政策變遷方面的重要性，筆者另有專文闡述，此處僅扼要言之。[122]

　　第一，象徵性：會議文件宣示之內容為政權正當性的象徵。中國歷代政權極為強調「正統」（legitimacy）象徵，尤其在特需粉飾的政治場域，領導者對體系的定義與未來走向的預言，具有一定的內政指標作用與政策拘束力。這層意義也可以從孫隆基和美國學者白魯恂研究中國人

對表面和諧與「面子」、大一統的重視以及其在「文字魔力」上的反映去把握。[123]

第二，總結性：文件是階段性的歷史發展與政策爭論的總結。對於「民主集中」的共黨而言，黨大會實際上已飽經醞釀，最後到大會上展現的多為階段性的妥協與共識，用權威性的文字為出台的領導與政策「定調」。通過一篇相對精煉的文告，黨用民主集中的方式階段性地結束內部舊的爭論，當然也展開了新的爭論。[124]

第三，指導性：到下一次大會召開前，黨員行政決策難以公然背離。基於以上兩個因素，共黨黨大會的各種報告，尤其是開幕式的講詞、「政治報告」，及會議結束的公報最具重要性，對整個團體在閉幕後一定時期，也具有指導性。從政黨員不能公然違反，除非有全面鬥爭勝利之把握，或被嚴懲的心理準備。透過廣泛「學習」與「探索」，大會的「政治報告」與決議對「形勢」理解具有很強的規範作用。

1990年代以降，中共主要黨政機構的重要會議對冷戰結束後的國際形勢與中國外交政策有多次總結性說明。國內曾有文獻指出，中國「大國外交」戰略意識始自1992年「十四大」關於「多極化」的形勢判斷。本書則可以將這種自居「一極」的定位向前追溯到冷戰結束之後兩個更早的事例。一例是前節引述鄧小平1990年3月對內講話提到中國「怎麼樣也算一極」的說法，那是較不公開的場合。另一例則同樣是在1990年3月，當時的國務院總理李鵬在「七屆人大三次會議」的政府工作報告中公開提到以下說法：

> 當前，國際形勢正在發生著重大變化。美蘇關係、東西方兩大集團之間的關係，以及兩大集團內部各國之間的關係，都在變化之中。……世界多極化趨勢的發展，使美國和蘇聯影響國際事務的能力下降。[125]

這是中共官方首次公開以「多極化」評價後冷戰初期的國際形勢，時間正好與鄧小平的非公開講話紀錄相吻合，只是中共公開的說詞尚未指名自己即是「一極」。有國內研究認為中國「大國外交」的「官方基

礎」始自1990年，[126]若以李鵬此一「政府工作報告」為據，當更為有力。

「多極化」的認識更進一步的鞏固，即為論者所共知的江澤民在1992年10月中共「十四大」的報告：

> 當今世界正處在大變的歷史時期。兩極格局已經終結，各種力量重新分化組合，世界正朝著多極化的方向發展。[127]

該文本中，外交議題所占的篇幅比1987年趙紫陽在「十三大」所作的報告大為增加，包含了從1982年中共「十二大」以來，甚至可以說從1956年「八大」以來，除了文革時期的「不斷革命」、「革命外交」、「戰爭不可避免」路線以外，所曾提及的主要外交原則。這當中包括和平共處五項原則、獨立自主的和平外交、不結盟、不稱霸、以「和平與發展」為時代主題、推動「國際政治經濟新秩序」、以「第三世界」團結為立足點、反對「霸權主義」、「強權政治」等等。而中國自視為發展中「多極化」趨勢裡的「一極」，究竟要朝何種方向「分化重組」，則有多種相互重疊的可能。

「大國」直接作為一個正當的分析國際形勢的概念，到1997年10月中共黨的「十五大」才被正式確認，也就是目前多數文獻提及的中國「大國外交」政策的起源：

> 在我們這樣的「東方大國」，經過新民主主義走上社會主義道路，這是偉大的勝利。但是，我國進入社會主義的時候，就生產力發展水平來說，還遠落後於發達國家。
> 當前國際形勢總體上繼續趨向緩和。和平與發展是當今時代的主題。多極化趨勢在全球或地區範圍內，在政治、經濟等領域都有新的發展，世界上各種力量出現新的分化和組合。大國之間的關係經歷著重大而又深刻的調整，各種區域性、洲際性的合作組織空前活躍。……多極化的趨勢有利於世界的和平、穩定和繁榮。[128]

接著在1998年3月，中國總理李鵬在中國「九屆人大」的「政府工作報告」延續了「十五大」的判斷：

> 和平與發展仍然是當今世界的兩大主題。國際局勢正在發生重
> 大而深刻的變化，大國關係繼續調整，發展中國家總體實力增
> 強。多極化的發展趨勢日見清晰，國際經濟聯繫日益密切。[129]

1990年代「多極化」之前是「兩極」時期，但中共從不公開使用「兩極」一詞，而稱之為兩個「霸權主義」國家。[130]所以中國自己絕非兩「霸權」之成員或追隨者，這與前節中共諱言「大國」的傳統是相契合的。然而從上述冷戰後中共黨政會議報告關於國際形勢與外交的引文可以發現，出現在前的「多極化」與「怎麼樣也算一極」判斷，是出現在後的「大國」關係深刻調整、繼續調整判斷的基礎。而「十五大」延續多極化判斷提出的「大國關係深刻調整」，不可能不包括「怎麼樣也算一極」的中國，則中國將自己定位為全球「大國」的一員，格局的「一極」，也就無庸置疑了。

不過儘管有大型黨政會議的「大國」定位，上述文本仍沒有正面地、俐落地自稱是一個「大國」。不久前（2001年7月1日）在慶祝「建黨八十週年」的講話上，江澤民談到中國歷史與內政經濟發展戰略時，再度用了「十五大東方大國」這個與「西方」相對的說法。[131]延續「十二大」以來以經濟建設為中心的發展戰略，「十四大」與「十五大」一方面承認許多西方創制的國際組織是重要的國際社會行為者，卻也仍舊高舉不結盟、反霸的口號，「加強與第三世界國家的團結合作」，要求修改西方發達國家制定的國際政治經濟遊戲規則，並呼籲建立「國際政治經濟新秩序」。這一態度實即本章回顧「大國」概念歷史背景中，歸結出的「反大國」心態遺續。

二、國際活動文件

冷戰後中共的黨政會議正式文件僅間接地接受了「大國」定位，但

在與其他主要國家共同公開發表的聲明，和中共領導人於國際場合的正式講話裡，則可以找到許多直接承認中國是具有某種屬性的「大國」的例證。依據作者的整理，正式的、具有國際政治意涵的「大國」自我定位，最遲不晚於1994年，出現在江澤民1994年9月訪問俄羅斯，與葉爾欽（Boris Yeltsin）簽署的「中俄聯合聲明」。聲明除了以「睦鄰友好和互利合作」的「新型的建設性夥伴關係」、「不結盟、不針對第三國」開啟後來所謂中國「夥伴外交」的先聲，並在聲明的第四點第四項指明：

> 雙方互相視對方為在多極世界體系正在形成條件下，維護和平與穩定的重要因素的「大國」，加強在國際事務中的相互合作，包括在解決全球性問題上的合作。[132]

1996年7月錢其琛出席東協區域論壇（ARF）時，則承諾中國將「致力於區域和平與發展，履行作為一個『大國』的責任和義務。」[133]到了中共「十五大」前，也就是1997年4月江澤民訪俄時，與葉爾欽簽署的「中俄關於世界多極化和建立國際新秩序的聯合聲明」也等於預先敘述了「十五大」的內容：

> 雙方基於作為聯合國安理會常任理事國，對國際社會所負的責任以及重大國際問題所持的一致態度，……雙方認為，世界多極化的趨勢加快發展，「大國」之間，包括冷戰時期敵對國之間的相互關係發生變化。[134]

江澤民該次訪俄，在俄羅斯國會──國家杜馬的演講更公開而清晰地稱：

> 世界正在走向多極化，……極少數「大國」或大國集團壟斷世界事務、支配其他國家命運的時代，已一去不復返了。「大國」關係不斷調整，多個力量中心正在形成。……「大國」在維護世界和平與穩定，裁減軍備，促進各國發展和保護人類生存環

境等方面，應承擔更大的責任與義務。……中俄都是國際上有著重要影響的「大國」和聯合國安理會常任理事國，肩負著維護世界和平與穩定的重大責任。[135]

同年10月江澤民訪美與柯林頓簽署的「中美聯合聲明」是另一個具有代表性認可「大國」定位的文件。聲明中有關的段落指出：

中美作為亞太地區的「大國」，願加強合作，共同對付面臨的各種挑戰，為促進本地區的穩定和繁榮做出積極貢獻。[136]

該年年底，江澤民與錢其琛在出席吉隆坡敬祝東協（ASEAN）成立三十週年的國際會議上分別提到「世界上最大的發展中國家」與「亞太地區的一個大國」兩種「大國」定位。江澤民在會晤東協九國領袖時說：

中國是「世界上最大的發展中國家」，社會生產力水平總的還比較低，還要經過幾十年的艱苦奮鬥才能實現現代化。需要有長期的和平國際環境，特別是良好的周邊環境。今後中國發達起來了仍將繼續堅持和平共處五項原則，……友好相處，永不稱霸。[137]

錢其琛在同一會議的前一天則論及：

作為聯合國安理會常任理事國和亞太地區的一個「大國」，中國高度重視並致力於促進亞太地區的和平與繁榮。[138]

可以斷言，最晚到1997年底，「大國」、「亞太（區域）大國」與「最大發展中國家」三種可以相重疊卻又不盡相同的「大國」定位已經全部出現在中共正式的國際活動文獻中。而根據前文的整理也顯示，這一年中國貿易順差首度突破四百億美元，其他主要國家首長訪問中國達到最高峰，同時江澤民對美國作了歷史性訪問，大陸恢復對香港行使主權也是在1997年。

次年（1998年2月）初，中國總理李鵬訪問俄羅斯時，與俄國總理丘諾米丁（Viktor Chernomyrdin）發表「中俄聯合公報」又有如下敘述：

> 中俄作為亞太地區兩個「大國」，為鞏固亞太地區和平穩定，正在加深相互協作。[139]

2000年7月，在「上海五國」杜尚別（Dushanbe）高峰會上，江澤民從全球地緣政治的觀點強調了中俄兩國的「大國」地位：

> 歐亞大陸是國際政治的中心舞台，而中俄是「歐亞大陸上兩個最大的國家」和聯合國安理會常任理事國，哈、吉、塔三國位於歐亞大陸的重要地帶。[140]

2001年7月江澤民再度訪問俄羅斯時，在莫斯科大學俄語演講裡，幾乎重述了1997年在杜馬的說辭：

> 對於中俄這樣兩個相鄰的「大國」，舊式的那種結盟或相互對抗，都不利於甚至會嚴重損害兩國關係的長期穩定發展。……中俄作為在國際上具有重要影響的「大國」和聯合國安理會常任理事國，肩負著維護世界和平與穩定的重大使命。[141]

不過於1999年後，沒有修飾詞的「大國」二字較少出現在類似場合與文件中。最常見的「大國」概念多帶著「發展中的大國」或「最大的發展中國家」的稱謂。例如，江澤民在2000年10月10日於北京舉行的中國與非洲四十餘國「中非合作論壇」開幕講詞，以及2001年4月訪問智利，在聯合國加勒比海委員會的講詞，即分別自稱是「最大的發展中國家」與「發展中的大國」。[142]這一「最大發展中國家」也會具有積極的國際作用，例如，2001年4月江澤民訪問巴西，與巴西總統卡多索（Fernando H. Cardoso）討論「中巴戰略夥伴」時稱：

> 我們兩國分別作為「東西半球最大的發展中國家」，有責任在

推動世界政治、經濟形勢健康發展方面發揮積極作用。……推
動建立公正合理的國際政治經濟新秩序。[143]

另一個近期的案例則可見中國外長唐家璇2001年7月26日出席「中
國——東協對話會議」時的致辭：

作為「亞洲和世界最大的發展中國家」，中國一直致力於自身
的穩定與發展。中國的快速健康發展，有利於亞洲乃至世界經
濟的發展。加入WTO以後，中國將更為嚴格地遵循通行的市
場規則，進一步對外開放。[144]

三、綜合分析

經由對比可知，中國的「大國」定位源自冷戰止息後「多極化」的
格局判斷。在1994年9月「中俄聯合聲明」，正式公開自我定位為「大
國」，而在1997年一系列外交活動與「十五大」確認下來。不過，由於
獨特的歷史與意識形態背景，「綜合國力」崛起的情況又有高度不確定
性，中國並未直接、一貫地接受西方國際關係理論概念裡的「主要大國」
（major power）定位，而是在不同的內外場合與時空，交替使用「大國」
（包括負責的「大國」）、「區域大國」（包括「亞太大國」）與「最大發
展中國家」（包括「發展中的大國」）、「東方大國」等多種意義不同的
自稱。

就其出現場合分析，黨政會議僅含蓄地用「大國關係深刻調整」的
敘述，間接指出自己也是分化重組中的「大國」，但無論如何沒有明示
自己是個與其他「大國」性質相同的國際成員，而用了「東方大國」此
一與「西方」相對的詞彙，可能保留著日後內政／國際路線調整的空
間。坦率使用不帶其他修飾語的「大國」或更具全球意義的「歐亞大陸
最大國家」，最多出現於與俄羅斯交往的案例與文件。與美國則多半使
用「亞太大國」。與周邊國家和發展中亞非拉國家交往的場合，則傾向

使用「最大的發展中國家」定位。[145]

　　對照其他外交原則分析，與俄國交往的場合，中國不但常直接與俄互稱「大國」，且多半能將中共黨政會議鼓吹的對外原則，甚至包括反對「霸權主義」、「強權政治」等與俄方互相重申。自稱「最大發展中國家」，與周邊國家和亞非拉國家交往時，則強調「和平共處五項原則」、「國際政治經濟新秩序」、「反霸」、「不稱霸」、加強聯合國的作用。與法國則互稱對世界負有「特殊責任」，共倡「多極化」與「國際政治經濟新秩序」。與日本則強調「和平與發展」、「和平共處五項原則」。與美國交往的特殊之處又在於，雙方互稱「亞太大國」，卻無法共倡「多極化」、「和平與發展」、「和平共處五項原則」、「國際政治經濟新秩序」等中共在國際間的口號，對聯合國作用的加強也說得較為保守。中國的「崛起」與主張，甚至自我認同的確認，現實與理念、文化上最大的阻力何在，已然可知。

　　不過與本章回顧冷戰時期中國「大國」定位所得不同之處在於，冷戰後中國除了維持反對現狀體系——不合理的國際政治經濟舊秩序的呼籲外，其「大國」概念與定位包含了更多前所罕有的權力均衡、合作（協作）甚至在現存體系中「負責」等內容，可說是超越了「人地大國」、「體系大國」、「反大國」等固有的「大國」定位類型，「大國」定位出現了新的涵義，本書以「負責大國」（或大陸學者所稱之「常態大國」）概括上述三個類型外的另一種型態。[146]此一定位對國際建制（international regime）、國際組織以至於目前以西方國家為主制定的國際規範採取較為正面積極的「負責」態度，大陸有關之專業人員先後倡導的「一體化」、「新安全觀」、「全球化」等新概念也漸次決策者所「學習」、徵用。

　　要言之，中國「大國」概念新型態——「負責大國」不要求激烈改變現狀的權力分配、贊同「大國協商」，且更多地接受目前主要來自西方的國際規範與價值。

中國「大國外交」的實踐概述

以冷戰時期的不同類型「大國」概念和改革開放以來「綜合國力」崛起為背景，冷戰結束之後，中國的「大國」定位在內部黨政會議以及國際活動文件上，出現了「大國」、「亞太大國」、「區域大國」、「最大發展中國家」等不同的「大國」敘述，在適用的時空與對象上也有可觀察的區別。儘管現在還很難說北京的「大國」定位已經形成長期的規則與趨勢，但本節仍嘗試概略回答下列問題：

1. 面對不同的國際交往對象與場合，是否可以分析出不同的中國外交取向與行為特點。
2. 這些取向與特點是否與中國變遷中的各種「大國」定位和相應的政策內容有關。
3. 其中關係之實質如何。

限於篇幅，本書僅就北京曾大力經營的主要大國「夥伴關係」、中美關係、中俄關係、中日關係作較為詳細的分析。中國與周邊國家、第三世界發展中國家、國際組織關係的部分雖然也頗為重要，[147]但僅作扼要的總結。

一、經營「夥伴關係」就是「大國外交」的全部？

自1994年9月江澤民訪問俄羅斯，雙方建立了「新型的建設性夥伴關係」[148]以來，中國先後又與印度、巴基斯坦、哈薩克、法國、美國、加拿大、墨西哥、東協、歐盟、英國、南韓、日本、南非等國建立了名稱不同的「夥伴關係」。這些「夥伴關係」是冷戰時期所沒有的。北京首度公開承認「大國」的自我定位，正是在與俄羅斯建立「夥伴關係」的場合。1997年秋提到「大國關係」的中共「十五大」，和「十五大」前後中共建立一系列「夥伴關係」的高潮，內外兩頭幾乎是同步發

展,而以與美、俄、法、英、日等國的「夥伴關係」最受矚目。

　　大陸外長唐家璇曾為文證實了「夥伴關係」等於「大國關係」。他談及1990年代中國外交方針時所說的「致力於與大國和發達國家構築新型關係的框架」,內容就是與俄、法、美、加、英、日先後建立的「夥伴關係」。[149]被認為是大陸內部提倡「大國論」的曲星認為,冷戰後超強的霸權行為嚴重,「大國關係緊張調整」,走向「相互制約、相互借重」。其中,北京提出的「面向二十一世紀新型夥伴關係」顯示了強大活力。曲星所說的「夥伴關係」,內容幾與唐家璇完全相同。[150]因此,國內一般意見都直指北京調整「大國關係」的「夥伴關係」就是「大國外交」,這個論斷有其合理之處。但是此種論斷一方面還未能得出中國「大國外交」全部內容即是構築與主要大國的「夥伴關係」,另一方面也未能推論出中國要朝什麼方向構築與主要大國間的「夥伴關係」。僅僅以維護中國自身國家利益為基礎去把握上述兩者也尚屬空泛。原因不僅在於北京所稱的「夥伴關係」內容曾因對象、議題而不同,且在現實不斷衝擊下,中國與主要大國間的「夥伴關係」的觀念也在發展中,甚至曾被悲觀地認為即將空洞異化。

　　大陸內部對「夥伴關係」的性質與前景就有很多不同的評估。例如,復旦大學俞正梁說明,「夥伴關係」基礎是「大國」在全球日益擴大的共同國家利益。在主權國家相互依存日益深化的背景下,以經濟與科技為合作重點,以政治與軍事為後盾,演化出多組雙邊、三邊、多邊協調平衡之格局,並將不結盟、不針對第三國的磋商對話予以制度化。但此一「夥伴關係」新鮮之處在於它又要求大國站在「戰略高度」,懷著「歷史責任感」處理相互關係。「沒有共同的敵人」,是「大國關係史上曠古未有的新鮮事物。」[151]北京大學李義虎提出,「夥伴關係」意在揚棄大國關係上的兩大集團爭霸或文明衝突的格局,雖無盟約卻能強調大國在重大國際問題的協調合作,「以共同負責的態度採取行動。」其中以美、俄、中三大國最具全局影響力。但李義虎又否認這種夥伴關係是十九世紀的「大國合奏」(Europe Concert,台灣通譯作「歐洲協商」)或戰勝國「雅爾達格局」的重演,反而預期在經濟全球化與相互依存

下，會促成「國際關係民主化」。[152]人民大學李寶俊甚至認為，「夥伴
關係」使人們看到中國外交理念走向「法理主義」的希望，是從「有衝
突色彩的現實主義走向有協調色彩的現實主義。」這種與西方大國普遍
建立的「夥伴關係」，「是以前所不敢想像的。」[153]然而王逸舟在1999
年5月8日中共駐南斯拉夫使館遭北約導彈攻擊後指出，大陸內部出現對
「夥伴關係」的強烈質疑與「空心化」的憂慮，甚至情緒化地攻擊中國
整體外交戰略方針。[154]丁奎松也承認，信心與安全並未隨「夥伴關係」
發展而鞏固，使得「夥伴關係有異化之虞。」[155]所以又有胡鞍鋼從地
緣現實提倡「大陸戰略」，只與俄國、東協結成「戰略夥伴」，以平衡美
日同盟。[156]一位資深研究者接受筆者訪談時便感嘆，「大國外交」是
為「四化」服務，而「夥伴關係」與中國現代化事業關係密切，頗似李
鴻章「以夷制夷」的謀略。可惜其建構只有與俄羅斯的部分成功了。[157]

　　整體說來，「夥伴關係」雖有部分是對中國外交行動與實踐的描
述，卻有更多是中國對國際秩序的主觀期待，在遭受挑戰下其內容與方
向也並不穩固。它的發展可以有兩個主要方面：

1. 「夥伴關係」可以是超越冷戰以及傳統大國結盟——對抗的「新
   型關係」。這一估計在全球化趨勢以及中國與其他主要大國依存
   度加大的情況下，並非毫無基礎。[158]
2. 「夥伴關係」也可能走向空洞化、口號化而成為某種對抗策略的
   飾詞或工具。

　　不過兩者共同之處都在於，建構「夥伴關係」是冷戰後中國從「多
極化」的判斷出發，以調整與主要大國間關係為目的的政策實踐，這是
毫無疑義的。國內學者邱坤玄研究北京「大國外交」指出，在「大國」
定位尚未清楚的情況下，中共「大國外交格局」意在打破美國獨霸，鞏
固自己「一極」的身分以提高國際地位。[159]是以有理由認為，在「大
國」定位尚未清楚的條件下，「大國外交格局」裡與其他大國「夥伴」
間的關係，就更處於變動的狀態。應該逐個檢視中國與各主要大國間建
構「夥伴關係」的歷程與內涵，方有助釐清以調整「大國關係」為主要

內容之一的中國「大國外交」的實質。

二、中美關係

如同李侃如的研究所顯示,美中雙方對對方這個重要的「大國」彼此都抱著錯綜複雜的情緒與認識。李侃如舉例說明,中國對美國來說有四種意義:一、中國的眾多人口有可能皈依基督教;二、中國是制約日、俄之堡壘;三、中國是自由民主的赤色威脅;四、中國是開明的改革力量。反過來說,中國自始也對美國這「美麗的帝國主義」有著愛恨交織的情愫。[160]這種源遠流長的兩重情結,加上美國自疑霸權是否衰退,歐亞兩端各大國是否心懷異志,造成美國學者杭廷頓所稱的,中美既不可能壞到全面戰爭,也難以成為真的「友好夥伴」。但是,對美關係是中國與外界雙邊關係中的「重中之重」,直接影響「中國崛起」的前景,則是無須諱言的事實。[161]

冷戰後中國對美關係在全球化與相互依存趨勢日益加深下,並沒有擺脫1980年代起伏跌宕、乍暖又寒的模式。但是此時大陸改革開放取得的成效日益顯著,穩住對美關係的需求更加迫切;美國方面也沒有任令彼此關係長期惡化的準備,許多國際危機也冀望北京支持華府的立場,所以多次的爭端都以和緩降溫落幕。

(一)美國:制度性霸權下的「接觸」與「圍合」戰略

綜合多項國內外研究可知,美國的對外政策目的在確保蘇聯瓦解後,在全球的唯一霸權地位,但也毫無經驗地面臨了「失卻典範」的困境。[162]與純粹仰賴武力不同的是,美國在自身理想主義與憲政主義的傳統影響下,希望在冷戰之後建立結合軍事、經貿、政治與美國價值的「制度性霸權」。而且美國人普遍認為,缺乏華府領導,全球只有陷入無政府狀態一途。[163]這一分析從柯林頓先後於1994年7月發表的「一項接觸與擴展的國家安全戰略」報告和1997年5月發表的「新世紀國家安全戰略」可以看出。當中揭舉的美國對外戰略「核心目標」有三:以有效

軍事優勢確保安全、重振美國經濟活力、在海外擴展民主。而對中國的分析則強調在區域安全、貿易、反擴散和人權議題上的全方位接觸,以一種動態戰略關係維持美國上述三大目標之達成。[164]

　　前國務卿克里斯多福在1995年7月的一次公開演講甚至詮釋道,二十多年來的六任美國總統,不分黨派,都一貫遵循對華「接觸」政策,這一政策在朝鮮半島、柬埔寨、台海、反武器擴散等問題給美國帶來甚多利益。所以對美國而言,「接觸」可以使中國轉化為美國需要的「強大、開放、穩定的夥伴和國際社會負責任的領袖。」[165]這一政策基調也得到柯林頓團隊與智囊,包括前任國防部長裴利、助理部長奈伊、助理國務卿羅德(Winston Lord)、國務卿歐布萊特(Medeleine Albright)、學者奧森伯格(Michel Oksenberg)、傅高義(Ezra F. Vogel)、沈大偉、蘭普頓(David Lampton)、包道格(Douglas Paul)等的支持。[166]

　　對於與中國的「接觸」,美國學者陸伯彬的定義較為廣泛,即在多層次、大範圍的不同議題中,兼以經濟和軍事力量為槓桿,使中共在雙邊與多邊機制中的行為,能符合美國短期利得(gains)與長遠利益(interests)。江憶恩則將「接觸」界定為「使用非強制手段,鼓勵某一新興大國內部維持現狀利益(status interests)的發展。」[167]前國務卿歐布萊特認為,雙方的「多面向利益」(multifaced interests)根本沒有任何一項有否定其他利益的可能。沈大偉更認為,與中國「接觸」已經不是「政策」,不是冷戰時期的對蘇關係,而是無法封閉的、每日每時發生的無數互動與生活。[168]在台海危機、銀河號事件、轟炸南斯拉夫使館事件以及雙方內部的反對聲浪等一連串衝擊下,全方位、多層次的「接觸」戰略使得中美「夥伴關係」的稱呼與每年各種場合的高層訪問或會面仍能維持,直到2001年初柯林頓卸任,小布希新政府要求全面檢討柯林頓時期對華政策為止。[169]但即便是強調對華「圍合」(congagement)的主張,也並沒有否定以接觸促進中共行為改變的方針。[170]

（二）中國：「共同利益的大國」或「共同責任的大國」

　　1994年7月美國提出全球性的「接觸與擴展」戰略，約在同時北京於9月與俄羅斯建立「新型的建設性夥伴關係」，且首次提出「大國」的自我定位。之後雖然經歷台海危機等曲折，中國對維持「接觸」基調的美國，仍是總結出了江澤民倡導的十六字方針：「增加信任、減少麻煩、發展合作、不搞對抗。」[171]隨著大陸對美經貿不對稱依存日益加大，對加入關稅貿易總協定（GATT）與後來的WTO日益迫切，北京對華府的全方位「接觸」也採取更多正面的、合作的回應。[172]而北京自己也接著出現「與美國對世界與亞太和平負有不可推卸的共同責任」、「負責任的大國」的自我定位。

　　大陸的分析家們多同意，對美關係在中國外交中占極為重要的地位。賈慶國認為美、中都是「超大型國家」，對外政策都有一定獨立性，而利益與衝突同時存在且大幅重疊交織，「大國」之間差異最大的也屬美、中。所以「好也好不到哪裡去，壞也壞不到哪裡去。」鼓吹「大國外交」的北京大學葉自成則稱雙方「單純合作或對抗都不可行。」[173]這些觀點實際上與美國對華多管齊下的「接觸」政策頗能契合。[174]甚至可說，即使面臨個別事件造成的衝擊，「十六字方針」中的對美合作態度迄今仍獲確保。[175]在改革開放路線不變、「綜合國力」保持成長趨勢、與美經貿依存持續加大、美方至少沒有從「圍合」轉向全面遏制策略的條件下，中美雖有閻學通所言的「結構性矛盾」，但仍不至使中國轉向全面反對以美國為首所建立的國際秩序，並全面對美、對西方「說不」。當前美中雙方對自己與對方的戰略定位都還處於探索的階段，北京將繼續在兩種戰略觀點之間游移，這也是美國接觸——遏制和中國合作——「說不」，兩方複雜交織、鬥而不破，繼續相互開放的反映和證據：

　　1.在體系權力分布的現狀中，互相視為有共同利益的「大國」；[176]因此對美方的「制度性霸權」策略，中國將依照具體利益得失決定支持或抵制。

2.「高屋建瓴」、對世界和平負有共同責任的「大國」；因此，面
   對目前美國領導的國際政經秩序，中國將積極參與，以共同承擔
   責任確保中、美關係穩定平和。[177]

三、中俄關係

中俄（蘇）關係源遠流長，線索龐雜，包含著其他西方現代國家傳
統國際關係中所沒有的國際共黨關係。雙方的許多問題可以追溯到中共
建政之前。而俄羅斯是中國自清代以來陸界最大鄰國，是兼併中國清政
府土地最多的國家，卻也是中國嚐到西方列強體制與資本主義苦果，謀
求融入體系（如「國際聯盟」）而不可得時轉而師法、結盟的國家，更
是中共建政初期內政建設與國際鬥爭唯一有力的典範與後盾。[178]北京
領袖乃至大陸一般人民對俄羅斯的觀感，其複雜程度不亞於美國。所以
中、俄關係可以說是國際關係研究中，內政／國際因素、行動者／結構
因素、歷史特殊性／一般性因素交織的最佳範例之一。

（一）1990年代中期：俄羅斯對西方的不滿成為中共外交的機遇

冷戰結束後初期，北京在「六四事件」衝擊下，對戈巴契夫造成共
黨衰敗的改革極為排斥，對蘇聯境內的分離主義趨勢極為忌憚，對繼承
蘇聯的俄羅斯總統葉爾欽執政初期親美反共（俄共）心存警惕，使得雙
方關係即使「正常化」，也還處於錢其琛當年指示「只握手、不擁抱」
的狀態。[179]

中、蘇關係雖然宣布「正常化」了，但實際上中、俄關係要到蘇聯
解體一年多之後，也就是原先西方所支持對抗蘇共的俄羅斯領袖葉爾
欽，逐漸對北約（NATO）東擴的壓力感到不滿，才逐漸轉暖。[180]1993
年底俄國會大選，在經濟全面萎縮以至負成長、北約東擴壓力加大的情
況下，反西方的民族主義在俄國蓬勃發展，要求重新肯定俄羅斯傳統國
際地位與安全需求，倡言東正教文明相對西方文明絕非落伍[181]，這些
趨勢對中國進一步「調整大國關係」特別是動態地調整中、俄關係，提

供了良好機遇。

（二）西方壓力增強，俄、中相互支持彼此的外交理念與「責任」

　　1991年美國主導成立「北大西洋合作委員會」（North-Atlantic Cooperation Council）加強與前華約國家安全合作、以1994年「接觸——擴展」戰略為基礎在1995年9月公布「北約東擴計畫研究報告」、1995年12月武力干涉前南斯拉夫波黑（Bosina-Herzegovina）地區衝突、1997年起支持中亞獨協成員「古阿姆五國」（GUUAM, 即Georgia, Ukraine, Uzbekistan, Armenia與Molvoda）制衡俄羅斯、繞越俄國開發裡海油區、1999年3月接納捷克、匈牙利、波蘭三國加盟北約、隨後立即展開空襲南斯拉夫——塞爾維亞的軍事行動等等，皆使俄羅斯感受到從西線到南線上直接明顯的壓力。[182]而俄國與中國感受到的西方壓力愈強，俄、中支持彼此外交理念的動作也愈積極。

　　也就在1996年3月中、美發生台海危機之後，4月26日「上海五國」機制正式在大陸上海成立，五國宣示強化彼此軍事互信。北京藉俄羅斯總統葉爾欽參加「上海五國」到訪中國之便，雙方簽署「中俄聯合聲明」，締結「平等信任面向21世紀的戰略協作夥伴關係」，為兩國「新型建設性夥伴」增添「戰略」的內容。[183]1997年4月第二次「上海五國」高峰會在莫斯科召開，五國更達成邊界地區裁減軍力協定，中、俄則進一步共同要求應在「多極化」基礎上「建立國際新秩序」，拋棄冷戰時期「大國」之間的敵對關係。兩國亦互相標榜身為聯合國安理會常任理事國「對國際社會所負的責任」，應以「新安全觀」和「和平共處五項原則」作為國際新秩序的基礎；是為著名的「中俄關於世界多極化和建立國際新秩序的聯合聲明」。

　　顯然，在美國與俄羅斯於中亞俄國傳統腹地角力的氣氛中，俄羅斯對美的忌憚趨於升高，對不可取代的「大國」自我定位更為迫切。華爾志引述前總統葉爾欽1997年「上海五國」莫斯科峰會對江澤民的話，葉不滿地對江稱：「某人要搞一個單極世界。」（Someone is longing for a singlepolar world.）[184]據英國《每日電信報》（Daily Telegram）報導，

葉爾欽總統在1999年8月上海五國比什凱克（Bishkek）高峰會甚至一見江澤民劈頭就說：「我已經做好戰爭準備，特別是針對西方國家。」（I'm ready for battle, especially with Westerners.）西方媒體評論認為，俄國當時已有急於和中共組織一個「反北約同盟」（anti-Nato alliance）的強烈感情。[185]

世紀之交，接替葉爾欽的新任總統普京（Vladimir Putin）在1999年12月30日發表「千年之交的俄羅斯」文告亦呼籲俄國要擺脫淪為二流、三流國家的危機，鼓吹愛國主義與俄羅斯復興。國際政治上要反對「霸權主義」、建立「多極化世界」和「國際關係新體系」。普京直接批判西方國家，尖銳的說辭生動地反映了俄人當時的情緒：

> 西方許多政治家和外交家不斷對俄國實行權力政策、不把它當作平等夥伴、不承認它的民族利益、不承認它完全獨立地解決內部問題的權利。……以一個或幾個國家的霸權為基礎的所謂單極世界，是俄羅斯不能接受的。[186]

約在同一時間，俄羅斯外長伊凡諾夫（Igor Ivanov）則坦承，俄、中關係已處於歷史上最好時期；之後，2001年雙方了簽署「中俄睦鄰友好合作條約」，俄承諾提供中共價值二十億美元軍備，普京與中共官方媒體也再度稱雙方關係處於歷史上最好時期。[187]以至於2001年6月中、俄籌組「上海合作組織」、7月簽署「中俄睦鄰友好合作條約」時，有美方人士一反外界認為中、俄上述行為僅具形式的輿論，指出「上海合作組織」已統治十五億人口，有三百六十萬正規軍，未來若吸收土庫曼、蒙古、北韓、伊朗甚至敘利亞、利比亞、古巴等國，將成為新的「華沙公約」。[188]

（三）中、俄僅是互為肯定「大國」地位的憑藉

然而，人們若進一步檢視中、俄兩國冷戰後的對外政策，並更全面地考察兩國與其他國家的關係，就能看到除了高層互動升溫之外的其他

面向。實際上，在講究全球化與經貿相互依存的後冷戰時期，中、俄除了政治外交上的相互抬舉外，雙邊的經貿文教等多層面的互動卻遠低於彼此與美國、西歐和日本的交流。中、俄雙方貿易長年出現俄羅斯出超的狀態，雙邊貿易總額占各自外貿總額比甚低。（參閱表2-17）

對中、俄而言，上述情況顯示無論兩國親善或交惡，美國仍是中、俄對外關係的「重中之重」，值得中、俄各自「搭車」（bandwagon）取利。[189]另一方面，中、俄雙方關係的「歷史上最好階段」是否表示彼此推心置腹、高度互信也應多所保留。

與兩國對美關係的舉棋不定相對照，中、俄外交裡存在的此種兩面性往往更容易在兩國所標榜的「不使用武力、不結盟、不對抗、不針對第三國」等「四不」的「新型關係」原則下左右微調。其中的共識顯然是在冷戰結束後推動「多極化」以互為肯定「大國」地位的憑藉。但差別在於俄羅斯是對褪去的蘇聯大國力圖挽回，認為本身「一極」的全球大國位置像沙俄──蘇聯一樣理所當然，仍舊持有的龐大核武庫就是國際政治的現實明證。中國則是正走在以前所不曾有的，內涵還在多元發展的「大國」道路上；藉由和遭到西方剝奪大國地位的俄羅斯適時彼此肯定，以發揮、壯大本身之影響、調整本身「大國」的外交政策。此所以北京「大國外交」內容隱晦，不可能看到如俄羅斯前總統葉爾欽1997年國情諮文這般確切：

表2-17　1991年至2000年中國對俄貿易統計表 （貿易額單位單位：億美元）

	1991	1992	1993	1994	1995	1996	1997	1998	1999	2000
貿易總額	39	58	76	50	56	68	61	54	57	80
中方差額	-2.57	-11.9	-22.9	-19.1	-21.3	-34.6	-20.5	-18.0	-28.2	-35.3
占中共外貿比	2.9%	3.5%	3.9%	2.1%	1.9%	2.4%	1.9%	1.7%	1.6%	1.7%
占俄羅斯外貿比	NG	7.4%	10.8%	4.9%	4.3%	5.2%	4.1%	4.5%	2.9%	5.3%

資料來源：中國對外經濟貿易合作部網站：http://www.moftec.gov.cn /moftec_cn/ tjsj/jcktj/zygb2000-01-12c.html；林宗達，〈中俄關係之改善對中共軍事現代化的助力分析〉，《共黨問題研究》，第27卷第8期（2001年8月），頁63。

俄羅斯作為一個「大國」，提出的對外政策和採取的步驟涉及
到所有重大的國際問題，從地理範圍上說幾乎是遍及全世界。
大家清楚，沒有俄羅斯的參與，就不可能有效解決國際問題，
不管是波黑問題、以阿衝突還是中東局勢。[190]

四、中日關係

中國與日本的關係淵源遠比中國和其他大國久遠。由於文化與地緣
上的近似性與親近性，在19世紀後期，兩國又同時面對其他西方大國的
挑戰，其因應與彼此對待的後果，比諸西方國家的侵略造成更為深沉的
心理影響，雙方對對方都有一種他國所沒有的羨妒兩重心理。這些獨特
因素的綜合影響自明治維新、馬關條約、抗日戰爭以降持續百餘年。所
以兩國的外交也是內政／國際因素、歷史特殊性／一般性因素交織的典
型。[191]

（一）1980年代：日本經濟繁榮衝擊美國，中日關係相對平緩

中日宿怨已久，加上過去日本採取「脫亞入歐」的世界觀、戰後又
為美國在亞洲的首要同盟，中國則曾採取「東風壓倒西風」的反西方、
反美發展道路，使得建政後的中共長期將日本視為美國前哨、覬覦台
灣、潛存軍國主義的「西方」大國。[192]

然而若將中共建政後的日中關係理解為簡單的對抗，卻是忽略了中
共當局早期即保有的對日彈性。出於對美、蘇戰略的考慮，北京對日
「以民促官」、「官民並舉」的外交還有反對美國、進而影響美國的效
果。因此，1955年毛澤東可以有「忘記歷史」的建議，1978年8月簽訂
「中日和平友好條約」時中方堅持要有「反霸條款」，卻沒有處理後來棘
手的「謝罪問題」。鄧小平會見日本訪客時也比現在北京的領袖更為客
氣。[193]

1980年代美、中關係正常化後，美蘇一度還在緊張對抗，而日本也
經歷戰後經濟成長最快速的時期。實際上，也正是在1980年代初期日本

國力與影響力躍升開始，日人已亟思謀求「政治大國」地位以為世界做出貢獻。1981年1月日本九十八屆國會開議，首相中曾根提出「政治大國」的概念，提議「日本今後應該與經濟力量相稱地作為國際國家，在政治方面積極發言。」「增加其政治大國的份量。」[194]其全球利益的形成與國際影響力的擴張也一度引起盛行美國多年的「日本威脅論」與「日本問題」。[195]

　　所以1980年代是中、日爭議較少的時期，大陸也多批贏得了巨額的日圓貸款。據稱1983年胡耀邦訪日時與日本首相中曾根康弘確立的十六字方針——「和平友好、平等互利、長期穩定、相互信賴」，後來還遭黨內批評為過於親日。1989年「六四事件」之後，日本雖亦追隨西方制裁北京，但高官互訪與貸款恢復，日本也早於西方國家。[196]

（二）1990年代：中共經濟崛起、日本成長停滯，日美合作牽制中國

　　反而是在冷戰後，中國與日本都進入了自我重新定位與對外政策調整的階段。早已開始拓展「政治大國」之路的日本，也陷入一種「調整大國關係」的摸索。尋求「政治大國」「三極」鼎立但經濟陷入停滯的日本，冷戰結束迄今內閣已十度易手，國內瀰漫著政黨重組與「總保守化」的氣氛。由於中國在亞太地區日益強勢，日本在1996年4月台海危機後便與美國簽署「日美安保聯合聲明」，1997年9月與美國完成修訂「日美安保合作指針」，將安保原有的地理概念改為「周邊事態」。1999年4月更通過了「周邊事態法」、「自衛隊法修正案」、「美日互供物資勞務協定修正案」，可說消弭了過去日美齟齬造成對美關係的「漂流」。到了目前，呼應美國布希新政府的建議，主張修改日本國憲第九條以重新建立「軍隊」已成為日本政界主流的意見[197]，並明顯有與印度、越南等國共同遏制中國的趨勢。[198]與此同時，兩國在侵華戰爭的歷史責任問題與衍生的教科書問題、大量閣員參拜靖國神社、不斷出現高官否認二次大戰侵略史實、形成對峙的台灣問題與釣魚台、東海大陸架領土糾紛，以及我國李前總統訪日爭議等等，都比1980年代激烈得多，且蘊涵著更多兩國內政變遷（大陸民族主義上揚與日本總保守化）因素。[199]

（三）1990年代末以降：雙方姿態強硬，實務節制

　　1998年11月，大陸國家主席五十年來首次訪問日本。江澤民的訪問原本希望為一系列「調整大國關係」的首腦外交劃下完美休止符。但訪問過程的波瀾起伏卻成為中、日關係代表性的案例。江澤民首訪俄國，派日先遣人員在江氏轉抵日本前，卻無法就多項問題取得日方承諾。江抵達日本後便多次提出困擾日人的「以史為鑑」話題。結果中國未能向日本索得美國總統柯林頓承諾的「三不」，也沒有能爭得日本已對南韓作出的正式文字道歉（謝罪）。由於所獲評價兩極，江澤民在日出席檢閱儀式與天皇國宴時，演出了許多象徵性強的舉止，公布「中日關於致力於建立和平與發展的友好合作夥伴關係的聯合宣言」時也拒絕出席簽字，為國際外交所罕見。[200]2000年10月總理朱鎔基訪日時，雖大幅調低姿態並主動參加與日本民眾對談轉播，「不以歷史刺激日本」，在中國國內卻又繼1999年訪美後，再度被批判成對日軟弱。可見一涉及歷史認識，北京便要擺出強硬的姿態。[201]

　　不過儘管2000年下半年以來，雙方又經歷了中共船艦在日海域刺探情報、我國李前總統訪日、「大蔥對汽車」的貿易制裁糾紛，以及新首相小泉純一郎參拜靖國神社的風波，但兩國緊張並未繼續升高。在日本「親中派」減少下，中方在實務問題上的彈性反而趨大，甚至有肯定「美日安保」的可能。而日方也不願意在中方加入WTO之際，對中、日關係採取實質性的強硬措施。[202]

（四）兩個摸索中的「大國」，三種可能的趨勢

　　總之，日本尋求真正擺脫戰敗地位的「政治大國」，原本即有制約自己在美、中之間選擇「一邊倒」的作用。雖然民調顯示，日本民眾感到北韓與美國對日威脅很大，「中華思想」的傲慢也令人反感。但是像東京都知事石原慎太郎那樣，一邊對姊妹市北京嗤之以鼻、痛斥「支那」，一邊又與馬來西亞總理馬哈地（Mohamad Mahathir）疾呼「敢說不的亞洲」，痛斥西方文明，這種兩面開弓的思想，短期內也還不會是

日本外交的意見主流。[203]所以2000年5月西方八大工業國（G8）琉球
峰會前，日本也如德國一般，表示應該邀請中方參與。一位外務省官員
接受朝日新聞周刊*AERA*之訪問的回答頗能說明其中原由：「必須讓中
國不會緊閉門戶，並將其拉攏進世界的組織架構才行，中國一旦混亂，
最傷腦筋的是日本。」大陸亦有論者認為，日本要作「政治大國」是遲
早的事。人們對日本公眾的情感理解不夠，應當正確對待日本正當的國
際願望，有條件支持日本加入安理會常任理事國，並以發展中、日關係
減輕中、美關係的壓力，方有助於中國興起後的長遠安寧，預防日本右
翼動搖和平憲法，與美國推動新冷戰。[204]可見摸索大國地位、「調整
大國關係」的中國對中、日關係的奧妙亦非一無所知。因此，中國對日
本的「大國外交」可能有三種取向和發展趨勢：

1. 利用日本謀求「政治大國」地位的企圖，在強權間「調整大國關
   係」，拉抬自己在國際體系中的份量。
2. 接受西方與日本將中國「拉攏進世界的組織架構」而「負其責
   任」。
3. 反對美國主導的國際秩序，也抵制日本成為「政治大國」的企
   圖。

　　歷史上中、日從來都是處於一強一弱的結構，雙方都曾經建立規模
不一的「天朝」體系，有「解救」對方以施「王政」的優越感，並以東
亞被壓迫弱小民族代言人和秩序締造者自居。[205]未來雙方如何接受對
方成為「大國」，希望引導對方成為怎樣的「大國」，對彼此都將產生複
雜而深遠的後果，這是前所未有的課題。

五、小結

　　1997年底，大陸國家主席江澤民完成訪美與訪日之行，隸屬國安部
的中國現代國際關係研究所邀集了四十多位學者舉行座談，會後記要綜
整認為，冷戰後「接觸與協調」是大國關係的基調。記要直接指出，中

國的「大國外交」以實力的崛起為基礎，包括以下兩個方面，同時「體現作為一個『大國』的作用」：

1. 與大國的關係。
2. 全方位外交。[206]

本節對中國「大國外交」的實踐檢驗說明了所謂調整「大國關係」，具體表現即為與主要大國的「夥伴關係」建構，因此「調整大國關係」與建構「夥伴關係」確為「大國外交」的重要部分。但僅認為「大國外交」的內容等於「調整大國關係」，則忽略了中國也自認為是「亞太大國」，崛起於亞太、立足周邊、尋求睦鄰的外交實踐的重要性。同時，中國外交的傳統與冷戰後的實踐仍繼續證明，永遠屬於「第三世界」，掌握「發展中國家」的「數量優勢」並彼此聲援，對中國作為「最大發展中國家」的內政價值與外交戰略依舊十分緊要。所以北京當局以「全方位」形容其外交政策，並稱此仍屬於1980年代確立的「獨立自主」外交，實際上反映著三種意涵：

1. 面對高度不確定的內政／國際形勢變化，保留「大國外交」未來各種不同出路的可能性。
2. 合理化外交實踐中不同時期不同偏重（包括西方學者所謂常常自相矛盾的「多重原則」現象）。
3. 緩和與掩蓋內部內政／外交路線爭議與「摸著石頭過河」的焦慮。[207]

質言之，中國以不同的「大國」定位和策略處理與其他大國、周邊國家、「發展中國家」和國際組織與建制的關係，與中國所面對的外交對象的不同性質有關。包括：一、這些對象在冷戰後國際體系結構中的一般位置與客觀國力對中國的影響；二、中國與這些對象的交往歷史形成的獨特經驗；三、中國內部發展戰略與內政價值與此一對象的支持或威脅關係。因此北京對待不同對象，可以同時應用以下三種中的一種或一種以上的定位與策略：[207]

1.援用崛起的政經實力發揮體系中直接的影響,包括被動妥協或主動改變形勢與規則價值──「體系大國」的定位與外交。

2.認同或部分認同體系中的規則以求融入現狀體系成為常態性成員,採取更鮮明的措施促進本身的建設性、負責任的「大國」形象──「常態大國」、「負責大國」的定位與外交。

3.否定現狀體系以及其中的建制規則的正當性,甚至集結一些國際社會成員予以挑戰──「反大國/挑戰大國」的定位與外交。

依照上述定位策略,此處將中國對外關係對象扼要分類,為**表2-18**:

表2-18 中國「大國外交」政策取向特徵分類表

	體系大國	負責大國	反大國/挑戰大國
與主要大國關係	俄羅斯、法國、歐盟,日本,英國、美國	俄羅斯、法國、歐盟(日本、英國、美國)	俄羅斯、法國
區域周邊睦鄰關係	上海合作組織、朝鮮半島、越南、東協、東協加三、ARF、APEC(印度)	上海合作組織、朝鮮半島、越南、東協、東協加三、ARF、APEC	上海合作組織
與發展中國家關係		東協、ARF、APEC	聯合國大會、中非合作論壇
與國際組織和建制的關係	聯合國安理會、上海合作組織、亞歐會議、WTO	聯合國安理會、東協、東協加三、ARF、APEC、IMF、WTO、部分國際軍控、環境、人權建制	聯合國大會、上海合作組織、部分國際軍控、環境、人權建制

說明:括號內的案例表示中國對該對象的關係定位與政策成效較受質疑。

資料來源: 作者自行編製。

本章結論

本書假定冷戰後大陸內部出現的「大國外交」相關概念與其外交實踐，既是其政策變遷的指標，也正持續建構著中國的自我定位與影響其外交政策發展。本章各節分別說明了中國冷戰前到冷戰後，「大國」概念的多種變化。也以統計指標顯示了中國「綜合國力」的崛起及其總量大、人均低、素質參差不齊的特性。歷史因素與其國力特徵兩者共同造就了中國多種內涵複雜、重疊矛盾的「大國」概念。而不同的「大國」概念，也能對照出相異的「大國外交」政策實踐與行為。

西方國際係理論向來重視「大國」影響的重要性。華爾志在1970年代指出，若僅以國際關係的後果而非各國外交政策為研究目的，則不管其政府體制與傳統如何，「能力」大的「大國」的相對位置，便決定了其他成員的活動範圍。當時華爾志認為，符合這項評估的「大國」只能是相互依存度低，自給自足的大陸型國家——美、蘇。[209]然而華氏亦同意，不同時代有不同的「大國」認定標準，「邊緣案例」使得判斷變得困難。顯然，本章對中國的「大國」概念發展分析證實了這一理論困境。這樣的困境使得西方理論家與政治領袖對待中國時，更加容易地受到自己政策態度的影響，結論的歧異更大。尤其是不同的西方文獻與意見對於「大國」的判準與國力要素的假定各有不同，論者的不同角色與場合也有影響。

除了大陸官方內外宣示有多種不同的「大國」版本，西方理論家與政治人物對中國有多種不同的「大國」評估，大陸內部學者也有出於不同理論與實務角度，對中國作為怎樣的「大國」有不同解釋。這些紛歧的意見，足以導引出不同型態的「大國外交」推論。國內從現實主義出發的文獻多認為，「大國外交」即發展與其他大國關係、夥伴關係，這一看法也可以在部分大陸學者研究中印證。[210]但是，誠如幾位接受作者訪問的大陸學者指稱的，「大國外交」對中國而言是一種國力上揚

後，融入國際社會產生的「覺悟」，但中國並不完全被接受、認定為「大國」，所以內容出現極大分歧，甚至唯恐「樹未大而先招風」，想否認某種「大國」定位。[211]因此，「大國」概念與從此產生的外交策略，就同時有下列兩種特色而造成極為有趣卻無法對焦的混淆現象：

1. 作為規範性的主張，認為應採取某種「大國」定位與「大國外交」。
2. 是對現實的敘述分析，認為中國已經獲得某種「大國」地位，所以已有某種「大國外交」政策。[212]

本章分析所得在於認識到中國「大國」定位與衍生出的外交政策呈現的這種紛雜歧異，背後有其歷史、意識形態與「綜合國力」特性的原因。中國具有「人地大國」的基礎，某些客觀指標的成長，使其被部分地承認為「體系大國」。但「國力」本身的不對稱產生的不同發展途徑，以及獨特的歷史經驗，使得「最大的發展中國家」、「東方大國」可以衍生出多種不同的策略：

1. 只是利用「體系大國」地位「搭車」，「不當頭」積蓄實力。
2. 隨著逐步融入體系、貿易依存增大而支持現狀體系成為「負責大國」，即「常態大國」。[213]
3. 另行主張為「國際政治經濟新秩序」而負責。
4. 敵視現狀體系與其規範價值、成為反對「大國主義」的「革命性崛起大國」（revolutionary rising power），即「反大國／挑戰大國」。[214]
5. 持續在上述多種角色定位之間搖擺摸索。但在一定的時空條件與事態下會強化上述某一個定位與政策的方向。

特別是從本書方法論討論所提及的內政／國際連動因素觀察，一旦中國繼續「深化改革」，從「工人階級先鋒隊」演變為「長期執政的黨」、「領導國家建設的黨」，在「十六大」能為「面向世界、面向未來」而「工作崗位發生變化」的「工人階級」，乃至「不同所有制」裡「其

他方面的優秀分子」打開黨的「大鎔爐」，[215]則領導大陸崛起的中共隊伍，未來又將怎樣對待自己的「大國」定位，從而與其他主要國家交往，這些問題雖非本書研究主題所能窮盡，卻也將是對冷戰後中國「大國外交」造成深遠影響的因素，其內容複雜之程度與中共政經改革之前途一般，遠超過任何人的想像。

以上提及中國「大國」定位的多種可能性，無論是概念上或是現實裡都是存在的，而且各有其背景緣由，所以應當避免貿然仰賴部分理論觀點或經驗資料，斷言中國必然成為怎樣的「大國」，採行某種內容固定一貫的「大國外交」。而應進一步檢視對比西方與大陸論者對中國「大國」定位與政策的建構和解釋，才能理解不確定的世界政治裡，中國可能的應對心態以及從而發展出的外交政策。這是本書下面兩章的焦點。

註釋

[1] 參閱中共中央文獻研究室編，《周恩來年譜（上）》（北京：中央文獻出版社，1996年），頁361。類似的談話另記載於金沖及編，《周恩來傳（上）》（北京：中央文獻出版社，1996年），頁153-154。引號為作者所加。

[2] 劉少奇，〈關於中華人民共和國憲法草案的報告〉（1954年9月15日），收於中共研究雜誌社編，《劉少奇問題資料專輯》（台北：中共研究雜誌社，1971年），頁249。原文刊登於《人民日報》1954年9月16日。引號為作者所加。

[3] 毛澤東，〈支援印支三國人民抗美救國鬥爭聲明〉（1970年5月20日），收於中國外交部與中央文獻研究室編，《毛澤東外交文選》（北京：中央文獻出版社，1994年），頁251-262。引號為作者所加。

[4] Michael D. Swaine and Ashley J. Tellis, *Interpreting China's Grand Strategy: Past, Present and Future* (Rand, MR1121-AF2000), pp. 9-20.

[5] 參閱Samuel P. Huntington, *The Clash of Civilizations and the Remaking of World Order* (New York: Simon & Schuster Press, 1996), p. 44; Henry Kissinger, *Diplomacy* (New York: Touchstone Press, 1994), p. 25。白魯恂即指出，這是因為中國人對自身之文化有強烈的觀感，但對中國作為一個「民族國家」

感覺模糊；整個情況又是由於「民族國家」本是「一個來自西方的現代的發明」。參閱Lucian W. Pye, "Chinese Self-Image as Projected in World Affairs," in Gerrit W. Gong and Bih-jaw Lin（林碧炤）, *Sino-American Relations at a Time of Change* (Washington D. C. : CSIS Press, 1994), p. 157.

[6]參閱盛洪，《為萬世開太平——一個經濟學家對文明的思考》（北京：北京大學，1999年），頁83。盛洪認為，當時缺乏「國」之觀念，是中國只有應付「內賊」而無從事現代「國際對抗」能力的重要因素之一。關於「中國」一詞的來源與意義演變，可參閱拙著，〈中國概念的內涵與流變小考〉，《中國大陸研究教學通訊》，第53期（2002年11月），頁17-22。

[7]參閱黎虎，《漢唐外交制度史》（蘭州：蘭州大學，1998年），前言頁6；Mark Mancall, *China at the Center: 300 years of Foreign Policy* (New York: The Free Press, 1984), pp. 14-23. 超越即期政策考量之外的進一步分析，參閱石之瑜，〈回應中國：反國家論述對東方主義的欲拒還迎——以周恩來為例〉，《共黨問題研究》，第26卷第12期（2000年12月）；Chih-Yu Shih, "A Postcolonial Reading of the State Question in China," *Journal of Contemporary China*, Vol. 7, No. 7 (July 1998), pp. 125-139.

[8]例如，開羅會議中，羅斯福建議戰後盟軍占領日本，可由中國居領導地位；又建議中國可占有琉球。蔣婉拒之理由，乃坦言中國「無此能力」。參閱林博文，〈開羅會議與波茨坦宣言〉，《中國時報》（1998年11月24日），亦見http://www.future china.org.tw/spcl_rpt/Koo2/t87112401.htm。

[9]何茂春，《中國外交通史》，頁651-656。至1943年8月，美國擬定戰後國際和平機構由中、美、英、蘇四國為中心，史稱「四警察」架構。當時蘇聯即不同意中國的「大國」地位。

[10]參閱曲星，《中國外交50年》（南京：江蘇人民出版社，2000年），頁11-13。毛澤東在1945年重慶談判期間也說：「自由民主的中國，將實現孫中山的三民主義，林肯的民有、民治、民享的原則與羅斯福的四大自由；它將保證……與各民主強國的合作。」朱德與毛澤東所言的「大國」與「民主強國」，與今日「大國關係」概念的大國頗為接近。

[11]例見北京大學國際關係學院教授陳峰君，《當代亞太政治與經濟析論》（北京：北京大學出版社，1999年），頁107。

[12]周恩來，〈中蘇締約後的國際形勢和外交工作〉，講於1950年3月20日。收於中華人民共和國外交部編，《周恩來外交文選》（北京：中央文獻出版社，1990年），頁16。

[13]原文見《人民日報》，1953年10月8日，轉引自米鎮波，《周恩來與大國關係的變動》（天津：南開大學出版社，2000年），頁37-38。

[14] 參閱《人民日報》，1954年2月21日，版1，全文轉載聯共《真理報》2月20日的社論；同年4月28日版4摘要刊載《真理報》署名文章：〈中國──偉大的世界大國〉。

[15] 曲星，前引書，頁106。曲星評價日內瓦會議的「大國外交」時，引用了當年路透社與日本外務省的評論支持其「大國」論點；見前書，頁134。

[16] 受訪者代號L訪談資料。受訪者Y更認為，是韓戰與發展核武，使毛澤東在經濟不佳的情況下還能操作「大國外交」。

[17] 毛澤東說：「英國是個大國，蘇聯也是個大國，這兩個國家關係搞不好，世界和平就成問題。」又說：「美國這樣的大國如果不要和平，我們就不得安寧。」但這種關係架構是否包括中國，毛澤東則說：「英法這樣的大國如此膽小，我向他們建議，把他們的大國地位給我們好不好？」參閱《毛澤東外交文選》，頁158-166；談話對象是英國工黨代表團。

[18] 參閱米鎮波，《周恩來與大國關係的變動》，頁37。

[19] 參閱1954年6月28日〈中印兩國總理聯合聲明〉，收於韓念龍、錢其琛等編，《當代中國外交》（北京：中國社會科學出版社，1987年），頁402-403。

[20] 毛澤東於1957年10月向赫魯雪夫提出不怕核戰的觀點稱：「古時候打仗沒有原子彈和火箭，刀、槍、劍、戟打起來，死人不見得比現在少。」參閱曹英編，《神秘之門：共和國外交實錄》（北京：團結出版社，1993年），頁91。

[21] 參閱中國外交部與中央文獻研究室編，前引書，頁191。

[22] 參閱尹慶耀，《中共外交與對外關係》（台北：國際關係研究所，1973年），頁29。

[23] 參閱毛澤東，〈吸取歷史教訓，反對大國沙文主義〉。收於中國外交部與中央文獻研究室編，《毛澤東外交文選》，頁251-262。

[24] 毛在1963年9月中共中央工作會議引述紅樓夢王熙鳳的話說：「大有大的難處」；「主要靠人民，不靠大國領袖，靠人民靠得住。」收於中共中央文獻研究室編，《毛澤東文集（第八卷）》（北京：人民出版社，1999年），頁343-344。

[25] 毛澤東，〈中法之間有共同點〉，同前書，頁370-371。

[26] 鄭宇碩，〈文革後期的中國外交政策〉，《中國社會科學季刊》，32期（2000年冬季），頁35-44。毛澤東談論「三個世界」的區分時提出是否富有、原子彈多的標準。參閱毛澤東1974年2月22日接見尚比亞總統談話，《毛澤東外交文選》，頁600-601。

[27]參閱楊中美，《中共外交教父錢其琛》（台北：時報，1999年），頁20。

[28]參閱趙全勝，《解讀中國外交政策》（台北：月旦，1999年），頁92-93、116-117。

[29]同上註，頁29、82-83。類似論點參閱Stephen Chan, "Beyond the North-West: Africa and the East," in A. J. R. Groom and Margot Light eds., *Contemporary International Relations: A Guild to Theory* (London: St. Martin's Press, 1994), p. 245.

[30]Samuel S. Kim, "China and the Third World in the Changing World Order," in Samuel S. Kim, ed., *China and the World: Chinese Foreign Relations in the Post-Cold War Era* (Boulder: Westview Press, 1994), p. 139.

[31]曲星，前引書，頁440-441。

[32]參閱拙著，〈1979年中共懲越戰爭的歷史結構分析──武力使用的解釋〉，《東亞季刊》，第31卷第1期（2000年1月），頁91-114。申即，假設鄧小平並未取代華國鋒繼承的毛澤東路線，並未廓清「戰爭不可避免」論，中國是否會在徵得西方默契後對越用兵，是否會做出「歷史總結」與關於經改、經濟特區等系列決定，是否能擺脫跳紅的意識形態而靈活地在美、蘇間遊走，可能性將大為降低。

[33]參閱閻學通，《中國崛起──國際環境評估》（天津：天津人民出版社，1997年），頁17。

[34]參閱趙全勝，前引書，頁53、79。

[35]參閱曲星，前引書，頁451-461。在「第三世界」的失分包括中國在安哥拉革命、索馬利亞與衣索比亞戰爭和伊朗巴勒維王朝崩潰等案例採取了「逢蘇必反」的立場。參閱謝益顯，《中國外交史1979-1994》（鄭州：河南人民出版社，1995年），頁1-36。

[36]中共自建政以來均自謂秉持「獨立自主」的外交政策，其學者尚將此追溯至第二次世界大戰後周恩來曾提出的，在美蘇間維持等距的說法。但本書認為，「一邊倒」時期講「獨立自主」與1980年代有所不同，一如1960年代講「和平共處五項原則」與1950年代、1990年代均不同。這種外交「論述」、「原則」造成的混亂，確是研究中國外交的一大困擾。

[37]參閱1984年5月29日鄧小平會見巴西總統談話，鄧小平，《鄧小平文選（第三卷）》（北京：人民出版社，1993年），頁56。

[38]受訪者代號P訪談資料。

[39]參閱曲星，前引書，頁6-7。

[40]參閱胡耀邦，〈全面開創社會主義現代化建設的新局面──在中國共產黨

第十二次全國代表大會上的報告〉,《人民日報》,1982年9月2日,版1。

[41] 中國外交部與中央文獻研究室編,前引書,頁303。

[42] 參閱金沖及編,《周恩來傳(上)》,頁9;中華人民共和國外交部編,《周恩來外交文選》,頁503。

[43] 董立文,〈論中共的「大國」意義及其問題〉,《中山人文社會科學期刊》,第6卷第2期(1998年12月),頁71。引文中的雙引號為作者所加。

[44] 鄧小平,〈和平和發展是當代世界的兩大問題〉,為1985年鄧會見日本訪客的談話。收於《鄧小平文選(第三卷)》,頁105。文中引號為筆者所加。

[45] 鄧小平稱:「我們是一個『大國』,只要我們的領導很穩定又很堅定,那麼誰也拿中國沒有辦法。中國一定要有一個具有改革開放形象的領導集體,這點請你們特別注意。」見鄧小平1989年9月4日對中共中央高層談話,收於《鄧小平文選(第三卷)》,頁318。「韜光養晦」等二十八字是1989年9月以後分兩次提出的,曲星認為核心是「不當頭」的「韜光養晦」。參閱曲星,前引書,頁525-527。

[46] 鄧小平,〈國際形勢和經濟問題〉,為1990年3月鄧對所屬的談話。收於《鄧小平文選(第三卷)》,頁353。同年四月鄧小平會見泰國訪客時亦自稱,從聯合國安理會的作用看,中國當時已是一個「政治大國」,未來還會是「經濟大國」,亦見《鄧小平文選(第三卷)》,頁358。

[47] 例如,北京大學國際關係學者李義虎認定,「多極化」是以「大國關係」為其主要「構置因素」,「大國」是「極點」的所在,「極化」即「大國關係」的變遷過程。「文明衝突」也是以大國衝突為背景。李義虎,〈論21世紀的新型大國關係〉,收於梁守德編,《走向新世紀的歐洲與大國關係》(北京:中國國際廣播出版社,1999年),頁426-433。

[48] 例如,一位接受訪談的大陸學者稱,中國以前只是人口與面積之大國,人口與面積大國不見得有國際作用。但毛澤東在中國沒有現代化條件下,也玩了「大國外交」。受訪者代號Y訪談資料。

[49] 強調科技是「第一生產力」的鄧小平在1988年還特別說:「如果60年代以來中國沒有原子彈、氫彈,沒有發射衛星,中國就不能叫做有重要影響的大國。」(《鄧小平文選(第三卷)》,頁279)。

[50] 「反大國」可英譯為 "anti-big-power",而不是 "non-big-power"(非大國)。從辯證邏輯來看,前者可以具有 "big-power"的要件,後者則不具備之。例如,有接受作者訪談之大陸學者稱,「說不」和講「一超多強」、「多極化」都是一種「大國關係」分析。參閱受訪者代號A2訪談資料。另

外,「挑戰大國」不妨英譯為"revisionist power",意指反對現狀秩序。

[51]Kenneth N. Waltz, *Theory of International Politics* (London: Addison-Wesley Press, 1979), p. 176.

[52]Ibid., p. 130.

[53]江澤民,〈江澤民在劍橋大學發表演講〉,《文匯報》(香港),1999年10月23日,版A4;江澤民,〈在慶祝建黨八十週年大會上的講話〉,《人民日報》,2001年7月2日,版1。

[54]研究案例可見Nicholas R. Lardy, *China in the World Economy* (Washington DC: Institute for International Economics Press, 1994), pp. 106-110.

[55]參閱Gerald Segal, "Does China Matters?" *Foreign Affairs*, Vol. 78, No. 5 (September/October 1998), pp. 24-36.

[56]參閱黎安友(Andrew J. Nathan)、陸伯彬(Robert S. Ross), *The Great Wall and the Empty Fortress* (New York: W. W. Norton & Company Press, 1997), pp. 13-26.

[57]參閱布里辛斯基(Zbigniew Brzezinski), *The Grand Chessboard: American Primacy and Its Geostrategic Imperatives* (New York: BasicBooks Press, 1997), pp. 159-160.

[58]例見周方銀,〈對當前國際格局的聚類分析〉,《現代國際關係》(2000年12月),頁40-44。

[59]David A. Baldwin, "Neoliberalism, Nerrealism, and World Politics," in David A. Baldwin ed., *Neorealism and Neoliberalism: the Contemporary Debate* (New York: Columbia University Press, 1993), pp. 16-18.

[60]例如,大陸以研究「綜合國力」著稱的解放軍學者黃碩風,仍反對用「權力」指涉中國的能力,認為那是西方「強權政治」稱霸全球的理論。參閱黃碩風,《綜合國力新論》(北京:中國社會科學出版社,1999年),頁4。

[61]參閱黃碩風,《綜合國力新論》(北京:中國社會科學出版社,1999年),頁1-4。

[62]參閱王逸舟,〈透視2000年的國際政治與安全〉,收於王逸舟、李慎明編《2001年全球政治與安全報告》(北京:社會科學文獻出版社,2001年),頁8。

[63]參閱閻學通,《中國崛起──國際環境評估》,頁77。

[64]討論西方文獻的"power"概念,本書依照國內的習慣,稱之為「權力」。

[65]參閱Hans J. Morgenthau, *Politics Among Nations*, 6th edition (New York: Alfred A. Knopf Press, 1985), pp. 31-34.西方後來的研究指出，摩氏晚年承認此處對「權力」的看法是受到德國社會學家韋伯（Max Weber）的影響，當時未明述。轉引自石之瑜，〈現實主義國際政治學的知識脈絡〉，《問題與研究》，第39卷第7期（2000年7月），頁45。本書以為此說有其根據，蓋摩氏對作為影響力的「權力」來源三項界說及其原著中對「奇力斯馬」（charisma）在外交政策中影響之討論，與韋伯論「正當支配」（legitimate domination）三類型與「非正當支配」（illegitimate domination）之精神頗合。

[66]Ibid., pp. 117-126.

[67]Ibid., pp. 127-184.

[68]Kenneth N. Waltz, "The Emerging Structure of International Politics," *International Security*, Vol. 18, No. 2 (Fall 1993), pp. 44-79.

[69]Kenneth N. Waltz, *Theory of International Politics*, pp. 129-132, 180-181.

[70]Kenneth N. Waltz, "The Emerging Structure of International Politics," pp. 61-70.

[71]其公式為（基本實體＋經濟能力＋軍力）×（戰略＋意志），當時計算結果國力排序為蘇聯（67.5）、美國（35）、西德（27）、法國（24）、中國（23）、巴西（20.8）、伊朗（19.6）、英國（19）、日本（17）。參閱Ray S. Cline，《世界各國國力評估》，中譯本紐先鐘譯（台北：黎明，1976年），頁6-9、200。

[72]Henry Kissinger, *Diplomacy*, pp. 63-77.

[73]Robert O. Keohane, "Realism, Neorealism and the study of World Politics," in Robert O. Keohane ed., *Neorealism and Its Critics* (New York: Columbia University Press, 1986), p. 11.

[74]Joseph S. Nye and William A. Owen, "America's Information Edge," *Foreign Affairs*, Vol. 75, No. 2 (March/April 1996), pp. 20-36; Joseph S. Nye, "Power and Interdependence in the Information Age," *Foreign Affairs*, Vol. 77, No. 5 (September/October 1998), p. 84.奈伊的主張可印證於美國的全球戰略，例如，前美國總統柯林頓在對國會提出的「1999年新世紀的國家安全戰略」。參閱柯林頓，〈1999年新世紀的國家安全戰略〉，中譯全文收於閻學通，《美國霸權與中國安全》（天津：天津人民出版社，2000年），頁243-280。

[75]Samuel P. Huntington, *The Clash of Civilizations and the Remaking of World*

Order, pp. 82-91.

[76] 例見黃碩風，《大較量：球力、國力論》（長沙：湖南出版社，1992），頁 48-60；黃碩風，《綜合國力新論》，頁13。

[77] 黃碩風，《綜合國力新論》，頁122。

[78] 閻學通，《中國崛起——國際環境評估》，頁47-57。

[79] 葉自成，〈中國實行大國外交勢在必行〉，《世界經濟與政治》，2000年1月號（2000年1月），頁7。

[80] 田文林，〈國際政治視野中的文化因素〉，《現代國際關係》，1999年第9期（1999年9月），頁22-25。

[81] 臧志軍因此以為，當下日本未能成為「大國」的缺憾正在於不能提出有吸引力的價值作為號召「旗幟」。而美國之所以稱霸，除了生產力，還與資本主義自由民主有關。臧志軍，〈面向21世紀的日本對外戰略〉，收於俞正梁（等），《大國戰略研究》（北京：中央編譯出版社，1998年），頁199。

[82] 參閱朱馬杰，〈世界格局多極化趨勢中的文化因素〉，《中國評論》，2000年8月號（2000年8月），頁64-67。

[83] 參閱資中筠，〈20世紀——美國世紀〉，收於資中筠編，《冷眼向洋：百年風雲啟示錄（上卷）》（北京：三聯書店，2000年），頁3-25。目前中共官方也重視到「人」的因素之重要，但主要是從「科學技術是先進生產力的集中體現和主要標誌，而人是生產力中最具有決定性的力量，人愈全面發展，社會的物質文化財富就會創造得愈多，人民的生活就愈能得到改善」去理解。參閱江澤民，〈在慶祝建黨八十週年大會上的講話〉，《人民日報》，2001年7月2日，版1。

[84] 這一區別不僅發生於西方國際關係理論辯論，也可在冷戰結束後中國外交戰略的辯論中看見。一般而言，強調國際政治的無政府性質，便更重視軍事實力。重視國際政治的某些有序性，則更容易重視「軟權力」。本書第三、四章將對此專予分析。這裡已經可以看出此種差別對「國力」要素的判斷也造成影響。

[85] 受訪者代號N訪談資料。

[86] 例見Nicholas R. Lardy, *China in the World Economy*, pp. 14-18；及布里辛斯基接受俄國共青團報訪問紀錄，《中國時報》，2001年7月18日，版3。

[87] 參閱楚樹龍，〈中國的國家利益、國家力量和國家戰略〉，《戰略與管理》，1999年第4期（1999年8月），頁15。楚樹龍指出，大陸產值多是食品、服裝、玩具，與西方同值的半導體、飛機、汽車豈可相比。即便維持

1990年代增長速度，必須成長10%，也才相當於美國增長1%，可見中美經濟差距不但沒有縮小，還在拉大。同文，頁16。人民大學國際關係學院院長李景治則稱，此種估算將導致西方將中國視為發達國家而設置種種貿易障礙。參閱李景治，〈論黨的十一屆三中全會以來我國外交戰略的重大調整和發展〉，收於李景治編，《世紀之交的中國與世界》（北京：中國人民大學出版社，1999年），頁19。但蘭普頓（David M. Lampton）則認為，中國反對「高估」，是為了迴避對國際組織應當有的義務與貢獻。David M. Lampton, "A Growing China in a Chaking World: Beijing and Global Order," in Ezra F. Vogel ed., *Living with China: U. S. -China Relations in the Twenty-First Century* (New York: W.W. Norton & Company Press, 1997), p. 130.

[88]Nicholas R. Lardy, *China's Unfinished Economic Revolution* (Washington D. C. : the Brookings Institute Press, 1998), p. 9.

[89]Elizabeth Economy and Michel Oksenberg eds., *China Joins the World: Progress and Prospects* (New York: Council on Foreign Relations Press, 1999), p. 3.

[90]相關概念參閱 Robert O. Keohane and Joseph S. Nye, *Power and Interdependence*, 2nd edition (HarperCollins Press, 1989), pp. 8-13.大陸關於經貿相互依存的後果的研究，參閱蘇長和，〈經濟相互依賴及其政治後果〉，《歐洲》，第16卷第4期（1998年8月），頁34-39。

[91]Andrew J. Nathan and Robert S. Ross, *The Great Wall and the Empty Fortress*, p. 13.

[92]張蘊嶺，《合作還是對抗──冷戰後的中國、美國和日本》（北京：中國社會科學出版社，1997年），頁13、158；陳永生，〈外國直接投資與中國大陸經濟發展〉，《中國大陸研究》，第44卷第3期（2001年3月），頁17-43。

[93]參閱 http://editors.sipri.se/pubs/yb00/ch5.html；中國在2001年度增加國防開支17.7%。

[94]故美國《紐約時報》評論認為，不是北韓而是中國，才是美國NMD與TMD之防禦對象。參閱《中國時報》，2000年6月10日，版14。

[95]1970年中國發射衛星後，一位印度評論家現實地說：「中國從一個破產的國家變成了超級大國，僅僅是因為獲得核武。」均參閱陳世民，〈中共核武戰略的形成與轉變〉，台灣大學政治學研究所碩士論文，1992年，頁3。

[96]Dingli Shen, "The Current Status of Chinese Nuclear Forces and Nuclear Policies," cited from James Mulvenon, "Chinese Nuclear and Conventional

Weapons," in Elizabeth Economy and Michel Oksenberg eds., *China Joins the World: Progress and Prospects*, pp. 328-329.

[97] James Mulvenon, "Chinese Nuclear and Conventional Weapons," p. 326.

[98] 參閱劉黎兒，〈中共發展高科技武器，日本憂心〉，《中國時報》，2000年3月17日，版14。另依照中共媒體報導坦承，其Su-27妥善率僅達65%，日本為90%，本土美軍為80%。參閱人民網，2001年11月2日，〈日本自衛隊鮮為人知的七個世界第一〉， 轉見http://netcity 5.web.hinet.net/UserData/lukacs/ 2001_JP.htm。

[99] 國內學者早已研究指出，中國在近海戰力不僅遠遜於美軍，亦次於日本海上自衛隊。參閱張國城，〈後冷戰時期中共擴張海權之研究〉，台灣大學三民主義研究所碩士論文，1996年12月，頁186-197。

[100] 參閱Robert S. Ross, "Beijing as a Conservative Power," *Foreign Affairs*, Vol. 76, No. 2 (1997, March/April), p. 37.

[101] 有關中國長征2F火箭「無航天員模式」發射「神舟號」與回收，以及採購除役、「報廢」的俄國、烏克蘭航空母艦明斯克（Minsk）號、瓦良格號（Varyage）等作為的企圖與前景，參見《全球防衛雜誌》，185，196期（2000年1月、12月）。http://www.xinhua.org/htm/20010110/307318A.htm。該雜誌認為，此類作為亦有拉抬「大國聲望」效果。

[102] 參閱彭明，《第四座豐碑》（台北：商智，1999年），頁92-93；喻希來，〈新興世界大國的成長之旅：光榮與夢想〉，《戰略與管理》，1999年第6期（1999年12月），頁12。楚樹龍亦稱，常規軍力方面，中國比之印度亦有不如。此處可參閱楚樹龍，〈關於國際形勢和我國對外戰略若干重大問題的思考〉，《現代國際關係》，1999年第8期（1999年8月），頁6；張召忠，《下一個目標是誰》（北京：中國青年，2000年），頁70。

[103] 依照瑞典著名軍事智庫SIPRI所出版《1999軍備、裁軍與國際安全年報》分析認為，中國實質軍備支出較公布數字高出約75%，表中括號數字係依照此一比率計算；參見http://editors.sipri.se/ pubs/yb99pr99.html。

[104] 根據大陸軍方學者黃碩風之模型估計，「外交力」比分排名為美、日、俄、德、中、印。黃碩風，《綜合國力新論》，頁171-174。

[105] Samuel S. Kim, "China and the United Nations," in Elizabeth Economy and Michel Oksenberg eds., *China Joins the World: Progress and Prospects*, p. 46.

[106] 參閱《共黨問題研究》，第27卷第3期（2001年3月），頁134。中國歷來認為國際貨幣基金（IMF）與世界銀行（World Bank）對各國的貸款有「政治意圖」之餘，仍肯定它對中國經濟與科技進展有「很大幫助」。參閱王

瑤瑛，〈國際貨幣基金的組織與功能〉，政治大學外交所碩士論文（1999
年6月），頁34-44、61。

[107] 參閱江憶恩（Alastair Iain Johnston）著，王鳴鳴譯，〈中國參與國際體制
的若干思考〉，《世界經濟與政治》，1999年7期（1999年7月），頁4-7。

[108] 全球個人電腦使用數國別排序前十名為美、日、德、英、法、義、加、
中、澳、韓。2001年底大陸行動電話戶數為一億四千萬戶、網路使用戶
數三千萬戶。綜合參閱《共黨問題研究》，第26卷第8期（2000年8月），
頁129-130；〈中華人民共和國2001年國民經濟和社會發展統計公報〉，同
前引文。

[109] 參閱何方，〈二十一世紀初中國國際環境的若干思考〉，《戰略與管
理》，1995年第3期（1995年6月），收入何方，《論和平與發展的時代》
（北京：世界知識出版社，2000年），頁271-272。

[110] 江澤民1999年10月18日接受英國《泰晤士報》訪問。參閱《工商時報》，
1999年10月19日，版10。

[111] 參閱陳峰君，《當代亞太政治與經濟析論》（北京：北京大學出版社，
1999年），頁111。

[112] 參閱蔡拓（等），《當代全球問題》（天津：天津人民出版社，1994年），
頁480-485。

[113] 例如，1996年台海危機後掀起「說不」風潮的部分大陸論述認為，中國有
「後發優勢」，必能以高成長趕上美國。案例收於賈慶國，《中國不僅僅說
不》（北京：中華工商聯合出版社，1996 年），頁253；極為悲觀的估計例
如，我國前總統李登輝指出，中國體制陷於「宮廷政治」，環境、能源問
題都很嚴重，八年內必然衰敗。參閱李登輝、中島嶺雄，《亞洲的智
略》，中譯本駱文森、楊明珠譯（台北：遠流，2000年），頁62、116-
118。

[114] 在國際政治上，本書可以大膽假定，所謂「極化」乃是國際無政府狀態
下，以國家為主要行為者，在兩個或兩個以上的端點間，形成的近趨同盟
或對抗的關係。

[115] 參閱Michel Oksenberg and Elizabeth Economy, "Introduction: China Joins the
World," in Elizabeth Economy and Michel Oksenberg eds., *China Joins the
World: Progress and Prospects*, p. 1.

[116] 中共在朝鮮半島局勢的角色，參閱邱坤玄，〈冷戰後中共與朝鮮半島的權
力平衡〉，《中國事務》，第4期（2001年4月），頁90-102。

[117] 重視「槍桿子出政權」的毛澤東，卻不對高科技的戰略核武軍備給予像鄧

小平一般重視的評價。毛曾說：「原子彈能不能解決戰爭？不能！我們有些同志相信原子彈了不起，這是很錯誤的。」參閱毛澤東，〈抗日戰爭勝利後的時局和我們的方針〉，收於《毛澤東選集》（北京：人民出版社，1966年），頁1126-1132。

[118]此即自然與人文界複雜體系中，非線性、非連續性與非系統性的微妙現象，微小的初始（蝴蝶）效應可能導致極大的誤差與「激變」（Catastrophe）。參閱Brown Courteny, *Chaos and Catastrophe Theories* (Iowa: University of Iowa Press, 1995)。軍事方面的應用表現為「超限戰」的觀念，參閱喬良、王湘穗，《超限戰——對全球化時代戰爭與戰法的想定》（北京：解放軍文藝，1998年）。

[119]參閱Thomas J. Christensen, "Posing Problems without Catching up: China's Rise and Challenges for U.S. Security Policy," *International Security*, Vol. 25, No. 4 (Spring 2001), pp. 19-20.

[120]例如，加拿大、義大利甚至英國，雖然一些經貿指標甚至部分軍事裝備等，使之能排入全球前八順位，但按照華爾志所提到的「人們的共識」，這幾個國家常常不算是國際體系中的「極」，因為它們並不構成也無意作為國際體系中聚集資源以與其他端點對抗的「極」。

[121]Zbigniew Brezinski,*Out of Control: Global Turmoil on the eve of the Twenty-First Century* (New York: Macmillan Press, 1993), p. 101.

[122]參閱拙著，〈中共建政後歷屆黨代表大會政治報告涉外言論的內容分析〉，頁53-82。

[123]孫隆基，《中國文化的深層結構》（台北：唐山，1990年），頁143-190、295-331；Lucian W. Pye, *The Dynamics of Chinese Politics*，中譯本胡祖慶譯，《中國政治的變與常》（台北：五南，1988年），第二、七、十章。

[124]例如，《交鋒》這本爭議性的改革派書刊便記載了「十四大」到「十五大」前後黨內外的理論爭辯以及其所謂的「人心向背」。大會的「定調」確為各派試圖反映自己觀點的角力場。馬立誠、凌志軍，《交鋒——當代中國三次思想解放實錄》（北京：今日中國出版，1998年），頁39、84、205-216、415-423。

[125]該報告全文參閱中共研究雜誌社編，《中共年報》，1991年版，第四部分。

[126]參閱于有慧，〈中共的大國外交〉，《中國大陸研究》，第42卷第3期（1999年3月），頁45-62。

[127]該報告全文參閱中共研究雜誌社編，《中共年報》，1993年版，第四部

分。

[128] 該報告全文參閱中共研究雜誌社編,《中共年報》,1998年版,第四部分。

[129] 該報告全文參閱《文匯報》(香港),1998年3月6日,版C5-C6。。

[130] 根據筆者整理,中共是用「超級大國的霸權主義」、「爭霸」詞彙去說明「兩極」現象。除去其價值上的貶意,此一用語同時顯示了「極」所要求的「大國」國力要素,以及包含對抗的屬性。

[131] 江澤民,〈在慶祝建黨八十週年大會上的講話〉,同前引文。

[132] 〈中俄聯合聲明〉,《人民日報》,1994年9月4日,版1。引號為作者所加。

[133] 參閱中共研究雜誌社編,《中共年報》,1997年版,第一部分,頁32。

[134] 〈中俄關於世界多極化和建立國際新秩序的聯合聲明〉,《人民日報》,1997年4月24日,版1。引號為作者所加。

[135] 江澤民,〈為建立公正合理的國際新秩序而共同努力〉,《人民日報》,1997年4月23日,版6。引號為作者所加。

[136] 〈中美聯合聲明〉,《人民日報》,1997年10月30日,版1。引號為作者所加。

[137] 江澤民,〈在中國——東盟首腦非正式會晤時的講話〉,《人民日報》,1997年12月17日,版1。引號為作者所加。

[138] 錢其琛,〈發展合作才能促進和平與繁榮〉,《人民日報》,1997年12月16日,版6。引號為作者所加。

[139] 〈中俄聯合公報〉,《人民日報》,1998年2月19日,版1。引號為作者所加。

[140] 江澤民,〈攜手並進,繼續推動上海五國進程發展〉,《人民日報》,2000年7月06日,版1。引號為作者所加。

[141] 江澤民,〈共創中俄關係的美好未來〉,人民網,http://www.peopledaily.com.cn/gb/shizheng/16/ 20010717/514015.html。引號為作者所加。

[142] 分別參閱江澤民,〈中非攜手合作共迎新的世紀〉,《人民日報》,2000年10月11日,版1;以及江澤民,〈共同開創中拉友好合作的新世紀〉,人民網,http://www.peopledaily.com.cn/gb/shizheng/252/4929/4935/20010412/440441.html。

[143] 同上註,人民網,http://www.peopledaily.com.cn/gb/ shizheng/252/4929/4935/20010412/440441.html。 引號為作者所加。

[144] 唐家璇,〈在中國——東盟對話會議上發表講話〉,《人民日報》,2001年7月27日,版3。引號為作者所加。

[145] 江澤民兩次在發達國家知名學府的演講,也是使用「最大發展中國家」一詞。包括1998年11月28日在日本早稻田大學的演講,與1999年10月22日在英國劍橋大學的演講。參閱江澤民,〈以史為鑑,開創未來〉,《文匯報》(香港),1998年11月29日,版A4;江澤民,〈在劍橋大學發表演講(全文)〉,《文匯報》(香港),1999年10月23日,版A4。

[146] 此處「常態」、「負責」二字並無「常態」、「變態」或行為是否高尚等價值判斷。

[147] 相關細節請參閱拙著,〈冷戰後中共大國外交之研究〉,政治大學東亞研究所博士論文,2002年7月。

[148] 此一夥伴關係於1996年4月俄羅斯前總統葉爾欽訪問中共時,改稱為「面向21世紀的戰略協作夥伴關係」。

[149] 參閱唐家璇,〈新中國外交五十年〉,《黨建研究》,1999年10月13日;轉引自《中國外交》,2000年1期(2000年1月16日),頁6。

[150] 參閱曲星,《中國外交50年》(南京:江蘇人民出版社,2000年),頁546-547。

[151] 參閱俞正梁(等),《大國戰略研究》,頁6-11。

[152] 參閱李義虎,〈論21世紀的新型大國關係〉,同前引書,頁430-434。

[153] 參閱李寶俊,〈從戰略夥伴關係的建立看中國外交理念的變化〉,收於李景治編,《世紀之交的中國與世界——國際政治論文集》(北京:中國人民大學出版社,1999年),頁72-73。

[154] 參閱王逸舟編,《單極世界的陰霾——科索沃危機的警示》(北京:社會科學文獻出版社,1999年),頁4-5。

[155] 參閱丁奎松,〈亞太大國關係對地區安全合作的影響〉,《現代國際關係》,2001年1-2期(2001年2月),頁88。

[156] 參閱胡鞍鋼、楊帆(等),《大國戰略——中國利益與使命》(瀋陽:遼寧人民出版社,2000年),頁47。

[157] 受訪者代號Z訪談資料。

[158] 此論參閱朱馬杰,〈世界格局多極化趨勢中的文化因素〉,頁65。

[159] 參閱邱坤玄,〈結構現實主義與中共大國外交格局〉,《東亞季刊》,第30卷第3期(1999年7月),頁28-31。

[160] 參閱Kenneth Liberthal, "Domestic Forces and Sino-U.S. Relations," in Ezra F.

Vogel ed., *Living with China: U. S. -China Relations in the Twenty-First Century* (New York: W.W. Norton & Company Press, 1997), pp. 256-257; David Shambaugh, *Beautiful Imperialist: China Persives America 1972-1990* (Princeton: Princeton University Press, 1991), pp. 3-19. 國際關係現實主義巨擘摩根索在為著名華裔學者鄒讜的名著──《美國在中國的失敗》所寫的序中也指出,「講到中國,美國人就分成兩類,一類患了神經病,另一類則患了精神病。」參閱Hans J. Morgenthau, "Preface," 收於鄒讜(Tsou Tang)著,周先進譯,《美國在中國的失敗》(上海:上海人民出版社,1997年),頁2。

[161] 參閱Samuel P. Huntington, *The Clash of Civilizations and the Remaking of World Orde*, pp. 229-230.

[162] 參閱Richard N. Haass, "Paradigm Lost," *Foreign Affairs*, Vol. 74, No.1 (1995, January/February), pp. 43-58.

[163] 參閱閻學通,《美國霸權與中國安全》,頁23;Zbigniew Brezinski, *Out of Control: Global Turmoil on the eve of the Twenty-First Century*, p. 146.

[164] 參閱President William J. Clinton, *A National Security Strategy of Engagement and Enlargement* (Washington, DC: Government Printing Office, February 1995), http://www.fas.org/spp/military/docops/ national/1996stra.htm; *A National Security Strategy for A New Century*, http://www.fas.org/man/docs/ strategy97.htm.

[165] Warren Christopher, "America's Strategy for a Peaceful and Prosperous Asia-Pacific," in Warren Christopher, *In the Stream of History: Shaping Foreign Policy for a new Era (*Stanford: Stanford University Press, 1998), pp. 292-300.

[166] 綜合參閱閻學通,《中國崛起──國際環境評估》,頁72-87;凌志軍、馬立誠,《呼喊當今中國的五種聲音》(廣州:廣州出版社,1999年),頁273-275。

[167] Robert S. Ross, "Engagement in US China Policy," in Alastair Iain Johnston and Robert S. Ross eds., *Engaging China: The Management of an Emerging Power* (London: Routledge Press 1999), pp. 200-202;江憶恩(Alastair Iain Johnston)著,王鳴鳴譯,〈中國參與國際體制的若干思考〉,頁10。

[168] Elizabeth Economy and Michel Oksenberg eds., *China Joins the World: Progress and Prospects* (New York: Council on Foreign Relations Press, 1999), preface; David Shambough, "Facing Reality in China Policy," *Foreign Affairs*, Vol. 80, No. 1 (January/February, 2001), p. 55.

[169] 美國學者陸伯彬(Robert S. Ross)指明,在制定對華政策方面,美國歷任

總統都花了很長的調適時間，卡特是18個月，雷根是18個月，柯林頓則是5年半。參閱陸伯彬，〈美中：期待何種大國關係〉，宋念申譯，《環球時報》，2001年7月13日，版4。

[170] 沈大偉強調「接觸」並不是美國的政策目的，而是手段。儘管中國並不一定會對這種「接觸」報以互惠，但「接觸」仍是美國有效的戰略。參閱David Shambaugh, "Containment or Engagement of China?" *International Security*, Vol. 21, No. 2 (Fall 1996), p. 181.「圍合」一詞首見於蘭德（Rand）公司專家Zalmay Khalilzad的報告 "Congage China," Issue Paper, Rand, 1999. 亦見http://www. rand.com/publications/IP/IP187/IP187.html。關於布希政府的「圍合」政策析論，參閱陳一新，〈布希政府亞太戰略的構想與部署〉，《遠景季刊》，第2卷第4期（2001年10月），頁1-27。

[171] 北京對美「十六字方針」是在1995年10月聯合國五十週年紀念大會，江澤民會晤柯林頓的場合正式公開的。

[172] 參閱秦亞青，〈冷戰後中國的安全意識和戰略選擇〉，收於劉山、薛君度編，《中國外交新論》（北京：世界知識出版社，1997年），頁86-87；Yoichi Funabashi, Michel Oksenberg and Heinrich Weiss, *An Emerging China in a World of Interdependence* (New York: The Trilateral Commission Press, 1994), pp. 42-43；李善同（等），《WTO：中國與世界》（北京：中國發展出版社，2000年），頁26-29。

[173] 參閱賈慶國，《中國不僅僅說不》，頁10-15；葉自成，〈中國實行大國外交勢在必行〉，頁8。

[174] 參閱呂新國，〈大國關係與中國外交〉，《現代國際關係》，1998年1期（1998年1月），頁41。

[175] 參閱王綽中，〈與美加強合作，中共輿論主流〉，《中國時報》，2001年3月19日，版4。

[176] 參閱江澤民2001年8月10日接受《紐約時報》專訪。要旨在於認為中、美是「應盡力找出共同利益」的「大國」。參閱《中國時報》，2001年8月11日，版11。

[177] 小布希在2001年3月22日會晤到訪的北京副總理錢其琛時，提出與中國這個有龐大潛力的「大國」具有「共同利益」。小布希當時的談話與柯林頓的差異在於，同意中方的「大國」身分，但不談可以共同負擔某種國際「責任」。參閱《中國時報》，2001年3月24日，版2。北京發表與美負有共同責任最為淋漓的案例，參閱江澤民1997年11月1日在哈佛大學發表的演講。收於《中華人民共和國年鑑》（1998年版）（北京：中華人民共和國年鑑出版社出版，1998年），頁285-287。

[178] 關於民初中國企圖以第一次世界大戰戰勝國地位參與西方主導的國際建制（當時的「國際聯盟」），以及遭受失敗的長期反彈、懷疑心態，參閱門洪華，〈國際機制與中國的戰略選擇〉，《中國社會科學》，2001年2期（2001年3月），頁181-183。

[179] 關於早年中共與蘇共的恩怨糾纏，楊奎松的新著資料豐富。參閱楊奎松，《毛澤東與莫斯科的恩恩怨怨》（南昌：江西人民出版社，1999年）。關於中、蘇關係正常化，可參閱蘇起，《論中蘇共關係正常化（1979-1989）》（台北：三民書局，1992年）。錢其琛1989年「只握手、不擁抱」的指示，參閱楊中美，《中共外交教父錢其琛》，頁136-137。

[180] 參閱閻學通，《中國崛起──國際環境評估》，頁80。

[181] 參閱馮紹雷，〈失之偏頗的預測〉，收於王緝思編，《文明與國際政治》（上海：上海人民出版社，1995年），頁149-150；薛君度、陸南泉編，《新俄羅斯──政治、經濟、外交》（北京：中國社會科學出版社，1997年），頁64-69。

[182] 相關內容參閱吳東野，〈北約全球化戰略走向對台海情勢發展之意義與影響〉，《遠景季刊》，第1卷第4期（2000年10月），頁32；龍舒甲，〈古阿姆五國論壇發展研析〉，《問題與研究》，第40卷第2期，2001年3月，頁67-82；張召忠，《下一個目標是誰？》，頁36-40。

[183] 「上海五國」成立之背景與作用請參閱張雅君，〈上海五國安全合作與中共的角色〉，《中國大陸研究》，第44卷第4期（2001年4月），頁33-54。

[184] 原文報導出於 New York Times, November 10, 1997, p. A8. 轉引自 Kenneth N. Waltz, "NATO Expansion: A Realist's View," Contemporary Security Policy, Vol. 21, No. 2 (August, 2000), p. 32.

[185] Ben Aris and David Rennie, "Yeltsin Press for anti-Nato Alliance with the Chinese," Electronic Telegraph, August 26, 1999；轉引自吳東野，〈北約全球化戰略走向對台海情勢發展之意義與影響〉，頁34。

[186] 原文參閱俄國《獨立報》，1999年12月30日；中文轉引自李慎明、王逸舟編，《2001年全球政治與安全報告》，頁25。

[187] 參閱《環球時報》，2001年7月20日，版1；《人民日報》，2001年8月28日，轉載自《人民網新聞雜誌──國際新聞》，總312期（2001年8月28日）。

[188] 參閱《中國時報》，2001年7月30日，版11。

[189] 分析例見張雅君，〈中共與俄羅斯戰略協作夥伴關係發展的基礎、阻力與動力〉，頁9；邱坤玄，〈霸權穩定論與冷戰後中（共）美權力關係〉，

頁12-13。中、俄對美「搭車」推論，參閱Samuel P. Huntington, "The Lonely Superpower," *Foreign Affairs*, Vol. 78, No. 2 (March/April, 1999), p. 45.

[190] 1997年俄羅斯總統國情諮文（摘要），收於閻學通，《中國與亞太安全》（北京：時事出版社，1999年），頁294；引號為本文作者所加。閻學通直接稱俄羅斯此種對外戰略為「大國外交」，同上書，頁119。

[191] 參閱胡鞍鋼、楊帆（等），《大國戰略——中國利益與使命》，頁18；石之瑜，《中共外交的理論與實踐》（台北：三民書局，1994年），頁184-192。

[192] 「脫亞入歐」、「謝絕東方之惡友」乃日本文明之父福澤諭吉的主張。從「七大工業國」到現在的「八大工業國」機制，以及1982年日本首相中曾根康弘提出「西方一員」的「中曾根主義」，更使中方繼續將日本定位為「西方國家」。背後的邏輯似乎是「發達國家」等於「西方」。綜合參閱謝益顯，《中國外交史1979-1994》，頁235-241；曲星，《中國外交50年》，頁515。

[193] 參閱謝益顯，《中國外交史（1949-1979）》（鄭州：河南人民出版社，1988年），頁150。例如，1955年10月15日毛澤東會見日本議員時稱：「我們兩國有個共同的問題，就是有一個國家壓在我們的頭上。…現在我們要求他放手，把手拿走。…中日關係的歷史是很長的，人類幾十萬年以來過著和平的生活，我們的祖先吵過架、打過仗，這一套可以忘記啦！」見《毛澤東外交文選》，頁220-226。鄧小平對日低調，參閱金堯如，〈日親華爭議，江毛鄧不同調〉，《中央日報》，1998年12月5日，版8。

[194] 中曾根康弘首相時期（1982年11月至1987年11月在任）的對外政策，參閱W. G. Beasley著，《現代日本的崛起》，中譯本葉延燊譯（台北：金禾，1992年），頁235-237。

[195] 日本在1980年成為世界汽車最大生產國，1985年成為世界最大債權國，美國淪為世界最大債務國。這些趨勢在1994年才被扭轉。在1980年代到1990年代初，美國輿論頗有日本已打敗美國之憂慮。佛立曼（George Friedman）等判斷日本雖無法恢復舊的帝國政策，但從日本通產省對海外援助、投資的規劃可以看出，實際上日本正在構築一個「友好的帝國主義」（Friendly Imperialism）。吉爾平（Ropbert Gilpin）則進一步分析指出，日本享有的經濟優勢乃是因為它不依循國際自由貿易的文化和體制。參閱George Friedman and Meredith LeBard, *The Coming War with Japan* (New York: St. Martin's Press, 1991), pp. 278-293; Robert Gilpin, *The*

Political Economy of International Relations (Princeton: Princeton University Press, 1987), p.389.

[196] 參閱謝益顯，《中國外交史1979-1994》，頁240；楊中美，《中共外交教父錢其琛》，頁162-163。1979年至1989年，日方共批准對華貸款八千億日圓。

[197] 參閱李義虎，〈日美新防衛合作指針評析〉，《國際政治研究》，2000年2期（2000年5月），頁1-5。

[198] 2000年8月23日森喜朗首相訪印，雙方締結「相互實質全球夥伴關係」，規劃在軍事情報方面有所合作。參閱《中國時報》，2000年8月28日，版14。

[199] 相關史實另參閱石原忠浩，〈中共與日本關係之間的台灣因素〉，政治大學東亞研究所碩士論文，1997年7月。

[200] 例如，江與日皇檢閱日本儀隊時，先向中共國旗行鞠躬禮；與首相小淵惠三會談完成「聯合宣言」卻不出席簽字；率同中方全體隨員著中山裝出席日皇國宴；回國時不與等候迎接之政治局常委擁抱等，皆令觀察家側目。情節參閱《大公報》，1998年12月1日，版A2。

[201] 朱氏1999年訪美後遭遇的困境，參閱David M. Lampton, *Same Bed, Different Dreams: Managing U. S. -China Relations, 1989-2000* (Berkeley: University of Califernia Press, 2002), pp. 186-187.

[202] 據報導江澤民於2001年10月布希到訪時，曾面告布希中共肯定美軍的亞太部署。綜合參閱《中國時報》，2001年5月26日，版11；《聯合報》，2001年7月5日，版13。中、日「大蒜──汽車」貿易爭端於2001年12月落幕，雙方各自退讓達成一致。

[203] 相關資料參閱《大公報》，1999年4月26日，版A2；民調資料引自Samuel P. Huntington, "The Lonely Superpower," p.43，以及《中國時報》，1999年7月19日，版14。

[204] 日本外務省官員談話參閱《中國時報》，1999年7月19日，版14；大陸對日政策相關建議，綜合參閱時殷弘，〈放平心態看美日〉，《環球時報》，2000年6月23日，版7；張蘊嶺，《合作還是對抗──冷戰後的中國、美國和日本》（北京：中國社會科學出版社，1997年），頁13-14。

[205] 擊破諸「大名」（諸侯）的織田信長自視為是三皇五帝的繼承人。參閱黃枝連，《亞洲的華夏秩序：中國與亞洲國家關係型態論》（北京：中國人民大學出版社，1992年），頁358-362。明治維新之後，日方又興起一種「解救」中國、「協助」中國以便止息「亞洲家庭」的兄弟之爭，確立

「大亞洲主義」的理念。近年來與鄰國的「教科書問題」也足以反映日人複雜的心境。被視為右翼的「新教科書編撰會」送文部省審定通過的初中歷史教材認為，沒有日軍對珍珠港的「突擊」和對英軍的「戰鬥」，東南亞諸國與印度根本沒有擺脫西方帝國主義的機會。參閱韓勝東，〈日本新歷史教科書〉，《韓同胞21》，總322號（2000年8月），轉引自《十月評論》，第28卷第3期（2001年9月），頁12-14；歷史研究委員會編，中文本東英譯，《大東亞戰爭的總結》（北京：新華出版社，1997年）；石之瑜，《中共外交的理論與實踐》，頁186-188。

[206] 參閱呂新國，〈大國關係與中國外交〉，頁41-42。

[207] 因此「獨立自主」被闡釋為既要反霸，又反對「制衡」；既要「永遠屬於第三世界」，又不要作「第三世界」的「頭頭」；既要建構「夥伴關係」，又反對結盟。參閱李向前，〈當代中國外交形象論〉，收於王泰平編，《鄧小平外交思想研究論文集》，頁78-80。

[208] 鼓吹「大國外交」的北大教授葉自成則形容這種多重定位並行的策略為「多種角色抉擇」，不宜以單一角色自限。參閱葉自成，〈中國：多種角色抉擇〉，《環球時報》，2000年3月7日，版4。

[209] Kenneth N. Waltz, *Theory of International Politics*, pp. 71-72, 99, 145-146.

[210] 例見陳佩堯，〈中國應該怎樣研究制定對外戰略〉，同前引文。

[211] 受訪者代號T、Z訪談資料。

[212] 受訪者代號E訪談資料。而對「大國」與「大國外交」的應然性建構，實際上又影響著實然的認知方式。所以各種「大國」定位與「大國外交」策略不只是理論性純認知的概念，而是如本書方法論部分指出的，具有引導外交政策的實踐性質。論點參閱劉小楓，《現代性社會理論序論》（香港：牛津大學出版社，1996年），頁30-31。

[213] 類似論點亦見江憶恩（Alastair Iain Johnston），〈中國參與國際體制的若干思考〉，頁8-10；江憶恩認為，中國在這些定位間面臨著一種「認同危機」。

[214] 概念引自Randall L. Schweller, "Managing the Rise of Great Powers," in Alastair Iain Johnston and Robert S. Ross eds., *Engaging China: The Management of an Emerging Power* (London: Routledge Press 1999), pp. 19-26.

[215] 摘錄自江澤民，〈在慶祝建黨八十週年大會上的講話〉，同前引文。據報導，到「十六大」時，中共將吸收二十萬私營企業主入黨。參閱《聯合報》，2001年7月24日，版13。

第三章

西方國際關係理論角度下的
中國「大國」定位與外交

西方國際關係理論及其分類

一、國際關係理論與現實緊密相連

　　西方國際關係理論以較為系統化的學科面貌出現，應追溯到第一次世界大戰結束後初期。至於其知識脈絡，則可以溯及教廷——神聖羅馬帝國（即「基督教世界主義」）權威瓦解、文藝復興與西方民族國家興起的十五世紀，聲稱具有主權的民族國家開始成為國際關係主體的時代。自此以降，馬基維利（Niccolo Machiavelli）、葛老秀斯（Hugo Grotius）、霍布斯（Thomas Hobbes）、康德（Immanuel Kant）、馬克思（Karl Marx）等西方思想家，從不同的角度影響了人們對主權國家間關係的思考。在二十世紀學科趨向成熟之際，西方國際關係理論的動態非但不是掙脫現實，反而更多是為了現實考量，而提出對情勢的回應；所以學科內容往往與特定群體的理想、恐懼、希望相連。[1]

　　冷戰結束以後，「中國崛起」被主導國際秩序與國際關係理論發展的西方世界，視為有待處理的重大事態。美國學者沈大偉與陸柏彬都坦承，理論與實務界「圍堵」與「接觸」中國之爭，主要是起於對中國是否將危及西方秩序，尤其是美國的核心利益的關切。[2]而不同的美國外交政策學派，對於國家目標的優先順序以及國際社會的觀察，又各自抱持不同的立足點。[3]延伸到對華政策，奧森柏格等觀察到強硬或溫和的姿態，可以同時並存於同一個美國理論學派中。（參閱表3-1）

　　由上觀之，評估中國外交，包括如何評估「中國崛起」現象、如何解釋中國對外政策，以及基於上述兩者得出的對策建議，對於西方國際關係研究而言，都是十分現實的問題。而這些評估背後，又帶有對中國予以定位的各種建構性前提。因此，本章宜針對西方國際關係諸理論中，與此有關的部分作處理。[4]依照本書第一章方法論部分的討論可知，西方諸理論對中國外交的分析，不可能是直接來自有關資料的歸

表3-1　美國不同學派對華政策偏好表

	政策姿態	
	協調	對抗
現實主義 （Realists）	與中國合作維持區域權力平衡 支持中國加入軍控建制	保衛台灣 加強與日、韓聯盟
經濟優先論 （Economic Primacy）	支持中國加入WTO 支持世界銀行對華貸款	威脅使用經濟制裁 支持大陸工人權益
觀念作用論 （Ideationalists）	維持高層對話 影響中國下一代領袖 促進制度發展	以人權條件限制關係範圍 支持宗教自由

資料來源：Elizabeth Economy and Michel Oksenberg eds., *China Joins the World: Progress and Prospects* (New York: Council on Foreign Relations Press, 1999), p. 9.

納。基於既往經驗與知識脈絡形成並且還在發展中的不同理論，各有各的概念定義、假設甚至規範性的主張。[5]應用到冷戰後中國的案例，就可能得出不同的建構、解釋與對策建議。這些成果又將以實踐性的作用，影響大陸內部的自我定位建構和戰略設計、回應。為了更細緻地捕捉住西方國際關係諸理論的這一特質，本章將對所涉及的理論概念、假設等適度鋪陳。然後藉由舉例，顯示不同理論取向對「中國崛起」與中國外交中的定位策略的分析造成的異同。下一章則可就大陸內部的理論研究對這些異同的回應作分析。

二、理論分析的必要與其性質

關於引用西方國際關係理論分析中國冷戰後的「大國」定位和外交，有兩個問題必須首先說明。

第一個問題與本書主題——中國的「大國」定位和「大國外交」倡議有關。但是，中國的「大國」問題和「大國外交」是一個大陸內部興

起的概念與態度，它的內容也還在發展。到目前為止，還沒有看到西方
理論與實務界對這一現象作出直接的分析與評論。但是，這並不妨礙我
們選取不同的西方理論角度，分析中國「大國外交」的各個面向──
「中國崛起」的內容、程度與對西方各國和中國本身外交的影響。西方
的論點不僅可以幫助我們檢視所謂「中國崛起」與「大國」定位的內
容，若能將理論觀點與結論對策的推論作為觀察對象，更可作為大陸各
界理論與對策思考的對照，顯示「大國」定位與外交政策原則可能具有
的普遍性與特殊性。

第二個問題與我們如何看待「理論」有關。作者的態度是將這些理
論分類視為「純粹類型」（pure type）。目前，西方國際關係學界多數觀
點認為，二十世紀國際關係理論經過所謂「三大辯論」，但到底是哪些
學派參與了辯論，人們對於1980年代後的「第三次辯論」爭議甚多。學
者們對於他人有關流派的歸類與標籤也未盡認同。[6]因此，誠如維歐蒂
（Paul R. Viotti）與庫庇（Mark V. Kauppi）等人所言，學派的分類並不
表示論點的互斥，應該把分類視為不同程度強調某些理論途徑的國際關
係印象（images of international relations）。所以本書理論分類的性質也
著重於這些「國際關係印象」，而非闡述某種特定的流派觀點。[7]以
「純粹類型」對待理論派別，有助於集中焦點在若干主要理論的概念、
假定與對中國外交的分析，而避免陷入個別學者、派別歸類的爭端中。

三、理論的分類與選取

基於本書的研究目的──分析中國的「大國」定位與外交實踐，以
及上文揭舉的相應做法，對於既有的國際關係理論的分類與選取，便不
在於強調某一分類方式與理論取向的科學性和優越性，而是一方面要探
查它們如何分析「中國崛起」與建議對策，另一方面也兼顧到大陸理論
與政策研究者們回應西方論述的現實發展。此處當然還是應該先例舉若
干學者對西方國際關係理論的分類，以作為本書的分析參照。

吉爾平一般被學界歸於新現實主義學者，他依據對市場作用的不同

估計，進行國際政治經濟學說的分類，得到三大意識形態——自由主義、民族主義（即重商主義，Mercantilism）與馬克思主義。[8]自居現實主義者的英國學者布桑（Barry Buzan），依照類似吉氏的標準將國際關係理論分為現實主義、葛老秀斯主義（Grotianism）、自由主義、馬克思主義四個典範。[9]維歐蒂等人則依照分析單位、行為動力與關心議題等標準，將目前主要的國際關係印象分為現實主義、多元主義（pluralism）與全球主義（globalism）。（參閱表3-2）

揭櫫建構主義的溫特（Alexander Wendt）則依照結構與理念（ideas）作用的不同側重，將國際理論（international theories）區分為方法論整體主義（holism）——個體主義（individualism）與理念作用上的物質主義（materialism）——理念主義（idealism）兩大向度。不同的國際關係理論，可依照這兩個向度獲致適當的瞭解。（參閱表3-3）

上述學者的理論分類中，無論採取何種標準，現實主義、自由主義（和多元主義）與馬克思主義（和全球主義）三大項目亦舉是最常見的。但顯而易知的是，在現實變遷與理論辯論分化中，三大項目的概括判分並不足以彰顯理論的動態發展。兼顧三分法的傳統，並考慮西方研究中國對外政策之現況，本書將以國家作為主要分析單位的現實主義作為一節；深化理論演繹的結構現實主義，和重視地緣政治與文明衝突論現實的支流都合併分析。

表3-2　國際關係三種主要印象及其假定分類表

	現實主義	多元主義	全球主義
分析單位	國家	國家與非國家行動者	世界資本主義中的階級、國家等
行動者	國家	國家分解為能跨國行動的各部分	世界資本主義發展史下的過程
行為動力	理性追求國家利益	衝突、議價、結盟、妥協	不同社會內外的宰制
關懷議題	國家安全	社經福祉等多重議題	經濟因素

資料來源：節錄自Paul R. Viotti and Mark V. Kauppi, *International Relations Theory: Realism, Pluralism, Globalism*, p. 10.

表3-3　國際關係理論向度分類表

整體主義向度	物質主義向度 ◄──────────► 理念主義向度
↕	世界體系理論　　　　　　英國學派
	新馬克思主義　　（建構主義）後現代國際關係理論
	新現實主義　　　　　　　　　　女性主義
	新自由主義
個體主義向度	古典現實主義　　　　　　　　　自由主義

資料來源：Alexander Wendt, *Social Theory of International Politics*(Cambridge: Cambridge University Press, 1999), pp. 22-33. 溫特原文表中並未將建構主義畫入，其位置係作者所加。

　　強調多重議題、非國家行動者與國家並重、國際建制有積極作用，且往往也致力於推廣民主、市場、人權價值的自由主義將另作為一節。當中包括揭開理論大辯論的複雜相互依存論、進一步探索國際合作可能性的國際建制論、修正結構現實主義部分假設，卻更強調霸權促進行為者在制度中選擇合作的霸權穩定論與結構自由主義，還有就是結合自由民主價值與國際和平後果的民主和平論。併於此節討論的各種理論，一般而言比現實主義諸派帶有更強的市場自由訴求，這也是它們面對中國這個異質大國時，常有積極改造或抵制建議的原因。相對於現實主義一節的觀點，大陸研究者對「自由主義」的敏感小心由是可知。

　　目前馬克思主義一詞已無法適當代表現實主義與自由主義之外的理論支流。只是他們的共同之處，還是在對前述兩大主流理論積極反思批判。包括繼承馬克思主義分析方法的世界體系理論，各種懷疑資本主義全球化的主張；強調理念、規範作用的建構主義[10]、知識社群論與各種解構性理論等。這些觀點對中國外交的實際分析案例雖然少，但本章仍將儘可能介紹其主張，以及對冷戰結束後中國外交的推論。

現實主義與相關理論

　　現實主義觀點一向居於國際關係理論與實務思考之主流，若干自由主義與建構主義的理論探討不僅受現實主義傳統所啟發，近期理論發展的結果還被認為根本已回歸現實主義架構。美國麻省理工學院學者克里斯坦森明白指出，當前美國有關中國對外政策的分析及對策推演，主要是以相對能力（relative abilities）所構成的「權力」作立論基礎，也就是說，多半的這類文獻都是現實主義與權力政治的分析。[11]現實主義觀點的重要性自無庸置疑。

　　但是現實主義宏大傳統的內部，也有許多各具特色的支流，且也不乏捍衛特定規範性目標的觀點。本章即從這一首要理論派別的概念假設與分析建議出發，檢視此學派如何解析冷戰後「中國崛起」並加以定位、提出對策。

一、理論假定

　　基歐漢指出，1648年威斯特法利亞條約（Treaty of Westphalia）後就被西歐視為直觀常識的現實主義，具有三大核心預設：

1.國家是首要行動者。
2.無論作為目的或手段，國家必追求權力。
3.其行為必出自理性，也因此必能為他人以理性所瞭解。[12]

　　維歐蒂與庫庇認為，相較於重視跨國決策與相互依存的多元主義，包括新自由主義，強調「權力」且在哲學上具有決定論（determinism）色彩的現實主義學說共同享有四個假定：

1.國家是首要行動者。
2.國家是內部統一的（unitary, integrated）行動者。

3.國家是追求效用極大（maximize utilities）的理性行動者。

4.國家安全，尤其是軍事安全，在國際議題中位居首要地位。[13]

基歐漢、維歐蒂與庫庇等人提出的這些理論預設大致可以應用到現實主義的各支學說中。然而，進一步追究這些理論前提演進的特點，對瞭解分析者如何建構對中國的認識，與所提建議的特色亦至關緊要。

依照匈牙利學者古西尼（Stefano Guzzini）的看法，西方國際關係理論中的古典現實主義（Classical Realism）是與國際關係理論學科化同時並起的，代表性的人物是卡爾（E. H. Carr）與摩根索。不過，在卡爾與摩根索前，現實主義傳統還要前溯到馬基維利與霍布斯。[14]馬基維利的「君王論」（The Prince）指明人性趨利避害、欺善怕惡；而國君依循這一邏輯建立的國家，首要之務便是壯大武力以自保，為此合縱連橫、遠交近攻，不惜背信棄義。馬基維利標舉的「國家理性」——以國家之自保為最高道德目標，反擊各種道德偽善的說教，使他成為學習一切現實主義傳統的最佳起點。[15]至於霍布斯，除了主張人性自保自利、好相攻伐外，更提出沒有公共權威（國家）下，人人處於相互為戰的自然狀態，該狀態中無所謂正義可言。延伸此種「自然狀態」的比喻到主權國家間關係，則形成了現實主義的國際「無政府狀態」（anarchy）預設。[16]

馬基維利與霍布斯的思想往往被化約成道德虛無主義，但他們的理論遺產在國際關係方面至少有以下兩點應該作為前文基歐漢、維歐蒂等人條列的補充：

1.「國家理性」——也就是國家自保，是各國基本的道德目標。

2.由國家組成的國際社會，本質是「無政府狀態」。

（一）古典現實主義——摩根索

被視為古典現實主義主要代表者的摩根索，同樣以符合普遍規律的人性假定為出發點，藉由將道德訴求與外在世界的現實規律加以區別，並以權力定義的利益（interest defined in terms of power），作為連結人類理性與政治現實的保證，建立了現實主義政治學的獨立領域。摩氏認為

權力鬥爭是超越時空普遍存在的經驗事實；絕大多數的社會反對殺人，但在戰爭裡卻都鼓勵公民殺死敵人。要某一民族放棄權力而不普遍泯除全人類的權力欲望，只能導致該民族之毀滅。所以他同時認為，符合理性的外交政策在規範面上是應當被稱許的，因為它可降低風險、擴大利益，謹慎而易於成功。[17]摩根索對現實主義理論的另一個重要貢獻在於他對權力、權力要素與權力平衡概念的精緻化，前兩者在本書的第二章第二節已作過討論。權力平衡則是因為各國以理性進行權力競爭，無論企圖維持還是推翻現狀，必然導致的「組態」（configuration）；所以它也是一種普遍性社會原則的反映。權力平衡的表現可能是直接對抗，或是爭取與國。平衡的方式歸結到底只有兩種——削弱大者或扶助小者。如此一來，權力平衡不僅是國際政治所不可避免，也是維持穩定的政策要求。[18]

摩氏發展了「權力平衡」，也批判性地評估了此概念更深遠的前提基礎——對現代國家制度的信心和背後的西方文化的知識與道德。唯有如此，國際權力鬥爭才表現為一種「有節制的非決定性競爭」（temperate and undecisive contest）。實際的權力「組態」固然阻止了個別國家推翻權力平衡的企圖，道德立場一致的氣氛更強化了平衡的傾向。這不能不讓人想到「歐洲共和國」和「基督教社會」的古老傳統。[19]

（二）結構現實主義（新現實主義）——華爾志

為了力求理論的系統化與概念的精確，華爾志在「國際政治理論」與研究單一國家外交政策的理論間劃清了界線。權力平衡因而就像市場均衡，雖然不是市場上各公司追逐的政策（公司當然以獨占為最高目標），卻是體系的結果。[20]結構現實主義，亦稱新現實主義的締造者華爾志認為，只考慮一國內部條件——外交政策理論，將無法解釋國際層次的結果。不嚴格區分研究層次而以國內因素解釋國際現象，是為「化約論者」（reductionist）。華氏還明確提出借鑑個體經濟學的建議，以市場結構影響成員（公司與個人）行為的角度，分析國際結構如何影響國家。國際體系由「結構」與「成員」（國家）兩者組成，「結構」即成

員的位置分配（arrangement）。在國內，成員位置可能是依據法制而來，但由於「無政府狀態」是國際政治體系不同於國內體系的特質，國家為求生存（survival）只能訴諸自助（self-help），所以「權力」成為觀察一國在體系中之位置的唯一指標。而此一「權力」的大小，則端視其「能力」的多寡而定。如此一來，國際體系的結構也就等於是各國的權力分配狀況；由於體系中較小的成員無法影響總體權力分配，不同的結構指的就是體系中「大國的數目」（the number of great powers）。至於各國國內是民主還是極權、是支持現狀還是挑戰現狀，概非新現實主義所問。[21]依照上述理論假設，華爾志進一步推論出下列重要結論：

1.相對權力之大小決定國家位置，因此國與國間相對獲利（relative gains）比絕對獲利（absolute gains）重要。
2.成員地位不平等勢所必然而且利於穩定，亦即大國數目愈少愈利於協商，兩極體系最為穩定。
3.相互依存加深使國際問題複雜化，其實不利於和平穩定。
4.國際制度與組織只是大國的工具，其權能擴大反而容易被大國把持，導致危機。
5.大國能力較大，涉及利益較多，較能付出代價、承擔責任（responsibilities）維持體系穩定。
6.意識形態只是國家逐利之託辭。[22]

（三）地緣政治論

地緣政治（Geopolitics, Geopolitik）顧名思義是從土地領域思考政治權力運作的學科，據說其鼻祖可遠紹希臘史家希羅多德（Herodotus）與哲人柏拉圖（Plato）。此種分析雖然在邏輯謹嚴程度上不如結構現實主義，但訴諸歷史教訓與空間常識卻也深具說服力。西方從所謂「地理大發現」以來，尤其是十七、十八世紀以後西歐民族國家鬥爭激烈時，克勞塞維茲將軍（Karl von Clausewitz）、馬漢將軍（Alfred T. Mahan）、麥金德爵士（Halford Mackinder）等人從戰略實務的角度深入分析了地

理位置對國家戰略的影響。兩次大戰期間，綜合了德意志絕對國家觀念與帝國主義國家間現實鬥爭的嚴酷經驗，郝斯霍佛將軍（Karl Haushofer）將地緣政治與國家有機體的達爾文式擴張競爭，作了最高的結合。無論是克勞塞維茲的「歐亞大陸論」、馬漢的「海權論」、麥金德的「世界島」，還是郝斯霍佛的「生存空間論」，都是將領土國家作為首要的分析單位，以地理要素對國際權力鬥爭的影響為主軸進行研究的。[23]作者因此將地緣政治歸於現實主義國際關係理論的一支，並認為此種思維與較為理論化的論式相比，更強調以下三點：

1. 國家是近似某種有機體（organism）的內在統一整體。
2. 國家必要求對某一領域空間及其中蘊藏的資源要素予以直接占領或主導其配置。
3. 占有空間的位置與勢力範圍的大小對國家間競爭有重大影響。[24]

因此，任何一個國家若實力增強，沒有不想向全球延伸影響的，這必然導致與其他強權發生地緣戰略的衝突。[25]今日儘管科技發達等因素，使得地理空間對權力運作的意義或有減少，國家間的地緣關係分析仍是國際戰略研究不可或缺的一環。[26]

（四）文明衝突論──杭廷頓

以研究政治秩序、制度轉型與民主化知名的美國學者杭廷頓在冷戰結束後，於1993年先發表了〈文明的衝突？〉一文，引起全球各界廣泛迴響與激辯。1996年杭氏另將相關論點擴充，出版《文明衝突與世界秩序的重建》一書，完整展示其論點。[27]杭氏之論證從歷史回顧出發，預言冷戰後即將出現的不是各種「結束主義」（endism），而是西方與其他非西方文明之衝突。[28]

由於杭氏斷言冷戰後扮演國際秩序與衝突的主要動力就是「文明」，所以「文明」的性質與內容應該首先加以釐清。杭廷頓以為，「文明」是「文化」的擴大，兩者都涉及人們的價值觀、思考方式、規範、與制度，可以說是一種「道德環境」。其中「文明」是最高一層的

認同，是有別於一切「他者」（thems）的最大「我們」（the biggest we），也是包括最廣的「文化實體」（broadest cultural entity）；文明間界限或許不顯著，但絕對是實存的。宗教是界定「文明」的首要因素，而「國家」是文明中的一種形式。因此，一種文明可能正好與 個政治實體──國家合一，也有可能包括多個國家。[29]

　　文明既然不是政治實體，為何對國際關係事關重大？杭氏斷言，相較於消退的政治意識形態，「文化認同」成為冷戰結束以後人們的首要關懷。冷戰後的局勢發展在歷史上有別以往，政治不僅用以追求利益，更要為劃定「認同」而服務。此一假定無疑是杭氏提出「文明衝突」以解釋冷戰後國際關係的根本基礎。而找尋自我定位，質問「我們是誰？」的現象，在杭氏看來，實際上是回到人類無法迴避的一個古老真理──「沒有真正的仇敵，就沒有真朋友；除非我們曾恨過那些非我族類的，我們不會熱愛屬於自己的。」「知道我們反對誰，才知道自己是誰。」因而尋找族群與身分認同，需要有仇敵。部落、族群、教派都可以是認同的皈依，但最後的界線，是為「文明」；其共同點與差異處將決定國家利益與聯盟。冷戰後的全球政治因此變為「文明政治」；國際「無政府狀態」下的整合潮流反而更強化文明意識。最危險的仇敵關係，就發生在杭氏所稱的文明「斷層線」（fault lines）的邊緣。[30]

　　儘管杭氏以認同差異與文明衝突這些具有主觀價值、觀念色彩的概念來解釋冷戰後的國際政治過程，還批判各國利益一視同仁的現實主義理論假定，但作者仍認為「文明衝突論」屬於現實主義國際關係理論的範疇。理由如下：

1. 「文明」作為一種實體，並不直接涉及司法、談判、徵稅、宣戰等政府行為，其對抗仍要假手「國家」。
2. 文明對抗過程依舊是國際無政府狀態下的權力鬥爭與文明間的權力平衡。「文明」與國家相同，若不以擴張累積「剩餘」（surplus），就必然衰敗。所以，科學主義的因果推理和有關諸文明的簡明地圖，仍是決策者不可或缺的。[31]

3.假手「國家」的文明衝突，其主角因而不是全球一百多個大小國家，而是多極世界中，領導各大文明的幾個「核心國家」。核心國家講究勢力範圍，並能維持秩序。[32]

4.杭氏最終認為，西方文明的吸引力到底還是植基於其強大的物質性經濟、軍事力量，這種「權力」的界定與其他現實主義理論並無不同；而文明的優越感正由「權力」產生。[33]

二、對中國崛起與對外政策的分析與對策

（一）現實主義分析中國外交的共識與分歧

　　無論是古典現實主義、結構現實主義、地緣政治論或是文明衝突論，國際政治的主角都還是「國家」；而且不管是「體系大國」、「地緣大國」還是「文明核心國家」，大國對國際關係總是具有決定性的力量。「中國崛起」既然是冷戰後國際關係的重要現象，各種角度的現實主義自然是認識此一現象最便利而直接的工具。

　　從現實主義觀點來看，中國外交中的意識形態與原則口號可以隨著國家利益與地緣形勢的變遷任意解釋；儘管北京總是極力批評西方的現實主義原則。例如，金淳基甚至認為，列寧的帝國主義理論本身就可被看成是一種現實主義學說。[34]自承以新現實主義分析中國外交的黎安友認定，北京的威權政體更利於產生有戰略眼光而紀律嚴明的外交政策。蘭普頓總結中國參與國際組織的過程，認為北京的行為全然可用現實主義的「搭便車」（free-rider）概念去掌握。[35]何漢理（Harry Harding）試圖澄清外界發現中國外交的變化無常，認為只是不同利益拿捏算計的反映。[36]克里斯坦森特別強調，中國是冷戰後現實政治與權力平衡的教主（high church）。[37]這些例子說明，現實主義觀點自認足以超越中國的主觀定位、言說宣傳與意識形態，提供對於客觀對象——中國的有效觀察。

不過雖然現實主義的概念似乎人盡皆知，但分析的實際論斷卻互異其趣。這些差異分歧表現在以下三個關鍵問題上：

1.既然現實主義皆重視「大國」，論者首先就要面對中國「崛起」為「大國」的性質與程度這個問題，從而說明這一「大國」對國際關係與分析者本國的影響。
2.在回答前一問題的基礎上，分析中國對外政策的內容與特質，及其與「大國」地位的關聯。
3.以前兩項判斷為基礎，提出從現實主義理論得到的政策建議。

多數現實主義理論與政策的分析都同意，中國的政經實力甚至文化影響力在冷戰結束之後確有不可忽視的增長。這對許多西方分析者而言，既是挑戰，也提供了機會。[38]現實主義注重一個強權的定位到底是支持現狀還是挑戰現狀。由於新興強權往往會挑戰現狀，接著就要區別這一挑戰的程度。[39]這裡就可以開始看到現實主義研究文獻中的某些分歧。

（二）現實主義理論在政策分析上的應用

1.一般性的分析

第一類的現實主義分析可說是西方研究中國外交文獻最常見的類型，這些文獻以現實主義的一般假設為基礎，但並不堅持理論演繹的純粹性。現實主義各家觀點，甚至自由主義的成果也都可以援用。此處可舉美國蘭德公司（Rand）2000年、2001年出版的兩份報告，以及1997年陸伯彬刊在《外交事務》（*Foreign Affairs*）雙月刊的論文為代表。蘭德報告開始便自稱是現實主義的分析，並強調新現實主義理論下，結構對國家行為的制約。報告認為中國是地緣政治的主要行為者，但地略位置極不安全，所以自古頻頻對外征戰。中國的戰略目標向來就是維護內政秩序、抵抗對領土主權的威脅以及施展作為「大國」（major state）的地緣影響。自改革開放後，中國的戰略充滿著追求以經濟成長為目的的算

計；其崛起對美國在東亞的軍事與經濟勢力範圍的確構成威脅；但中國若陷入混亂，又可能使其發展民族主義的極端政策，更不與美合作。該報告得出的建議是，無論中國趨強或趨弱，應採「現實的接觸」（realistic engage），協助北京建構挑戰美國對自己不利的認識。2001年，另一份蘭德公司的報告更明確地指出，必須平衡俄、中、印三國，阻止其聯合或坐大反美。[40]至於陸伯彬的論文則估計，到二十一世紀初，中國的國力尚弱，不足以挑戰東亞權力平衡。北京自知這一點，所以必須以保守而非挑戰的外交姿態吸引西方參與中國經濟建設。陸氏據此建議，美國應享用此一契機，鼓勵實力尚弱的中國，參與各種建制（regime）的制定並對此負責，則冷戰後的國際秩序有望維持。[41]

2. 強調體系結構的分析

明確強調結構現實主義的推論認為，體系的無政府特質從未改變。在兩極時期，中國或法國在兩強間游移不會影響格局與美蘇的各自地位。所謂「兩極」，重點不是雙方對抗，而是兩國權力在國際體系中占有的巨大比重。因此中國並無所謂「獨立自主」可言，倒向其中一極的外交政策是被結構決定的。[42]若兩極中其中一極削弱，另一集團也會出現分裂。冷戰後中國、俄國與歐盟有所謂「反霸」現象，不過是單極尚未被平衡所造成的，平衡遲早都會重現。所以華爾志雖小心地區分國際關係理論與外交政策理論，但結構現實主義也確能說明個別國家的外交政策並提供建議。華氏一方面認為核武自冷戰以來維繫了國際局勢的和平，而日、德兩強未來取得核武只是政治決定而非技術問題，所以讓日本平衡中國不失為可取之道。另一方面也警告美國「民主和平」並不可恃，堅持維繫單極的政策也將使中、俄趨近，而自己反而會陷入全球孤立。[43]

3. 強調地緣政治的分析

西方現實主義理論分析中國外交的第三個常見類型是地緣政治論。地緣政治論重視中國的地位不是從冷戰後中國崛起才開始。尼克森與季辛吉早在1960年代末說過簡單的兩句話將地緣智慧表露無疑：「把中國

這樣的大國排除在外交思考之外，等於在國際上要美國把一隻手綁在背後。」「我們不能忘記中國，必須藉機與中國和蘇聯談談，注意變化，並尋求機會製造變化。」[44]冷戰結束之後，面對中國政經與軍事力量的上升，地緣論更常成為其他學派分析中國外交的重要工具，而產生重點不同的各種成果。布里辛斯基的名作——《大棋盤》就突出地點明了地緣的關鍵性。布氏認為，中國經濟與軍事壯大後，有可能以其務實政策和漸進改革「第三條路」模式成為廣大貧窮國家的代言人，對抗美——歐——日現狀聯盟；甚至出現中國——伊朗——俄羅斯三角聯盟。不過布氏從地緣角度預期，遠隔太平洋的美國不曾對中國有侵占企圖，應是中國天生盟友。北京為求在地緣上牽制日、俄、印，將維持「遠交近攻」。而西方也將會以合作的態度回應中國，吸收它加入全球現狀勢力俱樂部，成為美國的「遠東之錨」（Far Eastern Anchor），使此一正在進行世界最大社會實驗的國家，作貧國代表而非革命領袖。[45]當然，布氏最關心的是，美國必須遏止自身的道德與文化衰敗，為世界秩序建立新標準，才能防止全球煽起貧富鬥爭與中國領頭的局面。[46]

　　同樣是地緣思考，若干近來被稱為美國外交政策「藍隊」（blue team）的分析者，從簡明的地緣論證得出與布氏相反的建議。他們認為中國崛起已經對美國及其東亞盟邦構成直接威脅，對其妥協將導致美國在此區域的全面挫敗。無論中國是否走向民主，美國都應予以遏制。太平洋軍事部署南移、鼓勵日本修憲備戰、拉攏印度、菲律賓等國、增強軍售我國，才能避免「美國子弟付出不必要的流血代價。」[47]

4. 強調文明差異與衝突的分析

　　第四種分析中國外交的觀點是兼有歷史與地緣色彩的文明衝突論。其創立者杭廷頓認為，冷戰後的國際衝突來自對立的認同，多極化是一種「文明權力平衡」改變的象徵，即缺乏一個主導文明的結果。[48]目前的危機在於精神文明上，西方有道德敗壞、文化分殊和移民抗拒同化的問題；物質權力對比上，西方文明也面臨此消彼長的挑戰。杭氏估計，中國政經力量之強大，將使「二十一世紀是中國的時代。」[49]但文明的

歧異，使得強權選擇「制衡」（balancing）的可能性要比「搭車」
（bandwagoning）多得多。文化上，中國文明固有的主從秩序觀，使得
中國十分可能領頭挑戰西方文明。外交上，中國不無可能默視儒家——
伊斯蘭同盟的醞釀，甚至響應「德黑蘭——伊斯蘭馬巴德——北京軸
心」，杭氏也稱之為「武器換石油軸心」。[50]杭氏曾設想一場美、歐、俄
與中、日、伊斯蘭發生的世界大戰，造成印度獲益與文明重心南移。因
此他建議西方要鞏固「大西洋社會」、吸納東歐西緣國家與拉美、限制
中國與伊斯蘭國家的軍力擴張。除此之外，最獨特的是，文明衝突論要
求西方接受文明分界線（例如，承認俄國為東正教的核心國家，以及其
在南俄的「正當權益」），承認西方以外文明多元的事實，認清干預其他
文明事務之危險。在壯盛的西方以外，藉由「核心國家協商原則」
（joint mediation rule）避免不同文明集團的衝突。[51]

　　然而同樣提出文明差異，另一位現實主義戰略家西格爾卻主張「中
國崛起」程度遠不如外界想像的誇張，中國文明與北京意識形態的影響
力也早已衰退，不需過度高估。西氏以規範性的判斷認為中國與西方、
日本不同，後兩者是「文明」力量，鎮壓民主的中國並不文明。所以他
得出能夠而且應該遏制中國，反對「接觸」的政策建議。[52]

5. 現實主義分析援引自由主義的論點

　　美國學者奧森伯格的研究可作為現實主義推論中，引用較多國際關
係自由主義理論論點的範例，此處特別是指基歐漢與奈伊的「相互依存」
學說。奧氏與日本、法國學者曾在1994年向美、歐、日三邊委員會（the
Trilateral Commission）提出一份研究報告。報告指明，本於現實主義的
觀察，中國的崛起對美、歐、日三方帶來的機會多於威脅。在相互依存
的條件下，三方在國際建制、區域安全、反武器擴散、移民走私、環境
生態等問題對中國存有共同的利益。目前中國的外交時常以不合作為籌
碼，企圖擴充其影響力，可說是國際秩序中「不情願的追隨者」。

　　奧氏也在另一本主編書中綜合多位學者的意見指出，中國參與國際
組織常有追求貢獻少、獲益多、形象好的心態。但沒有人希望重演1949

年至1971年的美中關係。因此美國與歐、日的對策應是抓緊時間,以美軍在東亞的優勢和日韓盟邦為後盾,接受中國「正當」的安全顧慮,向中國發出明確、堅定而一致的信號。三方宜放棄偽善(hypocritical)的雙重標準,以經濟槓桿(目標明確的制裁威脅)、多層次對話、信心建立機制、國際組織參與等吸納中國,則各方利益仍能有效維繫。[53]

(三) 小結——理論相同、側重點仍有不同

　　正如郝思蒂(K. J. Holsti)所說,盛行價值與成見的影響,使得宣稱採用相同觀點的多種具體分析,得出的結論與建議卻可能南轅北轍。[54]從前面列舉的五種較為具體的現實主義應用分析可以發現,以「國家」為主要行為者,他們幾乎都對中國崛起為國際政治的「大國」達成共識(除了西格爾以外)。也認為中國與西方國際關係理論所分析的一切國家追求權力之擴大沒有不同。但是他們卻可因為強調了不一樣的主觀因素(如「文明」)和「客觀」條件(如地緣影響與制度的作用)而結果完全相反。以奧森伯格等為代表的現實主義分析,推論與結果實際上已經與自由主義、制度主義相去不遠。實際政治過程裡的決策者,在不同的內政與國際氛圍中,更是會選擇性的重視某些理論中的某個或某幾個預設。這種現實中發生的選擇性以及這些抉擇於對手國自我定位與政策思維的效應,才是本書關切西方國際關係理論如何理解中國「大國」定位與行止的重點。[55]

自由主義與相關理論

　　早在1970年代後期,新自由主義代表人物的基歐漢與奈伊即認為,美國外交政策的各種失誤,是因為受到現實主義理論假設的制約[56],此說後來成為西方國際關係理論大辯論的重要背景,也是美國對華政策強調接觸對話面的主要理論依據。[57]美國國際關係理論自由主義學者凱格利(Charles W. Kegley Jr.)相信,冷戰的結束象徵著自由主義、理想主

義與威爾遜傳統的勝利。[58]而向來被認為在冷戰後緊抱現實主義不放的中國大陸，也有學者同意柯林頓的「民主——擴展」外交是本於「康德傳統」，從而指出中國也該反省現實主義——富國強兵，僅求改造均勢結構的固有思維。[59]無論如何，自由主義過去到現在一直是足以挑戰西方國際關係理論主流——現實主義的重要思想傳統。此一內容複雜的傳統，經歷理論與實務面的各種發展，除了深刻影響著西方各國的外交與對華政策，也正逐漸從各層面牽動崛起中的中國，其內部思考國際關係的方式。所以，對這一重要理論傳統的假定予以梳理，有助於說明若干西方國家對華政策的基礎，並可對比於大陸內部在國力崛起之際，對國際關係自由主義諸理論的評價。

一、理論假定

基歐漢與奈伊提出的「複雜相互依存」（complex interdependence）觀念時常成為1980年代國際關係自由主義理論批判現實主義傳統的主要起點。此一批判是接續著西方國際關係理論前一場辯論（傳統研究與科學主義）而來，所以「複雜相互依存」概念與衍生的推論並未積極涉入更早的理想主義與現實主義的對立；也就是說，「複雜相互依存」概念並不包含近代以來，國際關係理論的理想主義學說具有的規範性色彩。然而，理想主義向來即被視為是自由主義的重要理論根源。只是迄今為止，對比於現實主義，西方還沒有出現有關自由主義國際關係理論的系統性、典範性（canonical）界定。[60]

十八世紀時，康德提出國際互動了六大規範性原則，還為持久的和平提供了具有經驗性保證的推論——「自由國家聯盟」，成為今日「民主和平理論」的主要源頭；雖然身處王權時代的康德自稱其主張只是政治家鄙視而無害的空洞觀念。[61]美國崛起為世界首強並協助英法贏得一次大戰後，其總統威爾遜（Woodrow Wilson）在凡爾賽和會期間，曾企圖以「十四點原則」作為和會與戰後國際新秩序的基礎。[62]後來雖然史家對議和成果與和會締造的「國聯」（League of Nations）評價不高，甚

至引發了國際關係理論裡的第一次大辯論,但威爾遜的理想主義外交原則卻對美國與西方的傳統國際觀與外交思考造成極為深遠的影響,它呼應了美國人民稟承上帝神聖恩典(divine favor)的想像,其制度與資源與歐陸乃至世界其他地方相比,又是何等的優越,自有責任使世人同享自由和平。此後至今,包括以現實主義著稱的尼克森,歷任美國總統無不自命是威爾遜道德原則的信徒。威爾遜主義與葛老秀斯、康德等的理念一脈相承;此處將一次大戰前後威氏的理念,歸結成以下七點:一、一切國家的對外政策,必須與個人的倫理有相同之道德標準;二、民主國家人民愛好和平,所以其外交政策具有道德的優越性;反言之,和平也有賴於民主國家的合作;三、美國不可能也不應自外於其他國家獨享自由與安全;反言之,美國若不協助它國獲取自由,自身之權力也將削減;四、美國的使命在於為世界樹立自由典範;五、必須摧毀或至少壓制有害和平的專斷政權;六、世界的道德(輿論)與經濟壓力是壓制侵略的有效力量;七、依此建立的世界秩序,基礎不是敵對性的「權力平衡」,而是具有「共同權力」(common power)的「集體安全」(collective security)。[63]

綜上所述,早期的自由主義除了有豐富的規範性主張之外,也有對國際政治的經驗性分析,並以這些經驗性分析去支持規範性政策的訴求。凱格利整理了當代自由主義核心的理論要素,可以綜合該理論的各個面向:

1. 人性基本上是善的(或「利他」的),因此對他人福祉的關懷使得社會進步是可期的。
2. 導致惡行的不是人性,而是可以改革的制度結構。
3. 一國內政對其國家安全政策(作者按:包括對外政策)有深遠影響,民主國家的擴增有助國際和平穩定。
4. 「自決」原則的普及、經濟相互依存以及跨國組織的興起都正在削弱現實主義堅持的民族國家的權威、正當性和影響力。
5. 國家的目標並非靜態的而是可以變動的,例如,征服與殖民就不再是當代多數國家的目標。

6.經濟與福利不再被視為只是軍事權力的工具,而變成重要的國家目標。

7.裁軍愈來愈成為追求共同安全的可行之道。

8.國際組織、國際規範與多邊外交的實質影響愈來愈大。[64]

(一)複雜相互依存論──基歐漢與奈伊

基歐漢自稱無意推翻華爾志等人的現實主義理論,更非以威爾遜式的自由主義解決現實政治(realpolitik)帶來的不安,而是要矯正華氏對經濟過程、國際制度與國際合作的忽視。他與奈伊自始即反對將自由主義與現實主義對立起來,而建議雙方應互補長短。例如,接受經濟學的核心假設──人的自利(egoistic)與理性,這雖然是現實的簡化,但卻有助於解釋國際合作。[65]但是也正因如此,他被建構主義學者溫特與德斯勒(David Dessler)批判為對新現實主義讓步太多,而批判理論學者考克斯乾脆稱之為「新的現實主義」(New Realism)。[66]不過,藉由對國際制度與經濟過程經驗性而有系統的觀察,基歐漢與奈伊在1970年代所發表的研究,確實變成後來所謂「新自由主義」(Neoliberalism)〔或稱「新自由制度主義」(Neoliberal Institutionalism)〕理論的基石,也是各界批判現實主義諸理論的重要資產。[67]

基歐漢與奈伊對現實主義的批評是從「複雜相互依存」這個以往被忽視的現象開始的。由此展開了後來自由主義理論對無政府狀態、國際合作、國家與非國家行動者角色、制度與建制作用等一系列重要論斷。

所謂「相互依存」,發生在人員、貨幣、商品、資訊的國際交往。對交往雙方產生的成本,也就是一種相互影響。只要這種影響帶有成本,而且是相互性的,就必然對交往雙方產生制約,無論這一交往是否是互利的,也無論它是否是一方刻意強加的。「相互依存」之所以與國際關係最重視的「權力」概念相關,是因為「相互依存」常是不對稱的,所以時常造成交往的一方在議價時有較大的影響力。但這種影響力的大小還要看交往的議題領域中,各方的敏感度(sensitivity)與易損性

（volunerability）而定。[68]由於國際交往日益複雜，現實主義無法解釋的國際關係「複雜相互依存」現象特點如下：一、非國家行動者參與國際政治情況大增；二、愈來愈難以對所涉及的議題訂定固定的優先順序；三、各種議題與所涉及的政府與非政府行動者，日漸形成了跨國、跨議題的多渠道（multiple channel）結盟。

因為「複雜相互依存」現象的興起，國際組織與國際建制在國際政治過程中的重要性而日益重要。華爾志強調的體系結構──權力分布固然對國際建制有深刻影響，國際建制（international regime）作為基歐漢與奈伊所說的中介因素（intermediate factors）又影響著日常的決策。誠然，任何制度都多少反映其成員不同的實力與地位，所以大國對國際建制與組織的影響遠多於小國，但在「複雜相互依存」中，霸權指令與單邊主義效果不高，美國這樣的國家也需要其他主要國家參與「複合領導」（multiple leadership）與政策協調，以滿足象徵性與實質性的需求。國際建制與其所提供的接觸網絡（如高峰會議）固然不能直接發生領導作用，但它可有助於領導作用的醞釀，使有責任感的領袖促進主要大國的協商過程無限延伸，不至於被謀奪單邊的短程勝利行為所破壞。[69]

（二）國際建制論──基歐漢與克萊斯那

目前有關國際建制的起因與作用，端視論者假定的不同而有各種論述類型。一些有關建制的分析實際上只是結構現實主義的延伸，另一些則幾乎近似建構主義的立場。維歐蒂等人就曾指出，引用霸權穩定或理性抉擇說明建制，無論結果顯示在國際合作中建制是否具有意義，都可以算是現實主義的分支。[70]本節置於「自由主義」一節，乃取其中側重規範性原則與強調國際合作可能性的觀點。以下作者僅略舉基歐漢與克萊斯那的研究為例，說明國際建制論與大國在其中的作用。

隨著「複雜相互依存」概念的出現，國際組織與制度在國際政治中的影響成為討論的新焦點。基歐漢在討論「複雜相互依存」時，便已將調控跨國關係的程序、規則、組織與制度等「統治性安排」（governing arrangements）總稱為「國際建制」；另一位以分析國際建制著稱的美

國學者克萊斯那的定義也與此類同。[71]

基歐漢構建建制理論時,接受華爾志有關國家是在體系無政府狀態下,首要的理性(指偏好的一致有序)和自利行動者的假定。但在複雜相互依存的環境中,他不認為大國可以將其權力(尤其是軍事與經濟)轉換成任一議題領域等比例的收益;也不認為在建立制度的某一領導國家(霸權)實力下降後,制度就會瓦解,國際合作就變得不可能。實際上,國際組織、制度與網絡也是解釋建制變化的重要因素;隨著時間遞變,其作用可能大於能力的分布(結構)。[72]各種建制裡,合作現象的出現不是由行動者的善念造成,而是「理性抉擇」(rational choice)的結果。這方面,基歐漢借重了三種理性抉擇模型——市場失靈(market failure)、集體行動(collective action)與「囚徒困境」(prisoner's dilemma)。彼此孤立的行動者明知合作可以使雙方獲利最大,但因為缺乏誘導機制,使得結果常是相互對抗。基歐漢的國際建制論假定,國家間在某一議題領域裡,存在著透過合作就能取得的共同利益。建制不改變利益的本質,但可以改變行動者的算計,提昇合作獲利的可預期性,並增高對抗行為的成本。即使缺乏一個中央權威,經歷數回合賽局後,建制將有利各方採取「互惠策略」(strategy of reciprocity),使合作穩定化,最終使建制本身成為多數成員的利益需求,而非僅是大國專斷的產品。[73]

與基歐漢相比,克萊斯那更強調「權力」對建制的影響。他指出,國家間往往對共同利益有了共識,但對如何達到此利益,也就是制度安排方面有更多分歧。此時,「合作」就不是出自「相互調整」,而是一方去適應另一方。此刻,「大國」的權力就可用於主導規則,使得最佳合作互利的方案只有一種——強權的方案。[74]只是克萊斯那強調權力因素之餘,也重視認知、規範與學習對建制變遷的影響,並未將國際建制完全視為權力結構的附屬品。

（三）霸權穩定論與結構自由主義──金德伯格、吉爾平、艾肯伯
　　里、克里斯陀與凱根

　　一般認為霸權穩定論（hegemonic stability）突顯「能力分布」的決
定性作用，當歸諸於現實主義範圍。此概念的淵源可以溯及「羅馬和平」
（Pax Romana）、「英倫和平」（Pax Britannica）與「美國和平」（Pax
Americana）。要義是指，一段長時期中，在一個霸權大國的統治下的國
際和平穩定狀態。其理論上的確切名稱則屬提倡複雜相互依存的基歐漢
首先使用。「結構自由主義」（structural liberalism）則是延續霸權穩定
的觀點，但對西方主導的自由主義政經秩序的延續，懷抱比現實主義更
樂觀的態度。

　　霸權穩定論與國際建制論往往被視為結構現實主義的支脈，兩者也
確實關係密切。只是霸權穩定論常將建制的存在、變遷與某一強權的興
衰聯繫起來。霸權穩定論起自美國學者金德伯格（Charles P.
Kindleberger）對1930年代大蕭條時期政經動盪的分析。其研究與多數
新自由主義、建制理論相似之處在於引用了經濟學與理性抉擇論的假
定，尤其是「公共財」（public goods）觀念，並把國際體系類比為國內
市場。公共財的特質是消費者眾，但多數行動者無力且無意願提供，於
是產生大批「搭便車」現象。國際上的自由貿易制度與貨幣體系也是有
利大眾，卻非人人有能力維護的公共財。於是必須有一個「穩定者」
（stabilizer）負責提供公共財──穩定，制止詐欺與白搭車。[75]

　　古希尼認為，金德伯格的現實推論建立在某種理想主義的假設上。
因為金氏認為必要時，美國要犧牲某些利益以承擔公正的領導（positive
leadership），也就是假定「霸權」有利他的動機。[76]本書把援引理性選
擇與結構現實假定的霸權穩定論和結構自由主義一併歸於自由主義理論
的範疇，也是因為霸權穩定論自始便帶有濃厚的規範性色彩之故。[77]

　　吉爾平則明確提出「強制領導」（coercive leadership）的霸權。吉
爾平同意公共財的假定，但更為正視國際主要行動者──國家的大小差
異極大的現實。「霸權」提供公共財不是因為金氏所言的「責任」，而

是有更強大的國家利益需求，才以優勢權力迫使他國共同維護公共財。公共財幾乎完全等於「霸權」的私人利益，要「搭便車」者有所貢獻也成為更空泛的道德言語。「強制領導」的霸權穩定論幾近於現實主義的建制論。[78]吉氏憂心，一旦美國霸權衰退，國際自由經濟體制可能被重商主義與區域主義所破壞。[79]

但是艾肯伯里（G. John Ikenberry）等人認為現實主義思考對西方體制的前途未免過於悲觀，自由主義對體系結構的特質則體認不足。特別是現實主義無法說明何以諸國沒有對霸主採取務實的制衡行動。艾氏因此指出，美國為中心的霸權特別具有「自由的形貌」（liberal cast）。經濟開放性、較透明的共識型決策，還有就是美國非中央集權的內政體制，使得西歐與日本享受了遊說和參與的空間，這大大增加了霸主的正當性（legitimacy），使得體系變成「受歡迎的帝國」（empire by invitation）。於是艾氏將體系結構與制度認同等要素結合起來，建構了對西方前景更樂觀的「結構自由主義」。[80]

克里斯陀（William Kristol）與凱根（Robert Kagan）進一步打破美國國力有限的迷思，認為當前美國形勢一片大好，再度證明了美國例外論（american exceptionalism）。美國應當教導民眾崇尚美軍犧牲奉獻情操，支持擴張軍備，使美國繼續擔任「善霸」（benevolent hegemony）。[81]

（四）民主和平論——雷克、毛斯、羅賽特與慕拉夫查克、華騰堡

康德與威爾遜的理念顯然是「民主和平論」（democratic peace）〔亦稱「自由和平主義」（liberal pacifism）〕的源頭；而且已經包括了若干經驗性論證的支持。這些推論認為，內政上實行共和民主並保障自由貿易的國家，較為支持國際和平秩序。[82]反之，專斷的政權將不惜以戰爭獲取自身之利益。冷戰結束之後，民主和平論與建制理論一樣，應用個體經濟學的假設，作了可觀的理論改良。美國學者雷克（David A. Lake）的研究是代表性的案例。

雷克假設「國家」是一個以營利為目的之巨大公司，這一公司的「利潤」（profits）來源來自社會汲取的預算資源和所提供的公共服務的

差額。如果利潤出自生產要素（即提供公共服務）的機會成本，算是
「正常利潤」。如果利潤超過維持生產要素所需甚多，雷克稱這種誤差
（bias）為「超額利潤」或「租」（rents）。所有「國家」作為公司，與現
實主義等的假定相同，當然要追求利潤極大；但國家的「尋租」（rent-
seeking）行為成本愈低，獲利愈大，將導致帝國主義擴張的好戰行為。
反之，「社會」愈能節制國家的「尋租」，就能將資源用於安全保障與
社會開支，而非尋求擴張。雷克認為，民主國家最能節制國家的「尋租」
行為，而且會鼓勵類似的國家，結成反獨裁擴張的同盟。而獨裁國家以
強制手段榨取資源往往要花費更多成本，更不易獲得其社會的支持。結
論即是民主國家不但不好戰，而且彼此易於結盟抵抗擴張，贏得戰爭勝
利。雷克計算了1816年以來二十六場戰爭與一百二十一個參戰國的紀
錄，也「證明」民主國家贏得較多勝利。[83]

　　以色列學者毛斯（Zeev Maoz）與美國學者羅賽特（Bruce Russett）
也同時引用了規範性和結構性的論據，支持民主和平論。毛斯等人承
認，民主國家與非民主國家可能一樣好戰，但民主國家之間卻少有戰
爭。規範性因素指民主國家內部具備較多的妥協與合作規範，可以防止
兩個民主國家衝突升高。結構性的因素則指民主國家動員資源的程序繁
複，限制了領導人訴諸武力的可能。慕拉夫查克（Joshua Muravchik）
與華騰堡（Ben J. Wattenberg）則系統地總結指出，要輸出民主獲致和
平，唯有美國足以為之。道德上講，這是美國新的天賦使命（neo-
manifest destinarianism），當然也最符合國家利益。[84]

二、對中國崛起與對外政策的分析和對策

（一）自由主義分析中國外交：明示倡議少，理念影響大

　　許多西方學者以為，今日的歐美已經發展出超越權力平衡的穩定架
構，以維持國際和平。亞太各國則不僅缺乏健全的國際建制與組織架
構，不願碰觸政治與安全合作議題，尤其致命的是，亞洲缺乏思考世界

秩序與永久和平的哲學與戰略見解。[85]而中國在1980年代以前，採取
「自力更生」的內政路線，極少參與西方主導建立的國際建制與組織，
反而去追求相對獨立的對外政策。這在西方學者看來，正是北京輕視各
種國際建制，反對全球自由主義的證明。[86]加以西方自由主義國際關係
理論是1970年代末才再度興起，發展過程又漸次採取了各派現實主義的
假定，以避免與前次理論大辯論受挫的「理想主義」糾纏不清，所以與
現實主義相比，明確倡議採取自由主義理論立場的政策研究很少。對中
國這樣一個文化和意識形態完全不同的國家，自許為自由主義的分析也
就更少了。

　　然而，季辛吉在其近作《大外交》為現實主義抱屈顯示一項事實，
那就是實際上威爾遜傳統、理想主義與自由主義在西方（尤其是美國）
外交政策思維中，還是有舉足輕重的力量。當代自由主義國際關係理論
廣泛借鑑許多經濟學與現實主義的理論假設與研究架構，更有助於自身
理論與背後訴求的價值的傳布和落實。直接訴諸自由主義理論以分析中
國外交的西方文獻並不多見，原因是因為多數研究雖然引用自由主義諸
理論的一些假定，但這些假定與現實主義共通。何況中國不是一個貿易
與政制自由的國家，使得西方研究者較不願坦承此一途徑對中國外交分
析的有用性，而寧可依舊標舉現實主義——除了規範性最強，政策建議
傾向遏制中國的民主和平論之外。

　　雖然明示採取某種自由主義理論途徑分析中國外交與「大國」地位
的案例不多，但本書仍舊可以從若干西方文獻中，找到兼採自由主義諸
理論假設的案例，檢視自由主義相關理論的重大影響。

（二）自由主義理論在政策分析上的應用

1.援引「複雜相互依存」的分析

　　中國採取改革開放政策，綜合國力提昇所造成的國際政治衝擊是發
生在國際政經「複雜相互依存」日益增加的年代。國際關係自由主義相
關理論正好提供了銳利的分析工具。儘管認為各領域的相互依存程度無

法逐一具體計算，羅賓遜（Thomas W. Robinson）判斷，一旦某一領域（如科技）的相互依存程度增加，必然會促使另一領域（如經濟）的相互依存，如此類推而且會持續下去，最終將促進中國步上政治民主。[87] 以現實主義分析中國外交著稱的金淳基認為，改革開放後的中國，比革命外交時期更加相信科技等物質實力的重要。而全球相互依存的趨勢正好可以合理化中國對資本主義世界體系日益依賴的現實。中國面對相互依存的戰略卻既不是馬克思主義，也非自由主義全球相互依存模型，而是富國強兵的新重商主義（neo-mercantilism）。新重商主義意在強化中共的國家主義。但是相互依存同時在體系層次與內政層次對中國與美國外交發生影響。中國在這樣的背景下參與國際組織的活動，其過程已經不同程度地改變了其改革進程、收益結構與國家議程。某些國際組織（如IMF與World Bank）的規範與物質性力量已經介入中國內政，並對其觀念定義與決策程序造成影響，強化了改革趨勢。[88]

以研究中國經濟與金融著稱的美國學者拉迪（Nicholas R. Lardy）發現，中國經濟在整合加入世界經濟與開放性方面是超過日本、台灣與南韓的；這將使得中國成為世界經濟成長的重要來源。此種整合既意味著中國的機會與權利，也是該負的責任與義務。而中國經濟的持續開放，勢將促進市場導向的決策與多元的政治體系。反之，對外經濟聯繫的倒退將削弱中國合作的誘因。拉迪對美國的政策建議因此是以戰略夥伴的「接觸」促進中國更加開放，健全多邊國際建制以避免美國單邊制裁導致的損害。[89]

2.重視國際建制的分析

與金淳基、拉迪相同，幾乎多數強調相互依存趨勢的文獻，都進一步檢討了國際建制（制度）與國際組織對中國外交的影響，從而提出如何定位崛起的中國並加以應對。西方研究指出，由於歷史的積怨，中共建政後長期自視為發展中國家，所謂「獨立自主」的定位，反而凸顯中國的孤立態度。直到目前，中國已經參與了一些國際建制與組織，但對誰訂的規則，以及是否會被強加發達國家的義務仍十分猶疑。不僅如

此，美國國內面對相互依存、國際建制對主權日益強大的制約也是反彈不斷，不甘在某些議題上與小國平起平坐，甚至不惜與其他大國發生衝突。凡此種種都可能削弱建制理論解釋中國對外政策和提供西方對策的能力。[90]

蘭德公司的一份研究認為，中國參與國際多邊機制乃為獲取本小利大（asymmetric gains）的收益。江憶恩的研究也歸納發現，中國多半按照成本低、干擾少、修改小的原則參與國際建制。這樣的結論與現實主義的分析並無不同。然而，若進一步思考國際建制作為「中介因素」的各種作用，江憶恩的研究發現，中國在參與某些建制時，的確有超越換取物質收益的合作表現。江氏認為，中國的合作表現一方面是要以「負責大國」的形象換取社會成本面的收益；另一方面則可能是因為國際建制的價值觀產生內化作用，使中國的行為「與全球和地區利益相一致。」江氏於是試探性地建議，美國何妨對華採行正常外交（normal diplomacy）取代「接觸」。[91]

蘭普頓也同意中國加入建制常是出於「白搭車」的設想。但蘭氏觀察在中國曾參與規則制定的建制裡，其配合的情況尚稱良好。在中國與各大國保持建設性關係並成為建制會員時，北京承認建制的正當性；因為了換取國際地位，北京在加入的建制裡會力圖滿足他人之期待。在外交決策過程中，除了危機事件與重大戰略仍由中共中央核心拍板外，專業精英在日常性、技術性的議題上已享有更大的議程設定權並控制了資訊的傳布。也可以說，中國外交裡的行動者（actors）正在大幅增加，以往被認為處於外交決策邊緣的團體、地方政府等都獲得了更大的揮灑空間。領導人為了更全面地掌握各方信息，於是主動編組各類專業智囊團體參謀獻計。這些發展有時還導致政府「左手不知道右手在做什麼」的內部分歧。總體看來，蘭氏認為所有這些現象都有助於中國的對外決策漸漸與國際的、專業的標準接軌。也就是說，美國的對華正面誘導比指責施壓更能換取其合作，不讓其參與制定建制規則卻要求其遵守則窒礙難行。伊卡娜米的論證與蘭普頓相似，她將促進中國參與「國際社會」（國際條約與組織的整體）的政策定義為「接觸」，並認為「接觸」可促

使中國內部的政治開放、法制化和對建制的全面依附。[92]

把上述有關中國與國際建制關係的研究綜合起來,人們將可同意江憶恩的判斷,就是對崛起中國的「接觸」建議常來自建制理論與制度主義的理論假定;江憶恩自己則聲稱,他對中國的研究採取的是「認同現實主義」(identity realism)。[93]而一如本書已經指出,建制理論可以採取接近現實主義與結構現實主義的立場,也可能引用接近建構主義的假定。[94]現存的案例常常介於兩者之間。

3.訴諸霸權穩定論與結構自由主義的分析

冷戰後幾乎不曾看到直接訴諸霸權穩定論或結構自由主義研究中國外交並提供建議的西方文獻。這並非由於無視中國可能對唯一超強──美國霸權加以挑戰的現實,而是由於論者多半不認為美國能夠並且適宜承擔霸權穩定論裡,「公共財」的唯一提供者,反而擔心美國過多的片面行動會導致自我孤立。然而,這種心理與各類現實主義或自由主義理論支持美國仍應維持世界領導地位,執行「民主與擴展」戰略的主張並不衝突。[95]例如,美國學者杜奈(Daniel Deudney)與結構自由主義者艾肯伯里相信,基於共識互惠而制度化了的體系結構,仍將以華府為中心。美國的霸權可以提示他國體系之前景,而有助於國際合作,形成一種「結構自由主義」秩序。

馬斯坦都諾則認為,在冷戰結束後的「單極」架構下,包括崛起的中國在內的主要大國,目前都沒有挑戰美國的意圖與能力,也未見彼等企圖串聯制衡單極。反而多半是尋求整合加入美國所主導的國際秩序。馬氏坦承,單極時期各大國仍有軍事對抗以外的「地位競爭」(positional competition),競爭的發展未來也可能導致軍事與領土衝突。但是「權力」本身不一定等於「威脅」,這是何以各大國未結合起來挑戰美國的原因,也是單極能夠持續的奧秘。所以美國要維持單極優勢,除了維持權利資源的領先,更重要的是有效的外交策略。對於中國與俄國這兩個未來外交意圖未定的大國,馬氏的政策建議是以多邊制度降低中、俄認為單極構成威脅的認知(perception),以政經利益換取中國的合

作行為，從而加強其對美的政經依賴，支持美國為中心的現狀秩序。[96]

4. 突顯民主和平論的分析

除了嚴格的結構現實主義理論家外，無論是否曾經詳細檢討推論內容與經驗實例，也無論本身如何應用現實主義與自由主義的理論，多數西方分析中國政經的文獻都不同程度接受民主和平論的價值關懷。常見的論證廣泛見於相互依存、建制理論（制度主義）的分析與產生的「接觸」建議，認為相互依存與建制整合作用將促進中國境內的政治多元與法治價值。或遲或速，最終有利於類似西方的民主體制在大陸出現。這樣的過程有利於降低中國與西方的衝突，也等於有利現狀和平。

不過此處應另行關注的是，時常作為常識的民主和平論也可以引導出與其他諸自由主義國際關係理論截然不同的對華政策建議，最典型的便是各種「中國威脅論」與「遏制」政策。此種對華政策觀點在中共建政前就已出現。1946年凱楠（George Kennan）「長電報」（Long Taragram）與邱吉爾「鐵幕演說」（The Soviet Iron Curtain）是其中最經典的代表，後來並造就「骨牌理論」（Domino Theory）與「戰爭邊緣政策」（brink-manship）的高潮。

冷戰後杭廷頓發表的文明衝突論也有很強的民主和平論色彩。他認為同屬西方基督教文明的民主國家不會發生戰爭，甚至可以逐漸形成多層機制的世界帝國格局。但伊斯蘭、東正教與儒家（中國）則不然。杭氏假想了一場中國——伊斯蘭——日本對抗美國——歐洲——俄國的文明戰爭。雖然杭氏最終希望藉由各文明「核心國家」協調以避免文明衝突發生，但其理論可說是直探西方民主背後的文明與宗教本質，從而對中國展望最悲觀的一種民主和平論。[97]

1990年代中期廣泛出現的「中國威脅論」可以白禮博（Richard Bernstein）與孟儒（Ross H. Munro）所著《即將到來的中美衝突》（The Coming Conflict with China）一書為代表。該書認為中國三千年歷史並無民主傳統，又意圖稱霸亞洲，是一個擴張、仇外、投機的大國。因此白氏等人批判柯林頓當局的「接觸」政策軟弱模糊，其理論基礎「高尚

天真」。美國應該在貿易談判、支持日本等問題上更為強硬，以維持美國在亞洲之利益。重點是白氏等人相信，此種冷靜堅定之策略，長期將促進中國民主。中國若能實行民主，將不致採取冒險侵略政策，美國最大的困擾也將消除。[98]

（三）小結──自由主義結合現實，對待中國態度分殊

西方國家對外政策與戰略研究文獻絕大多數是採取某種現實主義理論架構的。但是，這並非表示各種國際關係自由主義理論就只有在學院裡有影響力。1970年代中期以後，同樣繼承科學主義與經驗實證的精神，自由主義諸理論有時更能為規範性傳統找到現實基礎，使西方文明秩序在「霸權之後」還能維繫。這種立足於理性主義與「經驗現實」的推論對於推論者而言，十分適合「客觀地」用於分析分屬不同文明範疇與政治體制的社會主義中國。推論者因此也往往自稱是基於現實主義的分析架構，以避免重背一廂情願理想主義的黑鍋；但最終卻能得出促進中國自由民主的政策路徑，回歸到西方社會的自由主義價值。

無論如何稀釋「國家」在國際關係過程中的重要性，突顯建制與制度價值的中介作用，「國家」依舊是國際無政府狀態下，不對稱相互依存裡的主要行動者。「大國」對當中的建制形成與議程設定仍占有主導地位，相互依存在各國國際／國內社會兩端則會造成複雜的牽引作用。在霸權獨力維持體系代價太大的情況下，多數自由主義分析建議順應相互依存的趨勢，加大中國對國際社會的依賴，甚至從中「學習」到追隨體制不僅可確保收益，還能提昇「形象」。就在同一個過程裡，複雜相互依存又同時啟動大陸社會內部的多元化，同時驗證了民主和平論。

不過，如果論者接受民主和平論，卻對異質文明的和平共存表示悲觀，則不易輕信複雜相互依存與建制的緩慢進程，反倒可能加強軍經實力、構築軍事同盟，迫使反自由的敵對政權從內部瓦解。如果此舉對超強蘇聯已經奏效，大國身分可疑的中國怎能例外？

反思主義與批判性國際關係理論

當基歐漢以「理性主義」（rationalism）和「反思主義」（reflectivism）區分兩種研究國際制度的不同途徑時，國際關係新現實主義與新自由主義理論可說完成了「新——新聯合」（Neo-Neo syntheses）。兩者都採用個體經濟學對人的本質的假設，都接受無政府狀態的結構事實。論戰焦點也轉向以各種經驗實證性的資料，測試有關命題的強度；「少談理論」（theoretical minimalism）成為雙方的共識。至於「反思主義」，基歐漢認為其理論來源是法國後現代主義（post-modernism）、德國詮釋學派（hermeneutics）與社會學建構主義。論述特點在於強調行動者與制度是相互構成的，其過程是反思與詮釋。紐費德（Mark Neufeld）稱反思主義核心觀點有二：一、突顯理論前提的自我覺悟（self-awareness）；二、留心理論的政治——規範面寓意。英國學者史密斯（Steve Smith）則將歷史社會學、後現代主義、批判理論與女性主義總歸為非實證的反思主義。[99]

作為批判性國際關係理論重要來源的馬克思主義在1970年代被推上國際關係理論辯論的台面，似乎可以與現實主義、自由主義鼎足而立。當時興盛的依賴理論與世界體系理論可以算是其中的代表。但有持批判理論的人認為，這種流行只是要反映馬庫色（Herbert Marcuse）式的「壓制性容忍」（repressive tolerance）罷了。不過魏佛（Ole Waever）主張，儘管馬克思主義與後現代、反思派有激烈的爭論，而1980年代晚期國際關係理論激進派的位置已經被反思主義取代，但在「新——新聯合」的局面下，把它們都歸入激進的一端仍屬合理。[100]（參閱圖3-1）此外，引用葛蘭西（Antonio Gramsci）式馬克思主義觀點的批判性國際關係理論代表考克斯也強調，「理論」不是絕對客觀，而是出自特定歷史條件的「問題意識」（problematic），這也是一種「反思性」。[101]所以，相對於主流學派，本書把各種反思主義與批判理論放在遠離主流軸線的激進方面，仍屬適當。

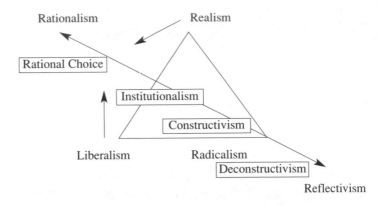

圖3-1　1980年代後期西方國際關係理論辯論形勢圖

　　實際上，對國際關係現實主義（此處包括後來的「新──新聯合」）的批判並非僅始自1970年代後。摩根索早已發現，貶抑權力政治，認為權力政治是有利少數人貴族外交的看法早已存在。而1950年代摩氏便指出，議會多元民主、交通通信科技和國際組織程序已對現實主義外交構成威脅，助長了人們對「現代國家制度」與國際政治的敵視。華爾志同樣看到，提倡以「全球政治」、「世界政治」用語取代「國際政治」，代表著一種反對自利國家（self-interested states）的潮流。亦如本文之前提及，杭廷頓說人不僅為理性利益而活，利益要由「認同」去界定，「文明」正是最大的「我們」。全球化的結果──認同危機卻是反西方文明、反現代主義的自我認同藉由現代科技而蔓延。[102]從這些現實主義者的抱怨可見，主觀面的認同、理念、價值等因素和現代社會與科技的發展都對國際關係產生深刻的影響。這一認識也以溫和漸進的方式觸及西方的中國研究議程。只是如同基歐漢的質疑，強烈的反思性有反經驗主義的傾向，不能檢驗與解釋主觀因素到底是如何發揮作用的。以至於目前雖然可以看到較多新的西方中國外交研究，開始探索「理念的力量」（the power of ideas）與文化、認知、互為主體等議題的作用，但也只是在「新──新聯合」的軸線上，稍微偏向建構主義接近而已。[103]知識社群論（epistemic community）算是這種接近的代表。

　　在理論假設分歧，有些學派甚至根本不願立足於固定的理論假定的情況下，加上難以效勞於個別政府政策，本節涉及的西方國際關係理論對中國外交與「大國」定位的分析甚少。但是這些論述未來可能的影響仍不宜小視，以下就若干現有的研究案例彙整介紹。

一、理論要點

（一）全球化懷疑論與國際經濟新秩序

1.「全球化」意義分歧

　　英國社會學家紀登士（Anthony Giddens）認為，「全球化」是在世界範圍內，原本相距遙遠的「本地」（localities）之間的社會關係迅速深化；任何「本地」的事物與相距遙遠的另一個「本地」相互塑造。美國學者赫德（David Held）與麥格羅（Anthony G. McGrew）等人則稱，「全球化」是社會交往與關係在空間上的轉型過程，此過程正造成大量的跨國、跨區域活動網絡與權力運作。依據赫德等的分析，對於全球化的理論掌握可分為三種趨向如表3-4。[104]

　　英人史密斯等表示，現實主義觀下的全球化並沒有改變世界政治的本質。自由主義則期待全球化將大幅改變世界政治的形貌，國家不再是唯一重要的行動者。新馬克思主義——世界體系論則認為全球化不是新事物，不過是世界資本主義發展史的最高階段；它不但沒有消除區域隔閡，反而深化「中心」與「邊陲」的發展落差。魏佛將三個理論觀下的世界分別比喻為現實主義——撞球（billiard ball）世界、自由主義——蛛網（comweb）世界、馬克思主義——章魚（octopus）世界，可說十分傳神。[105]國內學者徐斯儉認為，自由主義理論對全球化常採取進步主義的立場，而現實主義與馬克思主義則常採取懷疑論或轉化論的立場；此一分析與赫德、史密斯等人大致相符。[106]

表3-4　全球化概念趨勢分類表

	進步主義 （Hyperglobalists）	懷疑論 （Sceptics）	轉化論 （Transformationalists）
全球化下的新 事物	全球新世紀	貿易集團、趨弱的 地緣治理 （Geogovernance）	空前的全球連結 （interconnectedness）
主旋律 （motif）	麥當勞、瑪丹娜等	國家利益	政治社會之轉化
主特徵 （features）	全球資本主義、全 球治理與全球市民 社會	低於1890年的相互 依存世界	廣布且深化的全球化
主動力	資本主義與科技	國家與市場	現代性（modernity） 的綜合力量
民族國家權力	衰退	強化	重構
階序模式	舊階序（hierarchies） 淡化	南方國家邊緣化	世界秩序新架構
歷史軌跡	全球文明	區域集團化、文明 衝突	全球整合與分化
總結論點	民族國家終結	在民族國家默許下 的國際化	轉化國家權力與世界 政治

資料來源：作者依據赫德等人原文節錄編成，參閱David Held, Anthony G.
McGrew, David Goldblatt and Jonathan Perraton, *Global
Transformation: Politics, Economics and Cultur*, p.16.

2. 批判方向：懷疑全球化、支持國際經濟新秩序

　　1970年代第三世界國家提出的「國際經濟新秩序」（New
International Economic Order, NIEO）可以作為馬克思主義與馬派激烈指
責的現實主義相結合的代表。處於低度發展的第三世界，往往批判西方
發達國家所締造的全球自由市場體制與政治霸權是剝削的根源。它們質
疑全球化的後果，希望改革市場導向的全球經貿規則、限制跨國企業的
滲透，並捍衛本身弱小易損的主權地位。聯合國國際平等、自決與反種

族歧視的規範，以及中蘇共意識形態和實質軍經的奧援，一度成為「國際經濟新秩序」主要的後盾。[107]來自拉美經驗的依賴理論（dependencia theory）建議打破「不等價交換」（unequal exchange）的出路——自力更生（self-reliance, dissociation）也強化了國家主權的訴求。直到今天，依賴理論的故鄉——拉美仍是「國際政治經濟新秩序」的主要支持者。[108]

（二） 世界體系理論——華勒斯坦

以馬克思主義、法國史學年鑑學派（Annals School of Historiography）及康德拉提夫（Kondratieff）經濟學長週期理論為基礎，美國社會學家華勒斯坦的世界體系理論一直是西方主流國際關係理論的重要批判者，甚至被主流學派接受為國際關係諸理論的重要成員。[109]與今日反思派不同之處是，華氏認為「世界體系」隨著西歐市場擴張、地理發現和絕對國家形成而興起，它是一個「實體」，而非「論述」的產物。透過市場經濟中的勞動分工與不等價交換，西歐強權大量實現資本累積。而地理擴張與征服，則將此經濟模式推向全世界而形成「中心」與「邊陲」的關係。西歐的文明作為經濟的上層建築，也是經由同一過程，以科學主義和意識形態的形式被塑造成「普遍意義的文明」。與現實主義和自由主義的理論方法差異在於，華氏主張：一、研究單位應該是「世界體系」而非「國家」，相競爭、多層次的國家體系只是單一的世界經濟體系的政治面向；二、經濟是聯繫體系各部分的中心要素，政治聯盟只是服務並加強這一聯繫而已；三、研究時段應該是「長時期」；短時間的事件分析是最具有欺矇性的。上述三點合成一種整體主義（holism）的研究。必須將資本主義的發展理解為一個擴張中的世界體系，否則就無法解釋個別國家與個人的命運，而會掉入西方現代化論將各國孤立支解，得出西方文明是唯一道路的偏見結論。

在華氏的理論下，「霸權」其實就是在工業、商業、金融業保持領先的「中心」。「中心」以軍事優勢推廣自由主義建制，實現物質利潤極大與資本累積，並適時以武力干預與捍衛此一體制。但霸權不會因

「全球化」而形成世界帝國，因為「帝國」壟斷將導致利潤遞減；資本主義不可能在單一國家的環境裡生存，多個「國家」體制間的彼此宰制才是「中心」的統治奧秘。而「全球化」其實就是資本主義經濟、政治與文化的全球擴張。

對於未來的世界局勢，華氏認為資本主義處於危機之中。「國家」是歷史的產物，是被人創造的制度。國際政治體系將隨資本主義世界體系之瓦解而凋謝，但不是個別國家的萎謝，而是所有「國家」形式一同凋解，然後出現「社會主義世界秩序」。[110]

（三） 建構主義與知識社群論

「建構主義」是一個內容複雜而無定論的概念，不同的歸類可以包含接近「新──新聯合」的自然主義、科學主義、經驗主義研究，或者解構色彩強烈的激進理論等多種學說觀點。比如美國學者霍夫（Ted Hopf）就將建構主義分成「傳統建構主義」（conventional）與「批判建構主義」（critical）兩類，兩者雖都反對固定、僵化、單面向的主流國關理論與「國家」假定，但傳統派在知識論與方法論上較不採取詮釋學或解構派的立場，他們對物質主義與方法論個人主義作出讓步，追求對客觀現象的解釋。批判派則不相信傳統派「客觀」的可能性，而將理論的旨趣導向揭露各種被「理所當然化」（naturalize）、客觀化的「論述」背後的權力宰制──目的當然是改造世界。[111]在這一向度下，後現代主義、後殖民主義、解構主義與女性主義等等可以歸為「批判建構主義」，或者在國際關係理論上根本不算是建構主義。而溫特（Alexander E. Wendt）或可定位成「傳統建構主義」、「弱式建構主義」（thin constructivism）或直稱「建構主義」的理論代表。關於「國家安全文化」、「戰略文化」、「知識社群」的具體研究都可說具有弱式建構主義的精神。[112]

1. 弱式建構主義──溫特
溫特從當代國際關係理論結構〔無政府（anarchy）〕──過程（行

動者的互動與學習）的爭辯出發，以集中批判新現實主義關於無政府結構的假設為起點。且他認為，一樣理所當然地接受無政府假設的新自由主義，只是「弱式現實主義」（weak realists）。他呼籲人們重視主體的社會構成性（social construction of subjectivity）。其基本假定認為，人是基於對象（objects）所具有的意義（meanings）而行動的，但在行動者互動之前，「自我」（self）並不存在。「認同」（identities）是互動過程中由社會建構而成的，對自己與他者互為主體（intersubjective）的理解與期待。所謂「主權者」、「自由燈塔」、「帝國」等多重認同莫不如此。所以社會脈絡（結構）與自我認同（行動者）也是互為主體、相互建構而成的。互為主體產生的認同，是定義「利益」的基礎，沒有獨立於社會互動脈絡以外的「利益」。因此就產生溫特建構主義的兩條基本原則：

（1）人類的關係結構主要是由共享的理念（shared ideas）所決定，而非物質力量。

（2）有目的的行動者，其認同與利益是由共享的理念建構而成，而非自然給定的。

由此也導出溫特著名的國際關係理論命題：「無政府狀態是國家製造的——權力政治是社會建構的」；同理，現實主義所強調的市場結構、權力平衡、相對獲利、國家間的威脅感也是來自社會建構，它們產生行動者的行為，也被行動者的行為再生產。[113]不過由於採取社會實在論（realism）的形上學（ontology，或譯為本體論）立場，接受經驗主義的知識論，溫特不像「批判建構主義」那般認為「國家」只是虛構的宰制論述。他主張「國家」乃指一個實在但無法直接觀察的結構，這個結構的集體趨向（collective dimension）使得「國家」在總體上（macro-level）會有時空的持續性規律，例如，政府行為。以唯名論（nominalism）去否定國家的這一實在性，等於否定「1941年6月21日『德國』侵入『蘇聯』」這樣的事實，也等於不承認任何「國家」的實體性，也等於把腳踢在桌上。「國家」是真實的，不能還原到組成國家的個人。唯有如此，溫特才能接著分析國家間相互建構的國際結構——無

政府狀態與其中的三種文化——霍布斯式、洛克式與康德式。[114]

　　三種被內化到國家自我認同與利益之中的角色觀點，決定了上述三種無政府結構文化——敵人（enemy）、對手（rival）、朋友（friend）：

（1）霍布斯式文化（Hobbesian culture）：霍布斯式文化把「他者」（the Other）建構為「敵人」，認為他者不會承認我（the Self）的獨立生存權，也不會放棄對我使用武力。此種無政府文化導致決策向最壞方向考慮，軍力成為頭等大事。無論敵意是否真實，文化內化的極致將導致國家間相互助長視對方為敵人的「共識」，且其力量遠超過沒有共享理念的現實主義。「危險論述」（discourse of danger）與「軍工複合體」（military-industrial complex）隨之壯大，誇張他者對我國之威脅，使權力政治成為自我實現的預言（self-fulfilling prophecy）。

（2）洛克式文化（Lockean culture）：洛克式文化的角色相互期待不是你死我活，而是承認他者的生命、主權與自由權利。「主權」是各國共享的制度，使用暴力被限制在允許他者生存的限度內，利益也由此界定。溫特認為，西發利亞體系之下，國家滅亡率不高，領土也甚為固定，希特勒式的思考與以巴的零合鬥爭反而不是歷史常態。納粹與日本可能認為征服才符合利益，但溫特認為今日美國已將主權觀念內化，征服巴哈馬就不合其「利益」；因為洛克式文化下，事事訴諸軍事威脅與生死之爭反而是非理性的。歷史事實與華爾志的模型都是洛克式無政府文化，而非霍布斯式，國際法也不僅是物質權力的副產品。

（3）康德式文化（Kantian culture）：康德式文化中的國家採取「安全團隊」（security team）的行動維持彼此安全，也就是「集體安全」。且任何一方遭遇威脅，都將共同抗擊威脅者。但這與結盟不同，結盟出於共同敵人，敵人消失則盟邦瓦解。集體安全則本於成員認同於同一個安全單位，彼此內部

不再訴諸洛克式文化依舊保留的武力途徑，衝突皆由法律、協商化解。溫特認為美、英、加的關係，北大西洋集團從盟邦發展到安全團隊都是康德式的例證。當然，康德式文化不見得必然是普遍的，有可能一群國家有內團體的集體認同，但卻對抗其他外部的行動者。[115]

2.知識社群論——哈斯

知識社群論也認為「實在」是社會建構的。以往的研究忽略了行動者在體系制約下，仍有探索「實在」的新推理、形成新利益、塑造新行為模式的可能性。然而，知識社群論的倡議者哈斯（Peter M. Haas）指出，在技術性議題日益複雜的世界裡，面對高度不確定性的情勢，決策者定義國家利益時將更依賴專家有關真實情勢的建議。這些以專業知識為基礎並凝聚成某種網絡的專家——知識社群（epistemic community），透過掌握資訊、散布新觀念、引導新行為而享有權力。他們在與決策相關的特定議題領域裡，有權威性的專業技能，對決策者與組織的議題設定、因果說明與利益確認產生重大影響；決策者與有關組織回過頭來又成為知識社群散播影響的橋樑。尤其當這群未必有共同物質利益的專家們，享有共同的專業規範、知識判準和價值信念，且透過各種正式、非正式會議、論壇、期刊等管道相互交換時，其跨國性的影響力更不容忽視。知識社群論未來還需要更多學科史研究、跨國、跨時期與跨層次的政策動態研究。表3-5即哈斯為此論所提供的分析框架。[116]

（四）批判性國際關係理論概述

沿著「反思性」的軸線發展，仍有數個批判性更強的國際關係理論。由於它們內部尚有多種分歧，且目前與本文有關的案例研究極少，本節僅例舉數項為其代表，勾勒其重點與精神。

1.反思論

紐費德指出，深刻的反思性不僅反省理論的邏輯前提，還要對理論

表3-5　國際關係政策變遷研究途徑比較表

	分析層次	主要行動者	政策變項	機制與後果
新現實主義	國際層次	國家	能力分布	戰爭、科技轉變、權力資源轉移、賽局質變
知識社群	跨國的；國家行政與國際制度	知識社群、國家	知識與原則性信念	資訊散布與學習、決策行為模式改變
後結構主義	國際的；論述與語言	不明	話語意義之掌控	新論述；鑿開新政治空間與機遇
依賴理論	全球體系	國家與跨國公司	全球分工中的比較利益、對經濟資源之控制	國家在全球分工中位置的變化

資料來源：Peter M. Haas, "Introduction: Epistemic Communities and International Policy Coordination," op. cit., p. 6.

的政治——規範面向保持高度自覺。後者是實證主義極力反對的。因為實證主義哲學假定，經由適當的研究設計，研究者（主體）與研究對象（客體）可以完全分離，而使「事實說話」，達到絕對客觀。但反思精神主張，定義有效理論、驗證理論真偽的標準本身也是歷史與社會的產物，不存在人的歷史與實踐之外的「客觀」標準。所以概念、語言與理念不是「客觀世界」的鏡像。在這個方面，若干後實證主義（postpositivism）的哲學傳統，包括孔恩（Thomas Kohn）、費爾阿本德（Paul Feyerabend）、維根斯坦（L. Wittgenstein）、加達美（H. G. Gadamer）與傅柯（Michael Foucault）的理論都值得用於反思借鑒。[117]

2.解構論

　　艾胥理是引用傅柯結構主義方法對主流國際關係論述進行解構的前衛代表。艾氏主張，批判途徑在解釋行動、賦予意義時，要掌握社會共享的（community-shared）背景前提。這種背景作為人類生活的本體論基礎，自身亦是歷史實踐的產物。任何企圖找出單一（univocal）、終

極、固定、非歷史、超時空與二分（dichotomy）的意義、概念與認同（如「主權」），都是旨在維護秩序、生產宰制的專斷解釋，都是虛偽的假客觀（apocalyptic objectivity）。

艾氏的國際政治批判性社會理論取法傅柯的系譜學（genealogy）。系譜學認為人類經驗是由多重力量衝突與詮釋交織的動態過程，當中沒有任何事物是永恆穩定的，有的只是結構與秩序無盡的宰制、複製、強化與抵抗。人本身在歷史實踐之前並沒有「主體性」與自我（egos），主體與認同是實踐的產物，也是權力鬥爭的戰場。「規訓」（disciplining）是壓制多元實踐的主要手段，它灌輸特定的概念框架、敘事方式與解釋策略；例如，區分高政治／低政治（high politics/law politics）、內政／國際、公領域／私領域，乃至社會／自然、正常／反常、理性／非理性、正當／罪惡。藉由權力策略與儀式，多元與異議的實踐被噤聲（silenced）與剷除。國際政治也同樣是多元勢力鬥爭的歷史產物，它一樣創造出特定的主體——政治家，以繁複的儀式和精細的技巧實施規訓，壓制對既有邊界、空間、認同與主體的質疑。例如，現實主義者以西方啟蒙理性和現代主義的敘事，灌輸主權裡「國內」社會的自由理性本質，但無限延遲此種特質對國際社會的應用性。然後譏諷自由主義與理想主義對這一國內／國際邊界的無知，警告民眾國際叢林的危險，然後將權力政治這一高貴事業，留給梅特涅（Metternich）式的、英雄式保守主義的政治家。[118]

3.後殖民

後殖民主義（Postcolonialism）源起於文學批評與文化批判領域，該詞本就有濃厚的中心——邊陲跨國鬥爭的國際性色彩，而被若干學者引進國際政治分析，但本身卻無普遍定義——因為被殖民者不要被「定義」。與其他批判理論類似之處在於，後殖民主義亦強調既有的文本、論述、概念、價值是權力建構的產物，尤其是優勢統治者——殖民者的宰制憑藉。在第二次世界大戰結束，大規模的反殖浪潮興起後，人們發現，儘管殖民政治當局已經遠去，但被殖民者根本無法擺脫其「經典

性」、「普遍性」的論述框架，而不自覺地被殖民經驗異化、對象化，成為認同西方霸權的同謀。「使用殖民者的書寫，就是在死亡裡書寫。」帝國主義看似遠去，實際上「帝國書寫大反擊」（The Empire Writes Back）才剛開始。後殖民主義現象是一種矛盾的心態，拒斥殖民者的概念與價值則本身難以書寫、難以觀察、難以行動。期待殖民地「立即」在物質與文明上全面獨立壯大，斬斷優勢殖民文明也不切實際。但肯定殖民者的論述與價值，則又淪回承認殖民時期落伍二流的自我認同。

殖民優勢文明所建構的被殖民者形象（如「東方」），其實亦是為了強化優越的自我認同的建構，與對象本身並無關係。例如，西方多數人並不瞭解《可蘭經》，但伊斯蘭卻像是真實的印象——沙漠、聖戰、文化貧乏、蒙面婦女。優勢文明於是獲得落伍反動的「對象」與「敵人」，可供對比與感化。而擺脫殖民的人在接受前殖民者定義的獨立形象——主權者時，實際上也接受了其定義的疆界與實質不平等地位。後殖民主義或許旨在成為一種實踐取向的治療性理論（therapeutic theory），喚起並解析殖民經驗的遺續，從而真正擺脫上述的兩難焦慮，促成被殖民者自我認同的復歸。[119]

4.女性主義

女性主義（Feminism）本身也有多種複雜互異的傳統，介入國際關係理論也是在所謂「第三次大辯論」以後。此處指的是參與此一辯論，立場較為接近各路批判理論的女性主義，而非「現代主義」的女性主義（modernist feminism）。[120]即便如此，一如後殖民主義，也不存在某種定義與性質單一的國際關係女性主義理論。因為就如同國際關係女性主義論者絲派彼得遜（V. Spike Peterson）等所述，「女人不僅是一個女人，她還可以同時屬於一個階級、種族、國家、家庭、部落、時間和空間。」性別——權力關係是被建構出來的權力宰制關係，但卻被視為是「自然的」，然後以資本主義延伸到國際間的剝削性分工。[121]薛佛斯特（Christine Sylverster）與楊絲（Gillian Youngs）等也斷言，所謂「男人」與「女人」並不是永久性、終極的本質類屬，其主體認同是社會建構的

產物，藉以支持特定的權力分配與勞務分工。[122]

這派觀點還認為，在政治哲學與國際關係中，「國家」、「政治家」、「戰士」、「決策者」、「恐怖主義者」指涉的強勢性社會角色與論述，都是社會權力關係的建構延伸。盧梭（Jean-Jacques Rousseau）便稱女性是情感的俘虜，不適於公共政治；馬基維利認為「女禍」是混淆「公」、「私」的亡國肇因。而「國家」統治者獨立自主的理性，正是來自主／客二分、科學／自然二分、公／私二分、國家／社會二分與最終是男女二分的，無歷史、無脈絡、靜態、決定論、客觀主義的知識論與本體論，也就是男性（masculine）角色與形象放大為霍布斯「巨靈」的建構物。為了捍衛此一「自主」，必須冷靜排除非理性——情感因素的干擾，強化對疆域與資源的控制，凸顯國際無政府狀態的恐怖，避免一廂情願的信任，並隨時做好訴諸武力的準備。國防軍武與外交領域這些「高政治」（high politics）對女性的歧視，是這一權力建構最明顯的表演。女性是被保護的標的或勝利時的戰利品，不是國際主體。世界人群跨時空的複雜關係網絡，也依此被化約成簡單的國際合作、對抗博奕和地圖兵要符號。至於國際生態與人權理想等問題，都必須服從國防的優越地位。從這些觀點看來，現狀國際秩序的持續必然有利於既有國際關係的層級，也就是有利於「大國」的經營管理。新自由制度主義也只是現實主義的擴充而已。[123]

女性主義理論鼓勵擺脫對抗與算計的既有思想框架，支持不同社會脈絡中的主體經驗相互傾聽，特別是那些被噤聲的群體（excluded groups），藉此促進互為主體的諒解合作，引導主體性的自由位移（homesteading），超越各種本質主義（essentialism）的假定。隨著跨國社會運動與非政府組織（NGOs）的活躍，該理論已漸漸將「個人的即政治的」推向「國際」，她（他）們企圖超越「國家」範疇，營造「世界化的女性」（worlding women），在人權與生態等議題上最容易發現其呼籲與影響。但與其他批判性理論一樣，奮鬥之路依然漫長。[124]

二、對中國對外政策的分析與對策

（一） 中國與全球化──捍衛主權的「全球民族主義」

　　西方研究中國對外政策的學者，採取反思性或批判性國際關係理論立場的例子很少，溫和建構主義和知識社群論可能是其中的例外。以中國如何面對全球化這一問題為例，西方文獻焦點多半集中在全球化對中國內部多元力量的促發與分化作用，和隨之所及的親美與否，與學者自己是否認同全球化所代表的意涵沒有固定關係。[125]如何解釋中國曾經不惜以革命手段反對全球化過程的西方政經體制，乃至倡導第三世界「南南合作」的「國際政治經濟新秩序」，金淳基、雅虎達與摩爾（Thomas Moore）的解釋是一種典型。

　　金氏等人認為這些主張是中國強烈的國家主義遭遇「包圍」（siege mentality）的反應。實際上中國對付全球化的策略還是缺乏透明度的「國家中心主義」。捍衛主權的「全球民族主義」（global nationalism）則是其富國強兵的手段。布里辛斯基特別指明中共自己的共產主義式微，卻到處散布反美論點，就是政治機會主義。范乃思則看到1990年代後，聲援「第三世界」的說辭只是用以提醒以往的民族恥辱，並保留必要時的聯盟選項。其實中國的行為顯示它不與「第三世界」平起平坐，不是什麼「七七集團」成員，而自以為是「一國集團」（G1）。[126]阿姆斯壯（J. D. Armstrong）更早已發現，馬克思主義說國與國不可避免的衝突，與現實主義只有一線之隔。中共意識形態裡的「統一戰線」，可以輕易地吸納權力平衡的概念，足見中共教條具有很強的現實適應力。[127]

（二） 中國與世界體系──美、日資本主義經濟成長的動力

　　中國的歷史進程與中共的經濟成就一直是世界體系論要面對的課題。華勒斯坦認為，中國以往堅持捍衛的是「世界帝國」結構。[128]後來毛澤東之所以發動反既有體系的文革，華氏的解釋是毛澤東不自覺地應用了世界體系的觀念。也就是社會主義不能是一國的特徵，而必須是

世界性的。階級鬥爭也不可能在一國完成革命後就熄滅，革命必是所有國家的消亡與過渡。[129]

　　華氏以「長時期」的視角斷言，冷戰結束後即是「後美國時期」（post-America era）。美國霸權、自由主義意識形態與世界資本主義本身都將步向衰退。因為殖民的地理擴張、營利的社會成本、工人的持續普羅化和國家舉債安撫不滿促進福利的極限都日益明顯。在「後美國時期」世界貧富差距還將增大，美、日、歐將激烈爭奪世界經濟的獨占地位。美日兩國將以整合中國作為成長動力，歐洲則吸納俄國。而「北方」國家內部與全球邊緣國家對此種過程的不滿，將隨著認同政治與新右勢力的興起，動搖已持續五百年的國家框架與歷史體系。但華氏還看不出新體系的形貌。[130]

（三）　深化接觸大陸「知識社群」，改變中國認同與理念

　　現實主義與自由主義理論家雖然不承認「理念」等主觀變項有「根本性」的地位，但對於其「中介」作用或社會化行為者的影響還是承認的。當中的自由主義相互依存、制度主義理論還期待「學習」過程能有助「永久和平」的實現。[131]一些具體的研究案例儘管堅持客觀利益的重要，但又擔心中、美雙方彼此誤解──「認知」錯誤，造成嚴重後果；因為兩方內部的公眾輿論與關於對手的形象，往往強力約束著決策者。[132]這類分析的假定，已經與強調國際政治裡的「認知」、「理念」、「認同」作用，但仍堅持經驗研究方法的溫和建構主義與知識社群論頗為接近。

　　羅德明、金淳基、范乃思等現實主義理論家同意，「認同」是確立並維持國內正當統治、釐清國際角色與強化國際領導的重要因素。范乃思更進一步認為，在一國的領導當局內部各派，必存在著多組相競爭的國家認同。所謂「第三世界」對中國的自我認同而言，可以來自四種不同標準：一、經濟：不發達國家；二、文化：非西方國家；三、種族：非白人國家；四、政治：不結盟國家。其歷史經驗都是脫胎於反西方帝國主義。但范氏以為冷戰結束後中國對第三世界認同降低，因為其發展

戰略不再是反資本主義,相反的,卻是與西方資本主義合作。宣傳第三世界概念只有刺激民族情感與保留結盟餘地的效果而已。[133]

　　強調國際體系結構中被建構的「共享理念」的溫特坦承「大國」創新理念文化的重要地位。溫氏發現北大西洋社會已經由「洛克式無政府文化」向「康德式無政府文化」轉軌,但中─美關係還停留在「洛克式」之中。如果美中雙方依舊堅持自己的獨特性並時時懷疑對方的威脅企圖,就難以認同彼此關係的「友誼」性質。主權理念的變化在這個發展過程中處於關鍵。尊重主權是友誼文化的必要條件,但過度堅持主權則助長自私的思維,有礙友誼文化與相互認同的醞釀。溫氏期許中美當局找出既尊重主權與個體性,又能把彼此納入國際共同體的方案,共創「康德式」體系。[134]

　　江憶恩、蘭普頓、伊卡娜米與金淳基等都曾注意到,隨著改革開放與相互依存趨勢,大陸內部的知識社群在數量上增長迅猛,影響力也與日俱增。江憶恩與伊凡斯(Paul Evans)指出,目前國際制度與組織的專業性與技術性日益上升,迫使中國也必須培養相關領域的專家。專家的專業知識本身有一定的規範性作用,而且會產生組織性的利益。他們的意見已促使北京當局重新思考關於安全與多邊主義的立場,建構中國的新認同定位。此一趨勢長期而言,將形成自由制度主義所謂的路徑依循(path-dependent)現象,有助中國對外的合作與負責態度。江氏承認,這樣一種結合建構主義與自由制度主義的研究,往往導引出對華「接觸」的政策。[135]

　　蘭普頓更積極地認為,擁有跨國聯繫、共同知識、技術和利益的知識社群在全球化與專業化浪潮下,正對中國外交決策產生深遠影響。這些知識社群把同儕的價值標準帶回中國內部,並享受跨國聯繫提供的資訊與資金支援。伊卡娜米發現中國國家環境局(NEPA)與國家科委(SSTC)裡的專家是最明顯的例子,他們已經開始對抗國內各種「保守」的觀點。國內學者陳瑋津的研究也證實,原本是用來突破「六四」西方制裁、招攬第三世界支持的中國「環境外交」,已經回過頭影響中國官方對生態環境問題的價值與認識。伊卡娜米因此積極建議美、歐、日三

方向中國提供用以支持國內制度建設與專家培訓的資金，擴大各種交流，不提供資源而期待大陸改變只會孤立中國，並不實際。金淳基也建議在審慎樂觀的態度下，加強國際非政府組織與中國內部的水平交流，或可突破中國僵化主權觀的硬殼。[136]

（四）　解構、後殖民與女性主義——開放主權觀念

國內學者石之瑜是少數應用後殖民主義與女性主義國際關係理論分析近代中國外交的學者。石氏認為中共外交中的自我認同發展可用後殖民理論加以解讀，因為「主權」概念原屬西方建構，為被殖民者所無。但被殖民者卻必須被迫內化西方主權概念，以回頭抵抗西方對他們主權的挑戰，此現象對中國而言亦同樣逼真。然而一旦中國發現西方定義的主權內涵開始改變，而難以保障自身主權，北京就更為焦慮，懷疑殖民者此舉是再度傷害中國的前兆，因而在某些問題上更辛辣地堅持主權，形成一種現實主義形容的零合困局。石氏認為懷抱優越感的美國決策者，對中國的這一現象很難同情地理解，因而往往處於以「接觸」改造中國和以「遏制」摧毀中國的兩難。其建議是美、中各方不妨對地理式主權觀持更為開放的態度，以解決主權意識下難以跨越的問題。[137]

（五）　小結——建構主義與知識社群論影響較為顯著

歸結而言，西方國際關係理論裡，取自由主義理論假設研究中國外交的文獻已多少受到溫和建構主義某些成果的影響；知識社群論則是相當常見的應用方向。這些新興的分析途徑之所以對中國外交感到興趣，一方面是基於中國「大國」崛起的現實，另一方面則是因為現實主義與自由主義理論對這個複雜的「大國」分析與對策不夠細緻，甚至太過執著於爭辯中國的「大國」資格與作用上，才打開了新理論介入的空間。至於建構主義理論中，較強的反思論述，和更激進的各路批判性理論，多半否認由「國家」集中管制的「外交」是人類歷史恆久不變的現實。這些理論途徑很少被應用到中國外交分析之中，其原因還可歸納為三

點:

1. 此類理論崛起於西方國家且發展較晚,對西方本身之案例研究尚少,專研中國問題的更屬鳳毛麟角。

2. 此類理論往往要求對既有其他主流理論的知識論與本體論假設進行反思,例如,提倡各種打破傳統「主權」與「國家」觀念的新思路。儘管有強烈的實踐熱情,卻兼具濃厚的哲學思辨色彩。相較於其他理論與「現實」理所當然的對應性,主張反思往往被視為脫離「經驗現實」,難以被政策研究者應用以生產具體建議。

3. 此類觀點對各國國內與國際現狀秩序的反對性強,特別不易被力圖強化現狀秩序與其論述、價值、社經結構的各方當局所接受。從而根本地遏制了理論獲得滋養的機會。

本章結論

現實主義理論家卡爾、摩根索、華爾志以及新自由主義者基歐漢對待「理論」的態度,不同程度地支持了維歐蒂與庫庇等人將各種西方國際關係理論視為不同國際關係印象的理想型立場。如同卡爾所言,政治學不存在如物理般的事實,華爾志也同意,理論是用以解釋事實,而不是事實本身的複本。尤其是國際關係理論,往往與現實政治的需求緊密相連,著重強調一項或數項理論假定並不足為奇。而且許多情況下,一種理論的分析與建議往往兼取了其他理論的基本假定或規範價值,以強化本身的適用性與說服力。

對本文而言,支流廣布而歷久彌新的現實主義理論對「大國」的作用最為重視。如同建構主義者溫特對經驗主義與實證主義讓步所顯示的,假定為內在統一(unitary)的「大國」,其影響力是國際關係分析者難以迴避的現實。溫特因此承認,華爾志是其既批判又師法的對象。各種地緣政治論更屬古老的智慧,對「國家」內在統一而神似有機體、

共同體的描繪，對地緣「結構」的決定性強調，比諸當代結構現實主義更不遑多讓。「大國」為擴張勢力範圍而尖銳鬥爭幾成宿命。

　　然而出於對「結構」普遍性作用與內政因素強調程度不一，許多現實主義分析開始注意複雜互賴、全球化、國際建制、國際組織與認同、觀念、知識社群等跨國界過程的影響。在不否認國家仍是國際政治中主要的行動者、國際政治結構仍屬無政府狀態、行動者依據理性尋求安全與利益極大的假定下，自由主義理論發現理性的合作是可能的，並以此一新焦點檢視中國這一崛起大國與西方的關係。也就是說，理性抉擇對中國這個「大國」具有普遍適用性，但其結果不必然是冷戰式的對抗。在「霸權之後」或冷戰後，新的霸權穩定、「受歡迎的帝國」、「單極片刻」下，合作共利仍屬可期。這樣的思路是各種對中國「接觸」政策的基礎，共同的理性是確保理論普遍有效的根基。

　　對認同、觀念與知識社群的重視是冷戰結束之後國際關係理論的重要趨勢。側重這些行動者主觀因素漸漸使理論放鬆對國家作為主要、單一、完整實體的假定，也更關切各種跨國專家社群、非政府組織、跨國運動的影響。是否鬆動行動者追逐利益的普遍理性，成為區別自由主義建制理論、溫和的反思主義與建構主義，乃至激進的批判性理論的判準。對於依舊堅持理性主義假定的建制理論與溫和建構主義而言，「大國」與大陸內部的精英們的認同、理念對「結構文化」與制度的路徑依循還是極關重要。對華「接觸」也是改變中國行動模式的有效憑藉。但懷疑理性主義普遍性的激進理論則訴求打破「理所當然」的國家理性，將「接觸」定位在溝通、對話與理解。

　　主流的現實主義採納國際關係的某些主觀因素、歷史特質與內政變項，並不一定導引出國際關係自由主義理論的結論和對策。自由主義理論中，作為價值關懷主要源頭的民主和平理論，除了提供當代自由主義經驗面的啟發以外，其對西方自由民主文明獨特性的堅持也可以引導出與複雜互賴、建制理論乃至溫和建構主義、知識社群論相反的結果。杭廷頓的文明衝突論是對文明認同最為重視的現實主義理論，此論雖強調西方文明不宜強加於非西方，但西方文明的民主和平理性本質因而也難

以適用於非西方。開明如杭氏者呼籲文明的「核心大國」彼此協商,但其政策建議與民主和平論裡另一活躍的觀點──中國威脅論幾近同流,即對不民主而可能帶頭反西方的中國加以不同程度的「遏制」。

西方社會價值核心代表──民主和平論作為自由主義的主要傳統,影響遠非排除一切規範性價值的實證主義者所言所想。除了華爾志個人以個體經濟學方法堅定其高度抽象、覆蓋面廣的結構現實主義外,活躍於實務中的各種現實主義與自由主義分析,常或明示或默示地以民主和平論的價值訴求為政策正當性(legitimacy)的證明。地緣現實、「公共財」提供、複雜互賴、制度建制、知識社群、康德文化等論述無不如此。而且民主和平論從來不否認「權力」對捍衛西方民主的重要性。從這個角度觀察,崛起大國中共的主要特徵是與所有西方國家不同的非民主政治體制,甚至包括這一體制背後的固有文化認同因素。這種異質性對西方而言,是國際和平的障礙。若中國屬於「普遍理性」適用之範疇,則以「接觸」逐漸整合理性自保的「體系大國」──中國進入現狀體系與價值,成為一個「常態大國」,事屬可期。若中國政體與文明不屬西方「普遍理性」適用之範疇,中國的崛起只能最終變成一個「挑戰大國」,「圍堵」與衝突不可避免。地緣棋盤終究要取代緩不濟急的建制「搭車」。例外的除了結構現實主義,其餘皆屬邊緣學派,包括全球化懷疑論、世界體系論與激進的批判性理論。

全球化懷疑論、世界體系理論與第三世界「國際經濟新秩序」的呼籲雖認為經濟剝削才是國際政治的基礎主題,但他們常被歸於國際關係理性主義一端的原因在於,這些論點仍舊重視「國家」的實體性。華勒斯坦便指明,國家機器的存在是「中心」繼續其資本累積與剝削的重要工具。而第三世界國家所曾倡議的「新秩序」則是要強化自身的國家主權,對抗資本入侵。中國這一「最大發展中國家」的某些歷史經驗便部分印證了這些理論的價值。例如,自力更生的經濟、反體系運動的文革等等。文革尤其提示了某一大國曾全面反對現存資本主義世界體系與現代主義秩序的「反大國」範本。這一經驗也被若干現實主義理論家如布里辛斯基、杭廷頓等所注意,視為是中國隨時可能串聯第三世界,尤其

是伊斯蘭反西方的潛在基因。[138]

　　總結來說，本章的結論可以簡述為以下四點：

1. 包括溫和建構主義在內的主流西方國際關係理論，皆不同程度地重視「國家」為國際關係主要行動者；也多已注意到中國崛起為一個「體系大國」的「現實」。專注於此一現實的程度愈高，甚至把「國家」視為內在統一且生長擴張的有機體，則各大國關係只能是變動中的「權力平衡」。「體系大國」與「挑戰者」的區別也只在於客觀能力的消長，與行動者主觀意向沒有關係。所以，相對於美國，中國若持續快速增長、擴張地緣影響，則將無可避免地挑戰現狀體系，從「體系大國」向「反大國／挑戰大國」轉進。

2. 對於「國家」行動者地位的放寬，以及接受行動者對結構有更多的主動性，也就是同意主觀面的理念、認同、社會化與客觀物質性結構因素都有影響的理論，傾向認為中國這一「體系大國」可能被各種機制轉化，從而認同西方建構的現狀秩序，成為所謂常態的「負責大國」。

3. 同意中國崛起為「體系大國」的事實，也接受某些主觀面與歷史性因素對國際關係的影響，但認為這些主觀因素已非西方「普遍理性」所能改造，則中國聯合「非西方」世界與「西方」的衝突將更不可避免，成為「反大國／挑戰大國」。

4. 強調行動者論述與實踐能力的批判性理論，提供一種超越體系與「國家」建構的開放性方向。此類論點認為「現實」出自行動者的論述與建構，所以行動者新的實踐也能改變結構造成既有國家、文明與群體之間必然衝突的「現實」。

　　隨著中國國力增長與參與西方主導現狀秩序的深化，西方國際關係理論與衍生的對策也隨著與北京的「接觸」產生廣泛而深遠的影響。官方既有政策路線之外，大陸內部地位日趨重要的國際關係研究「知識社群」，對西方理論與政策的內容和企圖如何理解，理解之後對自身的政

策有何評價與建議，將是人們掌握現在與未來中國「大國外交」發展方
向的重要依據，也是本書下一章的研討主題。

註釋

[1]綜合參閱Ken Booth, "75Years on: Rewriting the Subject's Past-Reinventing its
Future," in Steve Smith, Ken Booth and Marysia Zalewski eds., *International
Theory: Postivism and Beyond* (Cambridge: Cambridge University Press, 1996),
pp. 328-339; Fred Halliday, "The Future of International Relations: Fears and
Hopes," in Steve Smith, Ken Booth and Marysia Zalewski eds., ibid., pp. 318-
319; Phil William, Donald M. Goldstein and Jay M. Shafritz eds., *Classic
Readings of International Relations* (Belmont: Wadsworth Press, 1994); 王逸
舟，《西方國際政治學：歷史與理論》（上海：上海人民出版社，1998
年），頁3-52。

[2]綜合參考William J. Perry and Ashton B. Carter, *Preventive Defense: A New
Security Strategy for America* (Washington DC: Brookings Institute Press,
1999)，中譯本，胡利平、楊韻琴譯，《預防性防禦》（上海：上海人民出
版社，2000年），中文版前言；沈大偉（David Shambaugh），"Containment
or Engagement of China? Calculating Beijing's Responses," *International
Security*, Vol. 21, No. 2 (Fall 1996), p. 180; 陸柏彬（Robert Ross），"Beijing as
a Conservative Power," *Foreign Affairs*, Vol. 76. No. 2(March/April 1997), p. 33.

[3]參閱John C. Hulsman, *A Paradigm for the New World Order: A School-of-
Thought Analysis of American Foreign Policy in the Post-Cold Era* (London:
Macmillan Press, 1997).

[4]本章所包括的「西方」國際關係研究文獻，與其涉及北京外交的分析部
分，包括澳紐、日本與台灣。澳紐與日本向來被外界視為是西方集團之成
員。台灣國際關係學界亦長期浸淫於美歐論述之下，相對於大陸的理論與
政策研究，實自以為處於某種「西方」之位置而發揮著影響。

[5]參閱Robert O. Keohane and Joseph S. Nye, *Power and Interdependence*, 2nd
edition (HarperCollins Press, 1989), p. vi.

[6]例見Wil Hout, *Capitalism and the Third World* (Brookfield: Edward Elgar Press,
1993), pp. 2-5. 中文方面較詳細的介紹參閱莫大華，〈國際關係理論大辯論
研究的評析〉，《問題與研究》，39卷12期（2000年12月），頁65-90; Robert

W. Cox, *The New Realism-Perspectives on Multilateralism and World Order* (Tokyo: United Nations University Press, 1997), pp. xv-xvii.

[7]Paul R. Viotti and Mark V. Kauppi eds., *International Relations Theory: Realism, Pluralism, Globalism* (New York: Macmillan Press, 1993), p. 11.有關「純粹類型」，或譯為「理念型」（ideal type），乃是社會學者韋伯（Max Weber）所提的概念，屬於對歷史事例抽象化的分析建構，本身不是「現實」的再現。詳參Max Weber, *The Methodology of the Social Sciences*, Edward Shils and Henry Finch translated and edited (New York: The Free Press, 1949), p. 90.

[8]吉爾平同時對這三種「意識形態」予以批判。但在其研究的序言中，則並舉自由主義、馬克思主義與現實主義，此時他並未稱此三者為「意識形態」而稱之為「觀點」（perspectives）；是否意味著重商主義是「意識形態」而現實主義則否，不得而知。參閱Robert Gilpin, *The Political Economy of International Relations* (Princeton: Princeton University Press, 1987), p. xiii; pp. 25-64.

[9]Berry Buzan, "The Timeless Wisdom of Realism?" in Steve Smith, Ken Booth and Marysia Zalewski eds., *International Theory: Positivism and Beyond*, p. 57. 布桑的「葛老秀斯主義」即英國的「國際社會理論」（international society）。

[10]依照表3-3的分析向度，溫特將與華爾志的新現實主義相比，更強調社會互動過程的一些學派，都歸於建構主義。參閱Alexander Wendt, *Social Theory of International Politics* (Cambridge: Cambridge University Press, 1999), pp. 3-4.

[11]Thomas J. Christensen, "Posing Problems without Catching up: China's Rise and Challenges for U. S. Security Policy," *International Security*, Vol. 25, No. 4 (Spring 2001), p. 6. 克氏此文批評了傳統上偏重估算解放軍「相對能力」的缺點，並指出認知與戰略因素有可能使中國雖「能力」不足，亦決定採取對外強硬措施；參閱該文pp. 7-17.

[12]參閱Robert O. Keohane, "Realism, Neorealism and the Study of World Politics," in Robert O. Keohane eds., *Neorealism and Its Critics* (New York: Columbia University Press, 1986), p. 7. 作者附帶指出，此一「理性」必然具有普遍性，同時指導決策思維與研究設計。理論研究與政策分析的邏輯一致從而獲致保證。

[13]Paul R. Viotti and Mark V. Kauppi, *International Relations Theory: Realism, Pluralism, Globalism*, pp. 5-7.

[14]綜合參閱Stefano Guzzini, *Realism in International Relations and International*

Political Economy (London: Routledge Press, 1998), pp. 16-31; Phil Williams, Donald M Goldstein and Jay M. Shafritz eds., *Classic Readings of International Relations* (Belmont: Wadsworth Press, 1994), pp. 24-33.

[15]馬基維利關於人性與君主應循之內外政策，參閱Niccolo Machiavelli, *The Prince,* edited by Quentin Skinner (Cambridge: Cambridge University Press, 1988)。特別是pp. 9, 14, 21, 51-54, 58-62, 72-73；但馬基維利並非道德虛無主義者（Nihilism）。關於其「國家理性」觀念，參閱張旺山，〈馬基維里革命：國家理性觀念初探之一〉，收於陳秀容、江宜樺編，《政治社群》（台北：中研院中山人文社會科學研究所，1995年），頁77-102。

[16]綜合參閱霍布斯（Thomas Hobbes）著，朱敏章譯，《利維坦》（*Leviathan*）（台北：商務印書館，1985年），頁78-83；Phil Williams, Donald M Goldstein and Jay M. Shafritz eds., *Classic Readings of International Relations*, pp. 28-30; Barry Buzzan, Charles Jones and Richard Little, *The Logic of Anarchy: Neorealism to Structural Realism* (New York: Columbia University Press, 1993), p. 3; Kenneth N. Waltz, *Theory of International Politics* (London: Addison-Wesley Press, 1979), p. 66.

[17]參閱摩根索提出的「政治現實主義六原則」。Hans J. Morgenthau and Kenneth W. Thompson, *Politics Among Nations,* 6th edition (New York: Alfred A. Knopf Press, 1985), pp. 4-17, 38-39.

[18]Hans J. Morgenthau and Kenneth W. Thompson, ibid., pp. 187-198.值得一提的是，另一位現實主義者季辛吉在推崇權力平衡政策時指出，此一政策在人類歷史上並非普遍案例，反倒是「帝國」才是典型的政治型態。參閱Henry Kissinger, *Diplomacy* (New York: Touchstone Press, 1994), pp.20-21, 222.

[19]摩氏等還引述十八世紀學者的意見：「想像歐洲是一個偉大的共和國，各國居民已達到相近的教化與禮貌。權力平衡將繼續變化，各國繁榮程度也有興衰，但不根本影響我們的愉悅、文藝、法制和禮節。」Hans J. Morgenthau and Kenneth W. Thompson, ibid., pp. 233-240.

[20]Kenneth N. Waltz, *Theory of International Politics,* pp. 116-121. 華爾志以其體系論的觀點批評了摩根索等人的權力平衡概念，為權力平衡賦予了近似個體經濟學中，市場均衡的意義。

[21]Kenneth N. Waltz, ibid., pp. 79-100.

[22]Ibid., pp. 66-67, 112-113, 132-165, 173, 197-198; Kenneth N. Waltz, "NATO Expansion: A Realist's View," *Contemporary Security Policy*, Vol. 21, No. 2 (August 2000), pp. 29-30.

[23]綜合參閱Geoffery Parker, "Political Geography and Geopolitics," in A. J. R. Groom and Margot Light eds., *Contemporary International Relations: A Guide to Theory* (London: St. Martin's Press, 1994), pp. 170-174; 王逸舟，《當代國際政治析論》（上海：上海人民出版社，1995年），頁178-220；沈默，《地緣政治》（台北：文和，1967年），頁3-23。另外，被譽為當代「攻勢現實主義」教主的米夏摩，也是出身西點軍校與美國空軍。

[24]納粹德國的「生存空間」（Lebensraum, Living Space）論可謂其極端表現。今日戰略研究者仍然常常強調對某種空間（如市場，甚至網路、論述、文化）予以搶占、主導，以求保障安全、取得優勢，足見古老地緣論潛在不可忽視的影響。

[25]參閱Henry Kissinger, *Diplomacy*, pp. 37-40. 季辛吉極力推崇老羅斯福（Theodore Roosevelt）與尼克森的「勢力範圍」（spheres of influence）概念。

[26]例如，著名現實主義戰略家布里辛斯基認為蘇聯瓦解後，在歐亞大陸心臟地帶留下了一個長方形的動亂漩渦——由西向東：巴爾幹半島至中國新疆；由南向北：波斯灣、中東、伊朗、巴基斯坦、阿富汗至哈薩克。布里辛斯基對這一危險地帶的預言，今日已然被美國「911」事件證實，至於他所期許的安理會五強槍口一致，則還有待觀察。參閱Zbigniew Brezinski, *Out of Control: Global Turmoil on the eve of the Twenty-First Century* (New York: Macmillan Press, 1993), pp. 162-166; 王逸舟，《環球視點》（北京：中國發展出版社，1999年），頁131-132。

[27]Samuel P. Huntington, "The Clash of Civilizations?" *Foreign Affairs,* Vol. 72, No. 3 (Summer 1993), pp. 22-49; Samuel P. Huntington, *The Clash of Civilizations and the Remaking of World Order* (New York: Touchstone Press, 1996).

[28]所謂「結束主義」，指福山（Francis Fukuyama）等人冷戰後「歷史終結」於自由民主的觀點。杭氏認為，一個文明壯盛之際，常自以為締造了歷史之終點，「羅馬和平」與「大英帝國和平」無不如此；其實不過是本身走向沒落之徵兆。綜合參閱Samuel P. Huntington, "The Clash of Civilizations?" p. 22; *The Clash of Civilizations and the Remaking of World Order*, p. 301.

[29]Samuel P. Huntington, *The Clash of Civilizations and the Remaking of World Order*, pp. 41-45.

[30]Ibid., pp. 20-28.

[31]相較於東正教、回教與儒家文明，杭氏強調基督教與民主的接近性，因此杭氏批評現實主義以為「所有國家」用相同方式界定國家利益的假定，並

支持「民主和平論」。Samuel P. Huntington, *The Clash of Civilizations and the Remaking of World Order*, pp. 22-27; 34; 302-303. 另參閱Samuel P. Huntington, "The Lonely Superpower," *Foreign Affairs,* Vol. 78, No. 2 (March/ April 1999), pp. 35.

[32]Ibid., pp. 155-157.

[33]因此，杭氏批判現實主義之餘，又批判自由主義在理念──「軟權力」（soft power）上的主張。杭氏斷言，「軟權力」最終基礎還是軍經實力。Ibid., pp. 83-84, 92-95.

[34]綜合參閱Samuel S. Kim, "China and the World in Theory and Practice," in Samuel S. Kim, ed., *China and the World: Chinese Foreign Relations in the Post-Cold War Era* (Boulder: Westview Press, 1994), p. 8; Samuel S. Kim, "China's International Organizational Behavior," in Thomas W.Robinson and David Shambaugh ed., *Chinese Foreign Policy: Theory and Practice* (Oxford: Claredon Press, 1994), p.408.

[35]David M. Lampton, "A Growing China in a Shrinking World: Beijing and the Global Order," in Ezra F. Vogel ed., *Living with China: U. S. -China Relations in the Twenty-First Century* (New York: W. W. Norton & Company Press, 1997), p. 129.

[36]Harry Harding, "China's Co-operative Behaviour," in Thomas W. Robinson and David Shambaugh eds., *Chinese Foreign Policy: Theory and Practice*, p. 376.

[37]參閱黎安友（Andrew J. Nathan）、陸伯彬（Robert S. Ross），*The Great Wall and the Empty Fortress* (New York: W. W. Norton & Company Press, 1997), pp. xiv-xvii, 4-7, 124; Thomas J. Christensen, "Chinese Realpotik," *Foreign Affairs,* Vol 75, No. 5 (September/October 1996), p. 37.黎安友等因而反對以文化、內政與理念因素解釋中國外交。

[38]例見William J. Perry and Ashton B. Carter, *Preventive Defense: A New Security Strategy for America* (Washington DC: Brookings Institute Press, 1999), p. 103.

[39]例見Randall L. Schweller, "Managing the Rise of Great Powers," in Johnston, Alastair Iain and Rose, Robert S. eds., *Engaging China: The Management of an Emerging Power* (London: Routledge Press, 1999), pp. 18-23.

[40]參閱Michael D. Swaine and Ashley J. Tellis, *Interpreting China's Grand Strategy: Past, Present and Future* (Rand, MR1121-AF2000); 《工商時報》，2001年5月23日，版11。

[41]Robert Ross, "Beijing as a Conservative Power," pp. 34-43.

[42]綜合參閱Kenneth N. Waltz, *Theory of International Politics*, p. 130, 169; Ng-Quinn, Michael, "Effects of Bipolarity on Chinese Foreign Policy," *Survey*, Vol. 26, No. 2 (Spring 1982), pp. 102-130.

[43]綜合參閱Kenneth N. Waltz, Ibid., pp. 124-126; "NATO Expansion: A Realist's View," *Contemporary Security Policy*, Vol. 21, No. 2 (August 2000), pp. 23-25; "Structural Realism after the Cold War," *International Security*, Vol. 25. No. 1 (Summer 2000), pp. 5-41; Kenneth N. Waltz, "The Emerging Structure of International Politics," *International Security*, Vol. 18, No. 2 (Fall 1993), p. 66; Michael Mastanduno, "Preserving the Unipolar Moment: Realist Theories and U. S. Grand Strategy after the Cold War," in Ethan B. Kapstein and Michael Mastanduno eds., *Unipolar Politics: Realism and State Strategies after the Cold War* (New York: Columbia University Press, 1999), pp. 140-141.

[44]參閱Henry Kissinger, *Diplomacy*, p. 721.

[45]參閱布里辛斯基（Zbigniew Brzezinski）著，*The Grand Chessboard: American Primacy and Its Geostrategic Imperatives* (New York: BasicBooks Press, 1997), pp.151-193.

[46]參閱Zbigniew Brezinski, *Out of Control: Global Turmoil on the eve of the Twenty-First Century*, pp. xii-xiii, 196-200.

[47]綜合參閱《中國時報》，2000年5月15日，版3；《人民日報》，2001年5月18日，版2，http://www. people.com.cn/GB/paper49/3379/431967.htm。

[48]有趣之處是，杭氏不像其他現實主義理論，把「權力平衡」當作是普遍之現象，而認為它是「西方」中古封建歷史分權觀念的產物。Samuel P. Huntington, *The Clash of Civilizations and the Remaking of World Order*, pp. 231-234.

[49]杭氏2001年1月接受日本《經濟新聞》專訪報導，參閱《中國時報》，2001年1月28日，版8。杭氏在其1996年的書中憂慮地認為，人類歷史上大部分時間裡，直到西元1800年為止，中國占有最大的經濟體。而21世紀中葉以後，西方主宰兩百年的世界經濟史「光點」也將黯滅。Ibid., p.88.

[50]Samuel P. Huntington, *The Clash of Civilizations and the Remaking of World Order*, pp. 82-83; 239-240.

[51]Ibid., p. 316.

[52]參閱Gerald Segal, "Does China Matters?" *Foreign Affairs*, Vol. 78, No. 5 (September/October 1998), pp. 24-36; Gerald Segal, " 'EnliteNing' China?" in David S. G. Goodman and Gerald Segal eds., *China Rising: Nationalism and*

Interdependence (London: Routledge Press, 1997), pp. 172-173, 189.

[53]綜合參閱 Yoichi Funabashi, Michel Oksenberg and Heinrich Weiss, *An Emerging China in a World of Interdependence* (New York: the Trilateral Commission Press, 1994), pp. 1-7; Michel Oksenberg and Elizabcth Economy, "Introduction: China Joins the World," 8-41.

[54]參閱K. J. Holsti, *International Politics-a Framework for Analysis*, 5th ed. (N. J. : Prentice-Hall Press, 1992), pp. 21-22.國內許多本於現實主義的外交分析，結果也往往是南轅北轍。

[55]例見Ezra F. Vogel, "Introduction: How Can the Untied States and China Pursue Common Interests and Manage Differences?" in Ezra F. Vogel ed., *Living with China*, pp. 27-28.

[56]Robert O. Keohane and Joseph S. Nye, *Power and Interdependence*, p. v.

[57]歐盟官方目前也採行對中國「接觸」的政策。至於是否是受到基歐漢等人相互依存學說的影響，尚待日後深入分析。

[58]Charles W. Kegley Jr., "The Neoidealist Movement in International Studies? Realist Myth and the New International Reality," *International Studies Quarterly*, Vol. 37, No. 2 (June 1993), pp. 131-146. 轉引自莫大華，〈國際關係理論大辯論研究的評析〉，頁86。

[59]例見喻希來，〈世界新秩序與新興大國的歷史抉擇〉，《戰略與管理》，1998年2期（1998年4月），頁5-9。

[60]例見Mark W. Zacher and Richard A. Matthew, "Liberal International Theory: Common Threads, Divergent Strands," in Charles W. Kegley Jr. ed., *Controversies in International Relations Theory* (New York: St. Martin Press, 1995), p. 107-108.

[61]參閱康德（Immanuel Kant）著，何兆武譯，〈永久和平論〉，收於《歷史理性批判文集》（北京：商務印書館，1991年），頁97-103。

[62]「十四點原則」參閱Phil William, Donald M. Goldstein and Jay M. Shafritz eds., *Classic Readings of International Relations*, pp.18-19.

[63]要點摘自Henry Kissinger, *Diplomacy*, pp. 46-52, 218-235.

[64]綜合自Charles W. Kegley, "The Neoliberal Challenge to Realist Theories of World Politics: An Introduction," in Charles W. Kegley Jr. ed., *Controversies in International Relations Theory*, pp. 4-14.

[65]基歐漢因此也承認，此種假定劇除了早期自由主義者（作者按：理想主義）對國家行為動機的樂觀幻想。Robert O. Keohane, "Realism, Neorealism and

the study of World Politics," p.18; Robert O. Keohane and Joseph S. Nye, *Power and Interdependence*, p. xi, 24-25; Robert O. Keohane, *After Hegemony* (Princeton: Princeton University Press, 1984), pp. 66, 108-109.

[66] 參閱Alexander Wendt, *Social Theory of International Politics*, p. 38; David Dessler, "What's at Stake in the Agent-Structure Debate?" *International Organization*, Vol. 43, No. 3 (Summer 1989), p. 441; Robert W. Cox, *The New Realism-Perspectives on Multilateralism and World Order*, p. xvii. 基歐漢的「自由制度主義」仍屬「理性主義」範疇而非強調互為主觀、批判的「社會學途徑」，另參閱Robert O. Keohane, "International Institutions: Two Approaches," *International Studies Quarterly*, Vol. 32, No. 4 (Winter 1988), pp. 379-396.

[67] 例見Robert O. Keohane and Joseph S. Nye, *Power and Interdependence*, p. xi; David A. Balswin, "Neoliberlaism, Neorealism, and World Politics," in David Baldwin ed., *Neorealism and Neoliberalism: the Contemporary Debate* (New York: Columbia University Press, 1993), pp. 10-11. 關於自由制度主義避免涉及價值判斷、無意取代新現實主義，可參閱鄭端耀，〈國際關係「新自由制度主義」理論之評析〉，《問題與研究》，第36卷第12期（1997年12月），頁7-8。

[68] Robert O. Keohane and Joseph S. Nye, *Power and Interdependence*, pp. 8-14.

[69] Robert O. Keohane, ibid., pp. 229-235; Robert O. Keohane, "International Institutions: Two Approaches," pp. 158-179.

[70] 維歐蒂等人的分析，參閱Paul R. Viotti and Mark V. Kauppi eds., *International Relations Theory: Realism, Pluralism, Globalism*, p. 58. 另外，德國學者哈森克里佛（Andreas Hasenclever）等人將建制理論分為三類，國內學者鄭端耀依照對不擴散（non-proliferation）問題的態度將建制的角色與理論基礎分為四類，證明建制理論可朝現實主義或反思性、批判性國際關係理論發展。Andreas Hasenclever, Peter Mayer and Volker Rittberger, *Theories of International Regimes* (Cambridge: Cambridge University Press, 1997), p. 6; 鄭端耀，〈國際建制與國際不擴散的關係——理論分析架構的探討〉，《美歐季刊》，第13卷第2期（1999年夏季），頁134。

[71] Robert O. Keohane and Joseph S. Nye, *Power and Interdependence*, p. 5; Stephen D. Krasner, "Structural Causes and Regime Consequence: Regime as Intervening Variables," in Stephen D. Krasner ed, *International Regimes* (Ithaca: Cornell University Press, 1983), p.8. 克萊斯那對「建制」的定義是，「在一定議題領域裡，由行動者的期待匯聚成的一組隱性或顯性的原則、規範、

規則與程序。」

[72]綜合參閱Robert O. Keohane and Joseph S. Nye, *Power and Interdependence*, pp. 43-55; Robert O. Keohane, *After Hegemony*, p. 27.

[73]Robert O. Keohane, *After Hegemony*, pp. 26, 76-106.

[74]參閱Andreas Hasenclever, Peter Mayer and Volker Rittberger, *Theories of International Regimes*, pp. 104-107.

[75]綜合參閱Stefano Guzzini, *Realism in International Relations and International Political Economy*, pp. 153-157; Andreas Hasenclever, Peter Mayer and Volker Rittberger, ibid., p. 86; 邱坤玄，〈霸權穩定論與冷戰後中（共）美權力關係〉，《東亞季刊》，第31卷3期（2000年秋季），頁2。

[76]Stefano Guzzini, ibid., p. 157. 因此也必須注意，「霸權」的理論可以來自理想主義與自由主義預設，也可以如建制理論一般出自現實主義假定。此外，還有馬克思主義——帝國主義與依賴理論的「霸權」理論。此時「霸權」不是向白搭車者徵稅以維持「公共財」，而是赤裸剝削。

[77]參閱Helen V. Milner, "International Political Economy: Beyond Hegemonic Stability," *Foreign Policy*, No. 10 (Spring 1998), pp. 112-123.

[78]例如，艾肯伯里（G. John Ikenberry）等人便將有關「霸權」的理論歸於新現實主義，並參閱Daniel Deundey and G. John Ikenberry, "Realism, Structural Liberalism and the Western Order," in Ethan B. Kapstein and Michael Mastanduno eds., *Unipolar Politics: Realism and State Strategies after the Cold War*, pp. 103-105.

[79]綜合參閱Robert Gilpin, *The Political Economy of International Relations*, pp. 127-139；Stefano Guzzini, ibid., pp. 158-160, 228; Andreas Hasenclever, Peter Mayer and Volker Rittberger, *Theories of International Regimes*, p. 91.

[80]參閱Daniel Deundey and G. John Ikenberry, "Realism, Structural Liberalism and the Western Order," pp. 108-113.

[81]William Kristol and Robert Kagan, "Toward a Neo-Reaganite Foreign Policy," *Foreign Affairs*, Vol. 75, No. 4 (July/August 1996), pp. 18-32.

[82]1980年代「民主和平論」的主要觀點，參閱Michael W. Doyle, "Kant, Liberal Legacies, and Foreign Affairs," *Philosophy and Public Affairs*, Vol. 12 (December 1983), pp. 205-235; Michael W. Doyle, "Liberalism and World Politics," *American Political Science Review*, Vol. 80, No. 4 (December 1986), pp. 1151-1169. Doyle之研究乃為呼應當時雷根政府「自由十字軍」（crusade of freedom）的主張，以康德理想為目標，追求長遠的利益與和平。

[83]一百二十一國裡，獨裁的七十四國戰敗；二十六場戰爭中，民主陣營贏得二十一場。參閱David A. Lake, "Powerful Pacifists: Democratic States and War," *American Political Science Review*, Vol. 86, No. 1 (March 1992), pp. 24-37.

[84]參閱Zeev Maos and Bruce Rusett, "Normative and Structural Cause of Democratic Peace," *American Political Science Review*, Vol. 87, No. 3 (September 1993), pp. 624-638; Joshua Muravchik, *Exporting Democracy: Fulfilling America's Destiny* (Washington D. C. : The AELP Press, 1991); Ben J. Wattenberg, "Neo-Manifest Destinarianism," *The National Interest*, No. 21 (Fall 1990), pp. 51-54.

[85]如英國學者西格爾、布贊（Berry Buzan）與美國學者伊凡斯（Paul Evans）。參閱Paul Evans著，李文志譯，〈亞太多邊安全合作：意義與展望〉，收於田弘茂編，《後冷戰時期亞太集體安全》（台北：業強，1996年），頁437-465。

[86]例見Stephen D. Krasner, *Structural Conflict: The Third World against Global Liberalism* (Berkeley: University of California Press, 1985), p. 58, 296.

[87]參閱Thomas W. Robinson, "Interdependence in China's Foreign Relations," in Samuel S. Kim, ed., *China and the World: Chinese Foreign Relations in the Post-Cold War Era*, pp. 198-199.

[88]參閱Samuel S. Kim, "China and the World in Theory and Practice," pp. 28-31; Samuel S. Kim, "China's International Organizational Behavior," pp. 425-428, 433. 有趣的是，美國麻省理工學院學者賀金伯（Eric Heginbotham）等人也用「重商現實主義」（Mercantile Realism）解釋日本的對外政策。似乎日、中兩國仍是不夠「文明」的異己。Eric Heginbotham and Richard J. Samuels, "Mrecantile Realism and Japanese Foreign Policy," in Ethan B. Kapstein and Michael Mastanduno eds., *Unipolar Politics: Realism and State Strategies after the Cold War*, pp. 182-217.

[89]Nicholas R. Lardy, *China in the World Economy* (Washington DC: Institute for International Economics Press, 1994), pp. 110-140.

[90]綜合參閱柯偉林（William Kirby），〈中國的國際化──民國時代的對外關係〉，《二十一世紀》，第44期（1997年12月），頁38-39；William J. Perry and Ashton B. Carter, *Preventive Defense: A New Security Strategy for America*, p. 103-108; Lucian W. Pye, "Chinese Self-Image as Projected in World Affairs," in Gerrit W. Gong and Bih-jaw Lin（林碧炤）, *Sino-American Relations at a Time of Change* (Washington D. C. : CSIS Press, 1994), pp. 162; David M.

Lampton, "A Growing China in a Shrinking World: Beijing and the Global Order," pp. 120-134; Walter C. Clemens Jr., "How to Lose Friends and Inspire Enemies," *Washington Post*, May 20, 2001, p. B2.

[91] Michael D. Swaine and Ashley J. Tellis, *Interpreting China's Grand Strategy: Past, Present and Future*, p. xi; 江憶恩（Alastair Iain Johnston）著，王鳴鳴譯，〈中國參與國際體制的若干思考〉，《世界經濟與政治》，1999年7期（1999年7月），頁8-10。

[92] 參閱David M. Lampton, "A Growing China in a Shrinking World: Beijing and the Global Order," pp. 120-139; David M. Lampton, "China's Foreign and National Security Policy-Making Process: Is It Changing, and Dose It Matter?" in David M. Lampton ed., *The Making of Chinese and Security Policy in the Era of Reform, 1978-2000* (Stanford: Stanford University Press, 2001), pp. 1-36. 依卡娜米（Elizabeth Economy）著，董躍忠譯，〈中美關係：政治、問題及前景〉，收於張蘊嶺編，《合作還是對抗──冷戰後的中國、美國和日本》（北京：中國社會科學出版社，1997年），頁150-152。

[93] Alastair Iain Johnston, "Realism (s) and Chinese Security Policy in the Post-Cold War Period," in Ethan B. Kapstein and Michael Mastanduno eds., *Unipolar Politics: Realism and State Strategies after the Cold War*, p. 263. 本文認為，江氏此論展示了一種橫跨現實主義、自由制度主義與建構主義理論假定的綜合研究。

[94] 參閱 Alastair Iain Johnston and Paul Evans, "China's Engagement with Multilateral Security Institutions," in Alastair Iain Johnston and Robert S. Ross eds., *Engaging China: The Management for an Emerging Power* (London: Routledge Press, 1999), p. 235.

[95] 哈斯（Richard N. Haass）引述華爾志的觀點認為，任何國家不想成為大國，是不合結構常理的。而阻止他國壯大實超乎美國能力之外。合理的政策應該是結合威爾遜傳統與現實主義的「規制論」（Doctrine of Regulation）。Richard N. Haass, *The Reluctant Sheriff: The United State After the Cold War* (New York: The Council on Foreign Relations Press, 1997), pp. 52-73.

[96] 馬氏單極學說與艾肯伯里等人的「結構自由主義」十分近似。參閱Daniel Deundey and G. John Ikenberry, "Realism, Structural Liberalism and the Western Order," pp. 103-137; Michael Mastanduno and Ethan B. Kapstein, "Realism and State Strategies After the Cold War," in Ethan B. Kapstein and Michael Mastanduno eds., *Unipolar Politics: Realism and State Strategies after*

the Cold War, pp. 5-21; Michael Mastanduno, "Preserving the Unipolar Moment: Realist Theories and U. S. Grand Strategy After the Cold War," ibid., pp. 146-147, 163-168.

[97]參閱Samuel P. Huntington, *The Clash of Civilizations and the Remaking of World Order*, pp. 34, 312-316. 本章前節提及的英國學者西格爾亦有類似色彩。

[98]參閱Richard Bernstein and Ross H. Munro, *The Coming Conflict with China* (New York: Alfread A. Knopf Press, 1997), pp. 203-222.

[99]綜合參閱Robert O. Keohane, "International Institutions: Two Approaches," pp. 379-396; Ole Waever," Figures of International Thought: Introducing Persons Instead of Paradigms," in Iver B. Neumann and Ole Waever eds., *The Future of International Relations* (London: Routledge Press, 1997), pp. 17-20; Richard K. Ashley, "The Poverty of Neorealism," in Robert O. Keohane ed., *Neorealism and Its Critics*, pp. 260-268.

[100]論點與附圖參閱Ole Waever, ibid., pp. 14-21. 馬克思主義者則斷言，各種後現代理論實際上與資本主義是反動的共謀關係，因為它們斬除了馬克思主義的危險。

[101]因此考克斯要與結構主義的馬克思主義如阿圖舍（Louis Althusser）、普蘭查（Nicos Poulantzas）劃清界線，並指他們與反歷史、僵固知識論（essentialist epistemology）的新現實主義同路。參閱Robert W. Cox, *Approaches to World Order* (Cambridge: Cambridge University Press, 1996), pp. 88-95.

[102]其結果之一即是女性主義提倡的「個人的即政治的」(the personal is political)；華氏識之為「非政治」(no politics)。綜合參閱Hans J. Morgenthau, *Politics Among Nations*, pp. 569-573; Kenneth N. Waltz, "Structural Realism after the Cold War," *International Security*, Vol. 25, No. 1 (Summer 2000), p. 6; Samuel P. Huntington, *The Clash of Civilizations and the Remaking of World Order*, pp. 97-101.

[103]因此在肯定反思派某些論點的價值之餘，基歐漢還是認為人類理性自利的前提是不可動搖的。綜合參閱Judith Goldstein and Robert O. Keohane, "Ideas and Foreign Policy: An Analytical Framework," in Judith Goldstein and Robert O. Keohane eds., *Ideas and Foreign Policy: Beliefs, Institutions and Political Change* (Ithaca: Cornell University Press, 1993), pp. 5-6; 在對待中國的態度上，奧森伯格等人稱此方面的應用為「協商的理念主義」（Accommodational Ideationalist）。Michel Oksenberg and Elizabeth Economy,

"Introduction: China Joins the World," pp. 13-14.

[104]John Baylis and Steve Smith eds., *The Globalization of World Politics: An Introduction to International Relations* (Oxford: Oxford University Press, 1997), p. 15; David Held, Anthony G. McGrew, David Goldblatt and Jonathan Perraton, *Global Transformation: Politics, Economics and Culture* (Oxford: Polity Press, 1999), p. 16.

[105]Ole Waever, "Figures of International Thought: Introducing Persons Instead of Paradigms," p. 14; John Baylis and Steve Smith eds., ibid., pp. 6-7.

[106]參閱徐斯儉,〈全球化:中國大陸學者的觀點〉,《中國大陸研究》,第43卷4期(2000年4月),頁4-6。

[107]參閱Stephen D. Krasner, *Structural Conflict: The Third World against Global Liberalism*, pp. 6-13.

[108]依賴理論的介紹可參閱Wil Hout, *Capitalism and the Third World*, pp. 52-110; Paul R. Viotti and Mark V. Kauppi eds., *International Relations Theory: Realism, Pluralism, Globalism*, pp. 455-459。拉美國家的主張如2001年11月巴西總統卡多索(F. H. Cardoso)訪問英、法等大國時的呼籲,認為國際政治經濟秩序裡的不平等,才是恐怖主義的溫床。《人民網新聞雜誌──國際新聞》,總361期(2001年11月8日)。

[109]基歐漢認為,世界體系論在方法論與本體論上與現實主義、自由主義同屬理性主義範疇。綜合參閱Robert O. Keohane, "International Institutions: Two Approaches," pp. 158-179; Paul R. Viotti and Mark V. Kauppi eds., *International Relations Theory: Realism, Pluralism, Globalism*, pp. 8-11, 459-464.

[110]綜合參閱Viotti and Mark V. Kauppi eds., ibid., p. 9; 王逸舟,《西方國際政治學:歷史與理論》,頁556-583;王正毅,《世界體系論與中國》(北京:商務印書館,2000年),頁45-54、295-297。

[111]參閱Ted Hopf, "The Promise of Constructivism in International Relations Theory," *International Security*, Vol. 23, No. 1 (Summer 1998), pp. 180-185.

[112]霍夫就以卡贊斯坦(Peter J. Katzenstein)、江憶恩等人的研究例舉於此。Ted Hopf, ibid., p. 182. 另參閱Peter J. Katzenstein ed., *The Culture of National Security: Norms and Identity in World Politics* (New York: Columbia University Press, 1996); 「弱式建構主義」是溫特自稱,參閱Alexander Wendt, *Social Theory of International Politics* (Cambridge: Cambridge University Press, 1999), p. 2.

[113]綜合參閱Alexander Wendt, "Anarchy is What States make of it: the Social Construction of Power Politics," *International Organization*, Vol. 46, No. 2 (Spring 1992), pp. 391-405; Alexander Wendt, *Social Theory of International Politics*, p. 1; Ted Hopf, "The Promise of Constructivism in International Relations Theory," p. 172.

[114]Alexander Wendt, *Social Theory of International Politics*, pp. 215-222, 246-312.

[115]Alexander Wendt, ibid., pp. 246-312.此處所引溫特後段的觀點，不能不令人想起杭廷頓的文明衝突論。

[116]參閱Peter M. Haas, "Introduction: Epistemic Communities and International Policy Coordination," *International Organization*, Vol. 46, No. 1 (Winter 1992), pp. 1-35.

[117]參閱Mark Neufeld, "Reflexivity and International Relations Theory," in Claire Turenne Sjolander and Wayne S. Cox eds., *Beyond Positivism: Critical Reflections on International Relations* (Boulder: Lynne Rienner Publishers, 1994), pp. 11-15.

[118]參閱Richard K. Ashley, "The Geopolitics of Geopolitical Space: Toward a Critical Social Theory of International Politics," *Alternatives*, Vol. 12, No. 4 (Winter 1987), pp. 403-434. 類似的途徑尚可參閱R. B. J Walker, *Inside/Outside: International relations as Political Theory* (Cambridge: Cambridge University Press, 1993). 馬庫色則對抵抗結構甚為悲觀，因為他發現發達工業社會的技術理性已被灌輸成為人的本能。一如蘭德公司的「世界」只是一張地圖，核彈只是一些符號，戰爭只是一場技術遊戲。馬庫色（Hebert Marcuse）著，中譯本劉繼譯，《單向度的人》（台北：桂冠，1990年），頁1-9，81-86。

[119]綜合參閱Leela Gandhi, *Postcolonial Theory: A Critical Introduction* (New York: Columbia University Press, 1999), pp. 5-22; 石之瑜，《後現代的國家認同》（台北：世界書局，1995年），頁4-24；羅鋼、劉象愚編，《後殖民主義文化理論》（北京：中國社會科學出版社，1999年），頁370-389。

[120]參閱Marysia Zalewski, "Introduction: From the 'Woman' Question to the 'Man' Question in International Relations," in Marysia Zalewski and Jane Parpart eds., *The "Man" Question in International Relations* (Boulder: Westview Press, 1998), p. 3.

[121]參閱V. Spike Peterson and Jacqui True, " 'New Times' and New Conversations," in Marysia Zalewski and Jane Parpart eds., ibid., p. 15; V.

Spike Peterson, "Seeking World Order Beyond the Gendered Order of Global Hierarchies," in Robert W. Cox ed., *The New Realism-Perspectives on Multilateralism and World Order*, pp. 38-54.

[122]參閱Christine Sylvester, *Feminist Theory and International Relations in a Postmodern Era* (Cambridge: Cambridge Press, 1994), p. 4.

[123]綜合參閱Christine Sylvester, ibid., pp. 1-19; David Marsh and Gerry Stoker eds., *Theory and Methods in Political Science* (New York: Palgrave Press, 1995), pp. 94-114. 石之瑜，〈美國女性主義對國際政治的省思〉，《美國月刊》，第9卷4期（1994年4月），頁88-107。

[124]綜合參閱Christine Sylvester, ibid., pp. 209-215; Jan Jindy Pettman, *Worlding Women: A Feminist International Politics* (Sydney: Allen & Unwin Press, 1996), pp. 208-214; 女性主義觀念在國際組織過程中的進展，國內的文獻可例見鄧修倫，〈聯合國體系下女性議題發展之探討〉，台灣大學政治學研究所碩士論文，2001年。

[125]例見Kenneth Lieberthal, "Domestic Forces and Sino-U. S. Relations," in Ezra F. Vogel ed., *Living with China: U. S. -China Relations in the Twenty-First Century*, pp. 264-265; David M. Lampton, "A Growing China in a Shrinking World: Beijing and the Global Order," in Ezra F. Vogel ed., ibid., p. 124; Susan L. Shirk, "Internationalization and China's Economic Reforms," in Robert O. Keohane and Helen Milner eds., *Internationalization and domestic Politics* (Cambridge: Cambridge Press, 1996), pp. 186-206.蘭普頓也注意到，全球化造成的西方失業上升等問題，同樣促進著西方內部的民族主義與民粹勢力蔓延。

[126]綜合參閱Peter Van Ness, "China as a Third World State: Foreign Policy and Official National Identity," in Lowell Dittmer and Samuel S. Kim eds., *China's Quest for National Identity* (Ithaca: Cornell University Press, 1993), pp. 212-213.

[127]綜合參閱Samuel S. Kim, "China and the World in The Changing World Order," in Samuel S. Kim, ed., *China and the World: Chinese Foreign Relations in the Post-Cold War Era*, p. 130; J. D. Armstrong, *Revolutionary Diplomacy: Chinese Foreign Policy and the United Front Doctrine* (Berkeley: University of California Press, 1977), pp. 47-63; 徐斯儉，〈全球化：中國大陸學者的觀點〉，頁20-21。

[128]「帝國」自成整體，不是多國家體系，不易有剝削其他國家剩餘去豐富自己的營利與創新動機，更不鼓勵可以轉為國防用途的技術之研究與傳

播。帝國常常最在意內部的資源重分配問題，這是一個俸祿官僚制（prebendal bureaucracy）的世界帝國。參閱Immanuel Wallerstein, *The Capitalist World Economy* (Cambridge: Cambridge University Press, 1989), 轉引自王正毅，《世界體系論與中國》，頁309-311。

[129]同上註，頁309-311。

[130]參閱Immanuel Wallerstein, "The World-System After the Cold War," *Journal of Peace Research*, Vol. 30, No. 1. (February 1993), pp. 1-6.

[131]綜合參閱Robert O. Keohane and Joseph S. Nye, *Power and Interdependence*, p. 35; Kenneth N. Waltz, *Theory of International Politics*, p. 128; George Modelski, "Is World Politics Evolutionary Learning?" *International Organization*, Vol. 44, No. 1 (Winter 1994), pp. 1-24.

[132]例見Randall L. Schweller, "Managing the Rise of Great Powers," p. 25; Ezra F. Vogel, "Introduction: How Can the Untied States and China Pursue Common Interests and Manage Differences?" pp. 25-31; Thomas J. Christensen, "Posing Problems without Catching up: China's Rise and Challenges for U. S. Security Policy," pp. 7-10.輿論與「形象」對外交的影響，可參閱對李侃如的專訪，〈國內政治：一隻無形的手〉，收於郝雨凡、張燕冬，《無形的手：與美國中國問題專家點評中美關係》(北京：新華出版社，2000年)，頁320-329；Samuel S. Kim, "China and the World in Theory and Practice," pp. 16-18.

[133]參閱Peter Van Ness, "China as a Third World State: Foreign Policy and Official National Identity," pp. 194-214. 定義「自我等同性」(self-sameness) 是此一「認同」的重要內涵，文化因素在定義過程因而扮演了重要的角色。這點與杭廷頓的文明衝突論頗相呼應。參閱Lowell Dittmer and Samuel S. Kim, "In Search of a Theory of Nationality Identity," in Lowell Dittmer and Samuel S. Kim eds., *China's Quest for National Identity*, pp. 1-7.

[134]參閱Alexander Wendt, *Social Theory of International Politics*, 中譯本秦亞青譯，《國際政治的社會理論》(上海：上海人民出版社，2000年)，溫特中譯序。

[135]綜合參閱Alastair Iain Johnston and Paul Evans, "China's Engagement with Multilateral Security Institutions," pp. 235-237.

[136]綜合參閱David M. Lampton, "China's Foreign and National Security Policy-Making Process: Is It Changing, and Does it Matter?" in David M. Lampton eds., *The Making of Chinese Foreign and security Policy in the Era of Reform, 1978-2000* (Stanford: Stanford University Press, 2001), pp. 10-11; Samuel S.

Kim, "China and the United Nations," in Elizabeth Economy and Michel Oksenberg eds., *China Joins the World: Progress and Prospects*, p. 82; 陳墇津，〈大陸的環境外交〉，《中國大陸研究》，第40卷8期（1997年8月），頁29-47；伊卡娜米（Elizabeth Economy）著，董躍忠譯，〈中美關係：政治、問題及前景〉，頁160-161。現實主義者克里斯坦森建議，應邀請共軍將士參觀美國珍珠港與蓋茲堡（Gattysburg）等史蹟，「導正」其對美軍決心的錯誤認識。Thomas J. Christensen, "Posing Problems without Catching up: China's Rise and Challenges for U. S. Security Policy," p. 36.

[137]參閱Chih-Yu Shih（石之瑜）, "A Postcolonial Reading of the State Question in China," *Journal of Contemporary China*, Vol. 7, No. 7 (July, 1998), pp. 125-139.

[138]有關中國外交中，作為「體系大國」、「常態大國」與「反大國／挑戰大國」的歷史經驗與事例，參見第二章的分析。

第四章

大陸國際關係學界的理論探索與回應

訪談彙整與對比：理論與政策實踐的爭辯

對現實主義與相關理論的探索與回應

對自由主義與相關理論的探索與回應

對反思主義與批判性國際關係理論的探索與回應

本章結論

北京當局歷來認為「理論」是由總結經驗實踐得來，也用以指導革命實踐，所以傾向否定「為研究而研究」的抽象性理論。理論因此具有濃厚的務實特質與政策色彩，其國際關係學界（或稱「國際政治學界」）亦不例外。[1]由於這一特質，使得大陸內部的國際關係研究多半帶有明顯的政策取向，成為官方文件與報導外，觀察其政策趨勢與爭論的另一獨特窗口。這些研究如何看待理論與政策影響力同時劇增的西方同行成果，並反饋回自己的思路，也是觀察中國未來自我定位與外交趨勢不容忽視的課題。藉由對大陸國際關係學界理論與政策研究成果的檢視，可以使研究者適切地掌握其解釋、評價「大國外交」相關概念與政策的各種角度，以及這些不同理論角度與西方國際關係諸理論間的複雜關係。在「知識社群」角色日益加重的國際環境中，瞭解大陸理論界的思路與爭論，才能把握理論普遍性與中國國情獨特性間的分寸，對「大國」的地位與戰略的動態發展更為前瞻，而不會被大陸或西方某一種或幾種政策文件或理論分析所專斷。[2]

訪談彙整與對比：理論與政策實踐的爭辯

訪談具有社會科學質化研究的特點，一方面承認受訪者作為「大國」定位的觀察者與回應者，受到外環境（體系結構）的制約；另一方面也重視受訪者作為「大國」定位與政策的共同參與者與建構、詮釋者，有引導未來理論與政策趨勢的潛能。對匿名的訪談予以分析對比，可以揭露某些具名研究不便指明的議題與趨勢。以下作者將訪談所得依照國際情勢與國際關係理論、「大國」概念與中國的「大國」定位、「大國外交」評價與政策建議、外交政策與大陸內部改革的關係等方面做出扼要的彙整，以便與大陸內部公開具名的各種論述、當局現實政策和西方國際關係理論成果有所對照。如此處理將對瞭解冷戰後中國「大國」定位與外交的內容有積極助益。

一、國際情勢與國際關係理論

多數大陸研究者認為，國際關係的本質就是大國主導下的「大國關係」，國際秩序則是大國互動的產物。過去的「大三角」關係實際上也是一種「大國關係」，冷戰結束之後則是「一超多強」時期。[3]

在這樣的觀察下，有些研究者又更強調「無政府狀態」與人性自利假設的恆久性，所謂複雜相互依存並不足恃，鬥而不破才是國際合作的真相。但受訪者們對要不要參與這一現狀架構中的國際建制則看法分歧，有的人認為只能積極加入了，有的卻警告不能對自由主義理論與國際建制抱持幻想。更有受訪者直指建制是圖利美國霸權主義的產物。中國對霸權主導的體制低頭，大使館卻還是免不了被北約轟炸。同樣強烈支持結構與格局等現實觀念的受訪者，有的人表現出避免規範性推論的「客觀」立場，態度十分冷靜，有的人卻對現實的不正義性強烈抨擊。[4]一部分受訪者則認為，大國間的「多極化」與全球化下的相互依存同時並進，趨勢由不得人。「大國秩序」有助於國際和平，即便從現實的角度看，大國還是可能朝向合作與進步的方向發展，甚至有利兩岸統一。而國際建制有如國際社會契約，各方宜放平心態，有條件參加，再尋圖改善。這群受訪者彼此的區別在於有些人強調現實主義的論證，反對標新立異；有些則認為理論與規範價值根本無法兩分，可以借鑑自由主義與理想主義，潛移默化。[5]

大陸顯然存在著一些受訪者，不願說明強權大國是否對國際社會有決定性影響，或者不願承認物質力量分布等於大國的影響力分布，認為有所謂不同於物質主義大國的「意識形態大國」存在。他們要求不要只用誰是否稱霸的現實主義觀察國際外交，因為單純套用西方的主流理論也無法普遍地解釋中國的外交行為。這些受訪者一方面強調結合現實主義與理想主義（或自由主義，甚至有提及建構主義觀念者）觀察國際情勢，也對國際關係和冷戰後中國的角色深具規範性與理想性的期待。[6]

另一些受訪者意見雖不是多數，但其見解與大陸文化界常見的其他觀點頗能彼此呼應，而不宜輕視。這些論點內部彼此分歧很多，但都明

白反對以「大國關係」看待國際關係，認為那是西方中心論與資本主義
商業文明的延伸和美國霸權「軟國力」的反映。這種國際觀有利於西方
干預非西方國家的主權，反而看不到「人」的因素與所謂「低政治」
（low politics）領域興起中的國際非政府組織的重要性。目前的國際建
制，就是西方干預謀私的工具之一。所以對既有的國際關係理論應深加
反省，不宜盲目追隨西方。[7]

若以西方國際關係理論本體論分析中，物質主義（結構）──理念
主義（行動者）的向度來看[8]，強調多極結構與大國格局的受訪者，往
往突顯格局結構的決定性與國力面的物質性；其中某些青睞且嫻熟於西
方現實主義理論的受訪者更堅持理論必須具備普遍的經驗實證條件。[9]
但有趣的是，也有結構現實主義的支持者重視參與建制，漸進學習。[10]
其他現實主義的主張者則看到行動者的「視野」可以潛移默化，以至提
出新的「外交哲學」的可能。[11]至於對全球化與國際建制採融入為主，
甚至提出結合現實主義與自由主義之理念的受訪者，則給行動者的理念
作用較多空間；這部分且與具有批判色彩的受訪者情況相同。

由上述分析可知，大陸國際關係研究者已廣泛受到西方國際關係諸
理論不同程度的影響；當然現實主義諸理論的影響最廣泛而直接。[12]除
了熟悉並運用其概念分析國際局勢外，也從各種理論與實務的角度產生
反省回應。這些回應有的仍可在西方國際關係諸理論中找到對應；有的
接近較具反思與批判性的觀點；有的是自覺或不自覺的各種觀點地混
揉；更有一些尚未成熟的，超越西方既有理論的企圖。這些觀點與回應
的推論思路，往往與推論者對中國「大國」地位與「大國外交」的評
價、政策倡議有密切關係。

二、「大國」概念與中國的「大國」定位

多數受訪者的共識是，目前中國在國際體系裡具有某種「大國」地
位。例如，「一極」、「區域大國」、「具有全球影響的區域大國」、
「非主動大國」、「意識形態大國」、「有了大國意識」、「戰略不清楚的

大國」等等。[13]但即便如此，這些受訪者多半持有不同的「大國」定義與國力、影響力評估標準。有的受訪者明確談到評價國力的指標與排名，或說前五名、第七名，也有極力撇清不是西方某些研究說的第二名。有的受訪者則回溯歷史，主張抗戰以來，或者日內瓦會議以來、或者1970年代「大三角」出現以來，中國就取得了「大國地位」。從本書第二章概念史的梳理與國力分析部分觀察，這些受訪者的回應可說各有所據。[14]

　　另有少數受訪者根本否定中國目前具備了某種「大國」資格。[15]然而這些否定大國概念的受訪者彼此理由卻大異其趣。有的是堅持傳統「反大國主義」的政策路線，認為「大國」定位就是霸權。[16]何況此種國際地位不能一廂情願，西方絕不願坐視中國成為大國。[17]有的學者則是十分務實地評價中國國力只是「二流國家」，不可能改變國際現狀。「大國意識」過強，反而將與國家利益相違背。特別是有堅持務實的受訪者認為，「大國」概念內容龐雜而且往往帶有某些過激的「理想」，會犯「左」的錯誤。[18]相反地，也有學者反對「大國」定位不是出於反霸或韜光養晦，而是認為「大國」概念的主權理論偏向西方中心，忽略了歷史進程與市民社會的能動性。[19]

　　與西方諸理論研究結果相似，面對相同的分析對象，採取相近的理論思考途徑，不同的大陸國際關係研究者可能基於不同的國力指標、時程角度、策略偏好與規範立場等等因素，而對「大國」定義與本國的身分定位有截然相反的結論。更重要的是，人們隱然可以觀察到，國力評估與大國認同方面雖然具備有限的共識，大陸研究者們也正試圖摸索出某種無法在目前西方主流國際關係理論清楚找到的「大國」定位。其不成熟性、高度不確定性與能動性，正是冷戰後國際關係「失卻典範」的另一寫照。

三、「大國外交」評價與政策建議

　　雖然多數受訪者同意中國目前已具有某種「大國」地位，但明確表

示中國當局現在的外交政策是某種「大國外交」的受訪者，又略少於認同中國具有「大國」地位者。關於「大國外交」的界定主要包括以下幾種：

1. 一般性地認為「大國外交」就是爭取國家利益。
2. 突出「大國」地位，認為「大國外交」是只有「大國」才能操作的外交政策。
3. 以「夥伴外交」、「權力平衡」、處理「大國關係」等面向定義「大國外交」。
4. 從官方政策定義「大國外交」就是「獨立自主外交」政策的一部分。
5. 認為「大國外交」僅是一種萌芽的「感覺」，還沒有確定的內容。[20]

然而接受「大國外交」作為描述當前中國外交的概念，並不表示受訪者完全贊同「大國外交」作為一種政策。許多受訪者對某種定義下的「大國外交」態度反倒是十分保留。他們擔心「大國外交」的「出頭」傾向會與鄧小平的「韜光養晦」指示衝突，在國際上作出與實力不相稱的行動。[21]另有人更憂慮「大國外交」會使北京只顧結交發達國家，忘卻了「第三世界」的重要性。[22]相反地，認為目前中國尚未採取「大國外交」政策的受訪者，也可能鼓勵大陸未來應明確採取「大國外交」，甚至將其落實到公民階層，培育「大國視野」。[23]

綜合而言，將「大國」地位視為是結構與格局的產物的受訪者，會依循這一定義去支持北京的「大國外交」，因為此乃勢所必然。他們一致地把國際建制視為權力的附屬品，對「第三世界」問題的利害估計也乾淨利落。但是用這一結構格局角度看待中、美關係，則傾向衝突難以避免的悲觀看法，也就是「大國」是結構給定的，勢所必然；與美國的衝突也是如此。

然而同樣強調結構與格局的拘束，若把「大國」概念理解為某種流行觀念的產物，則反而可以使人堅拒「大國」的意識膨脹。並設想北京

若能韜光養晦，退回區域周邊，中、美衝突並非不可避免。[24]說「大國」是流行觀念的受訪者，也可能嘲諷「大國外交」是一昧親西方的路線，但卻不可能扭轉現實結構。[25]

放鬆結構制約能力的受訪者對「大國」的定義與評價更為複雜，他們往往希望迴避結構現實造成大國間宿命的衝突。仍然堅持現實主義角度的一類受訪者可能對大陸本身在國際社會的主動能力持疑，反對各種「大國」說辭造成的陷阱，避免過度「出頭」或「左」的錯誤。[26]第二種意見類型則雖也對中國目前的主動能力估計保守，認為現在是融入建制的階段，但不排除中國未來創新國際社會的價值之可能。第三種受訪者則提昇行動者的主動性，希望中國成為現狀秩序裡的「負責大國」。[27]

加入了更多非現實主義的因素的受訪者在思考國際現實時，則不僅希望中國能積極加入目前的國際建制，改善形象，還應對國際秩序與第三世界問題提出建設性方案，成為「常態大國」與「負責大國」。尤其要避免現實主義中的決定論、保守因素過度發展，使中國重蹈納粹德國覆轍。[28]

放鬆結構制約的思考也有可能導致完全反對任何類型的「大國」政策。有些受訪者認為「大國外交」誤導性在於只看到結構中的強權，沒有看到「人」與歷史。尖銳的批評聲稱主流理論根本是「強盜邏輯」，以前的馬列主義也只是加上了意識形態的包裝。這些受訪者建議政策應朝向超越工具理性的角度思索。重視全球市民社會、非政府組織、生態平等、第三世界貧窮等問題，才是中國對世界的真「責任」。[29]

四、外交政策與大陸內部改革的關係

近半數受訪者明確提到大陸政經改革對外交政策的影響。在理論層面，結構格局論的觀察者全部沒有提及中國外交的內政因素。另一些受訪者則明確指出內政情勢會對一國的外交政策造成衝擊，這其中包含採取現實主義或某些非現實主義觀點的受訪者。[30]

若干對「大國外交」一詞態度模糊的現實主義支持者認為，中國向

來是透過改變自己去影響世界。政治改革不僅有助於改善中國的國際形象與號召力，還可促進價值的創新。現實主義視角下明確支持「大國外交」政策的論者雖警告對西方不必有什麼期待，但國家「以德服人」與公民良好素質的形象對外交推展有重要的幫助。[31]

　　引進較多非現實主義思考的受訪者的看法則可分為兩類。一類認為改革不僅有助於扶持國家形象，矯正不民主、沒人權的外界觀感，緩和加入國際建制的摩擦，促進兩岸統合，而且改革與國家安全明顯成正比關係。中國參與全球化與國際建制促進著國內的改革，改革回過頭來又能提供中國影響國際建制的能量，這是正向循環。他們也從而較贊成中國承擔起某些「大國責任」。另一類意見則憂心民主改革或可能有助於改善中國的國際關係，但卻同時削弱國力，尤其對執政的中國共產黨不利，形成重大兩難。有受訪者直言，「大國外交」與「常態大國」的政策其實牽動著體制的生死存亡，因為到頭來西方不見得要接納中國的融入參與。[32]

　　歸結而論，本書所作的訪談研究發現，「大國」定位與「大國外交」在大陸國際關係與外交政策研究者內部是爭議極大的話題。爭議的原因有的可以從西方國際關係諸理論的分歧找到，就像評量「大國」國力的指標、國際關係的本質與結構等等。有的則必須到中國的歷史、政權性質與目前的國際處境中找尋。使用不同的國力指標看似屬於客觀領域的爭議，但背後多半帶有歷史脈絡性與規範性的考慮。例如，不願高估國力並反對「大國」定位與「大國外交」，可能是因為害怕實力不足的條件下與西方發生衝突，或者是認為西方大國很可能不會給中國改革時間，不會接受中國。更深一層則涉及使北京失去「第三世界」的傳統奧援，最後對「社會主義大國」這一正當性造成破壞的憂慮。推論之間，甚至不能排除受訪者本身在動盪的中共歷史與政局中的經歷帶來的影響。[33]

　　本章下節將分析若干公開的大陸「大國」定位相關學術文獻的論證，追蹤其學界與政策研究者們對西方國際關係諸理論與中國「大國外交」相關概念與政策的看法。這將有助於延續並強化匿名訪談的研究，

釐清冷戰後中國「大國」定位的複雜內容與未來外交政策動向。

對現實主義與相關理論的探索與回應

一、馬列傳統、「中國特色」與現實主義

　　大陸國際關係的教科書至今仍堅稱馬列主義與毛思想是研究國際政治的重要方法。這種態度既強調掌握物質對象的客觀規律，又有促進國家利益、愛國主義與人類進步的規範性訴求。國家是世界資本主義的歷史產物與剝削工具，彼此之關係取決於「經濟基礎」和軍事實力決定的權力平衡。國際政治則是國際經濟的上層建築。國家又是保衛中共「統治階級利益」與「全民族利益」，甚至堅持原則、反對「霸道」的憑藉。這兩種性質的結合成為部分大陸學者所稱的「有中國特色的國際政治學」或「有中國特色的國際關係理論」。[34]

　　北京大學資深國際政治學教授梁守德就認為，儘管世界上國際政治學流派繁多，但還是美、蘇、中三家的學說最具代表性。梁氏認為，國際社會是資本主義不等價掠奪經濟的產物，沒有統一的價值觀念與法律，權力與利益是其中的本質要素。此一體系中的核心關係就是——「格局」，即「大國關係」。國際秩序與規則是「大國」相互制定的。但梁守德又相信此一國際社會有可能產生非強制性的調控機制，促進「人類共同利益」，所以沒有世界政府不等於說國際社會就是無政府主義。由於列寧開始就重視「大國」的作用，而毛澤東、周恩來到鄧小平亦都強調國家主權，梁守德指稱所謂人民大眾喜聞樂見的「中國特色」，就是突出不同於西方強權利益觀的「主權利益」。中國則應力求成為一個主張「獨立自主、永不稱霸、永不當頭、一球多制」的「最大發展中國家」與「社會主義大國」。[35]恩格斯、列寧的分析與周恩來對外交部人員的講詞可以作為馬列主義與現實主義思路相通的印證：

手槍勝利劍。即使是最幼稚的公理論者在這裡也應當明瞭，暴力不是單純的意志行為。它要求非常現實的前提，特別是工具。暴力的勝利是以武器的生產為基礎的，而武器的生產又是以整個生產為基礎，即以暴力所擁有的物質資料為基礎。經濟情況供給暴力以配備和維持暴力工具的手段。[36] ──恩格斯

在民族戰爭中承認保衛祖國，完全符合馬克思主義。現在，我們使許多強國不敢再進行對我們的戰爭。但是我們不僅生活在一個國家裡，而且生活在許多國家組成的體系裡，蘇維埃共和國和帝國主義國家長期並存是不可思議的。最後不是這個勝利就是那個勝利。要記住，我們是被那些對我們公開表示極端仇恨的人、階級和政府包圍著的。[37]
證明戰爭的真實階級性質，自然不是戰爭的外交史。而是對各交戰國統治階級客觀情況的分析，即關於各交戰國和全世界的經濟生活基礎的材料的總和。[38] ──列　寧

國家機器在今天還必須重用。國家機器就是階級鬥爭的武器。國家這個統治武器，最主要的是軍隊和監獄。這些東西表面上看來同外交並無多大關係，實際上卻是外交的後盾。[39]

──周恩來

中國社會科學院世界經濟與政治所所長王逸舟聲稱，雖然改革開放以來大陸國際關係學界觀察世界的角度已經多樣化，但某些堅持傳統馬克思主義的論述實際上乃是「馬克思主義的現實主義」。這種現實主義還往往遠離了馬克思理論原有的批判性，成為擁護現狀的理論。[40]由上述恩格斯等的引文可以證明王逸舟的論點，也就是強調國際衝突、國家機器、生產力、軍事與經濟現實從而亦必定重視「大國」地位的馬列傳統，是使得今日大陸學界較易吸收運用西方現實主義國際關係理論的主要原因。[41]被國內研究者認為在大陸帶頭倡導「大國論」的外交學院教

授曲星，其著作便是以「戰略利益」、「國家安全利益」縱貫解釋五十年中共外交史，並稱中國將以「世界大國」的姿態牢牢屹立於世界的東方。[42]所以中國社會科學院美國研究所所長王緝思同意，就是基於這些理由，現實主義成為當前西方對大陸最有影響的理論。[43]

二、現實主義下的國家利益、大國關係、結構格局

（一）國家利益、現實利益觀念的興起與韜光養晦原則

鄧小平的改革開放被曲星認為帶來了國際關係「深刻的認識」與「思想的調整」，主要是轉而強調「外交為經濟服務」，不計較意識形態的差別。[44]冷戰結束之後大陸國際關係學界絕大多數的論述，都立足於以經濟發展和主權獨立（包括中共的政權穩定與「獨立自主」）定義的「國家利益」之上。這與1980年代以前高唱革命口號，對物質利益不屑一顧的情況，至少在論述與辭令上就有重大區別。

在這樣的架構下，所謂環境與人權外交，也可以為「特定的政治目的與戰略意圖服務」。全球化中的相互依存趨勢，亦變成中國以「夥伴外交」凝聚各國共利，弭平潛在衝突的機遇。如同大陸學者沈驥如論道，此正是「著眼於自身的長遠戰略利益，也尊重對方的利益」結成的「歷史合力」。既符合馬恩學說，促進「國際政治經濟新秩序」，又能構成「雙贏」。[45]

深入追究這種思路的發展，其由來主要有三：

1.馬列主義與毛思想重視國家機器、物質生產力、軍經實力與矛盾關係分析的傳統。[46]
2.季辛吉等西方現實主義者「打中國牌」，提昇了中國的國際地位。大陸學者何家棟指稱這是使「國家利益」取代既有意識形態，甚至成為1990年代最當紅的新意識形態的重要原因。[47]
3.文革中種種意識形態道德原則遭到歷次重大鬥爭的顛覆與荒謬

化，加上改革開放以來經濟利益至上的總體文化氣氛，削弱了既
往崇高神聖的規範性價值的說服力。利益「現實」於是成為論述
主張的可靠基礎。[48]

　　基於這種嚴格的國家利益觀念，曲星與郭震遠要求必須嚴守鄧小平
「韜光養晦」的教訓，對某些國際事態保持「超脫」，才能成就中國的
「大國」戰略目標。北京在1989年南斯拉夫政變、波海三國獨立、蘇聯
八一九政變、伊拉克侵科威特事件的低調做法，即是所謂現實的「超
脫」。郭震遠堅稱鄧小平所謂「有所作為」，是指面對嚴峻形勢還是要奮
發有為，不是某些人所說與「韜光養晦」相矛盾的原則。「韜光養晦」
才能使中國在一超多強的大國關係中能繼續抓住機遇，建設經濟。[49]

（二）　「力量關係」、「大國關係」與結構格局分析下的務實政策

　　清華大學戰略研究所楚樹龍指出，儘管中國是土地人口大國，但絕
非「物質大國」。近年伴隨國力上升，國家戰略上出現許多主觀的看
法，這些看法又隨著個別事件產生不同的激化。這些都是對國際「力量
關係」與國家「根本利益」沒有牢牢掌握，才產生出各種幻想。尤其應
當認清美國朝野對「社會主義、共產黨領導是永遠不能認同、不能接
受，在政治上永遠不能與之和平相處」的，也不願與任何崛起大國平起
平坐，不管他是德、俄、日、中。楚氏於是建議發展經濟、增強國力是
解決一切問題的根本出路。若能使本身的戰略武裝與常規武裝，達到敵
人十分之一規模，便能有效嚇阻敵之行動。[50]

　　無論是否直接引用「大國」這一詞彙，「大國關係」必然是所謂
「力量關係」的主要部分。「格局」一詞就是1997年中共十五大正式使
用「大國關係」之前，中共內部說明「大國關係」的主要概念。外交史
家謝益顯認為，1980年代鄧小平所說的「東西南北」全球戰略問題，就
是對「各種國際力量在戰略上所處的位置」的勾畫。在這個「格局」
中，中國是發展中國家、「南方國家」，也是社會主義國家。[51]早在
1994年，南京河海大學教授薛龍根等便直接表明，「格局」就是「結

構」，格局裡「主角」間的關係樣式就是以物質為基礎，綜合國力強大之大國間的關係。國家利益與戰略則由物質力量的對比變化決定。任光初則以「國際統一戰線」為格局的主要表現。[52]

中共十五大以後，大陸理論家以「大國關係」分析「格局」形勢的研究可謂多不勝數。例如，北京大學教授李義虎與中國社會科學院學者王金存都認為，綜合國力最強的國家是為「大國」或「極」。大國間的關係性質，也就是「極」間的關係性質，即是「格局」；比如「列強合奏」、「凡爾賽格局」、「兩極格局」、「雅爾達格局」、多極格局下的「夥伴關係」、「單極」等等。「大國關係」的格局對世界形勢有決定性的影響。[53]周方銀將「格局」定義為一段時期中，主要大國的實力分布與關係結構。國家利益與戰略必須準確依據格局和力量對比變化制定。中國人民大學教授宋新寧與陳岳則坦率同意格局理論源出西方，即卡普蘭（Morton Kaplan）以降的國際體系理論。[54]

應用格局概念，探索中國國家利益與對外戰略的另一代表性人物是清華大學國際問題研究所閻學通。閻氏認為「世界格局」由兩要素組成：大國力量對比、大國戰略關係。[55]所謂力量即「綜合國力」，實際上很難有統一的評價標準與內容，閻氏在不同的研究中也提到包括土地人口、經濟軍事、文化政治等多種指標。[56]而大國戰略關係中最重要的，就是國際政治中的「主要矛盾」。一定時期內的「主要矛盾」只能有一個，而且必然指向大國之間的利害矛盾或一致的程度。小國間的矛盾與小國和大國的衝突就算十分普遍，也必然要服從大國的主要矛盾。力量對比與主要矛盾結合而成的格局，決定多數國家的對外政策。[57]根據閻氏的理論分析，冷戰結束之後中國崛起的國際環境充滿挑戰，主要是因為中美矛盾強度遠大於其他大國間的衝突；當中除了因為中國實力崛起可能威脅美國霸權之外，美、歐、日、俄都實行多黨資本主義民主，中國則是「最為強大的社會主義國家」，使得中美矛盾比美國與俄、歐、日的矛盾更多且強。面對這樣的環境，閻氏認為提倡與俄、印同盟，或聯合第三世界出頭反霸都不符合北京的實力與利益。促進經濟相互依存固然可以降低戰爭機率，但全球化反而帶來金融與信息安全的

隱憂。中國還不是世界強國而只是區域大國，主要利益集中於周邊，周邊國家在文化、經貿、地緣、人權等問題與中共的一致性較高，宜一方面促進與美、日雙邊的安全合作機制，且加入所有多邊國際建制伸展影響，倡導「新安全觀」打擊「冷戰思維」；一方面更積極推動質量建軍的國防優勢與東亞整合區域化，尤其要早日解決美中矛盾上的重要障礙——台灣問題，方有助於維繫中國長期戰略利益。[58]

（三）安全困境與霸權戰爭無可避免：一種反對韜光養晦的結構現實主義

閻氏之論點中猶提倡用「新安全觀」代替冷戰思維，以「共同利益」的多邊機制取代軍事優勢作為國際安全的基礎。雖然在2001年軍機擦撞事故後，他也判斷美國「一些政客」根本是企圖製造外部威脅藉以擴軍，所以中國作為「大國」不宜僅把和平寄託於外交手段上。[59]南開大學教授張睿壯則對任何有理想色彩的「一廂情願」言詞駁斥，認為利己主義與強權政治一貫代表人類客觀歷史，權力鬥爭的本質就是零合遊戲與安全困境。張氏援引吉爾平的斷言認為，權力平衡若出了問題，霸權戰爭是無可避免的解決之道。冷戰結束後國際安全更為脆弱，霸權干涉更為頻繁，中國遭受核子打擊的機會增加。但中國綜合國力上升若造成西方惶恐，中國也是愛莫能助。

同樣是現實主義的追隨者，張睿壯認為大陸學界往往被中國「重義輕利」的傳統誤導，混淆了理論與政策的分際，還拿「和平與發展」的語錄壓制爭議。他極力質疑主流派「韜光養晦」一昧退讓的路線，斷言「夥伴關係」、多極論等都是只講相互依存與全球化，不講民族利益與主權，喪失鬥志、委曲求全、不講鬥爭的錯誤觀點。張氏呼籲應當突顯船堅砲利，誠實地採納具有穩重、謹慎且可預期性高的結構現實主義。北京航天航空大學教授韓德強在1999年5月北京駐南斯拉夫使館遭北約轟炸危機後的撰文思路更為激烈。韓氏看到「強大會挨打，落後也要挨打」的怪圈，長此陷溺則「弱者」恐永無出頭之日。實際上應該說「渙散才要挨打」、「腐敗才要挨打」。不可「被炸彈嚇出了精神病，傷皮傷肉正

好活動一下筋骨。」[60]

（四）「超大型國家」與「超越結構」

北京大學教授賈慶國則直接以案例研究回應了西方國際關係理論結構——行動者的爭論，從而提出「超越結構」的主張。賈氏堅持國際結構一定程度地影響美、中兩國的行為，而且為雙方關係發展拉出了邊界——有限衝突與有限合作，因此他批評過度突出行動者因素的觀點。但賈氏也認為兩國內部因素的作用要比結構的限定大得多，原因有兩點：第一，中、美兩國都是「超大型國家」，使得雙方內政對外交的獨立性影響非常大；第二，中、美兩國的文化、歷史、政制具有根本的歧異性，例如，美國強調的個人主義被中國人理解為自私自利，中國強調的集體和諧被美國人認定是侵犯人權。賈氏嘆稱：「世界上恐怕沒有哪兩個大國比中國和美國更不相同了。」其結論是：「怎麼做都有理由。好也好不到哪裡去，壞也壞不到哪裡去。」[61]

（五）共享利益的負責夥伴和「新型的國家哲學」：對現實主義的反省

正如同張睿壯與韓德強所批判的，若干採取現實主義視角分析大陸當前外交的文獻，確實贊同「大國」應對國際秩序與合作負起某種義務。這類說法往往表現為各種「大國責任」的論述。例如，復旦大學資深學者俞正梁指出，大國的「夥伴關係」基礎當然只是共享的國家利益。但冷戰後全球化與相互依存確實與冷戰時期有別，因此大國間具有多層多樣的妥協合作可能。「大國」有機會以「戰略高度」與「歷史責任感」克服短視行為，建立涵蓋面廣的穩定連鎖關係。一篇《中國經濟時報》的評論認為，醞釀中的極端民族主義往往錯把「普遍的拒絕」當成外交原則，實際上使得國際體系成為孤立無序的碎片，也未對國家利益與目的做出合理定位。中國作為一個「大國」，應正視他國對「中國崛起」的疑慮。該文建議人們不妨思考一種「新的國家哲學」，為日漸強大起來的國家力量提供一些約束性的規則，方有可能為中國成為負有全球

責任的大國創造好國際環境。[62]另外,王逸舟則舉馬克思曾談到的蜜蜂築巢與人造陋屋的對比認為,結構論者對人的主觀價值影響國際政治的程度估計不足,為求理論簡潔而模仿伽利略與牛頓,卻省去了盧梭、馬克思與黑格爾,成為保守的現代主義。王氏同意與蜜月關係相比,「冷和平」更是「大國關係」的常態,也更符合國家利益。但「冷和平」絕非冷戰,大國有緩和與協商矛盾的機制和渠道。所以現實的要求乃是「擴大戰略合作,避免戰略衝突」的「接觸」與「夥伴關係」。[63]

中國人民大學教授時殷弘同意其他現實主義論者有關中國在東亞的安全環境惡劣的觀察。中國的崛起尤其導致了與美、日的「安全兩難」(亦稱「安全困境」)怪圈。中國作為「東亞大國」若不跳出這一怪圈,結果自己是愈強大就愈危險,形成備多力分、不利發展的局面,最後可能步上威廉二世德國的後塵。時氏的政策建議也是謀求建立並主導一個東亞多邊的安全機制,但其理論靈感則是對現實主義與權力平衡理論的批評。時氏以為權力平衡的國家安全觀無法說明霸權的產生與衰退,尤其忽略某些國家放棄制衡採取「搭車」,以及大國除了軍事征服以外可能採行經濟與文化策略,根本沖銷他國制衡的意願等事實;這些是現實主義之局限。同時他也發現,二十世紀以來國際政治的規範層面雖不乏以利假仁的干涉,卻也有「理性主義」的進步。「國際規則」(按:即「國際建制」)的發展即反映了國際社會對共同利益的合理認識。北京除了應把握「力量對比」的格局,也應體察國際思想文化的時代趨勢,才足以擺脫「安全兩難」與「霍布斯式恐懼」,成為有長期國際政治抱負的「正常大國」,也就是「大國共同體」的一員。[64]

復旦大學資深學者倪世雄等人在相對肯定「權力平衡」(原文稱為「均勢」),同意聯合國也據此沿用「大國協調」原則之餘,進一步認為冷戰後是現代與「後現代」交錯、全球秩序接替國際秩序的時期。傳統均勢觀念低估了跨國政治、全球社會與主觀意志的作用。但「均勢」畢竟有利維護秩序和平,只是內容需要更新。倪氏等建議,北京的「多極化」政策還屬於傳統均勢,若要提倡「國際政治經濟新秩序」則務必在超越國家中心的新型「大均勢」上著墨,發展國家內部、國際間、國家

與非國家行動者間乃至人與自然間的可持續發展和平衡關係。[65]

重慶學者喻希來與吳紫辰是批判現實主義與權力平衡最力，且與張睿壯尖銳論戰的代表。喻氏等批評促進世界「多樣性」、「多極化」的富國強兵與實力外交政策其實最不現實，所謂「不稱霸」的孤立主義策略也不會降低他國的疑慮。要避免當年日本「東亞新秩序」失敗的覆轍，喻氏以為認真構思相互依存世界裡普遍性的國際規範，勇於順應潮流向國際組織移交部分主權，是中國成為負責的「新興大國」剩下的唯一出路。「說不」大國、「專門投棄權票」的大國和「隱藏在竹幕後面的神秘大國」都沒有前途。[66]

三、對地緣政治與文明衝突論的回應

（一）聯合戰略夥伴，強化周邊安全協作，抵禦西方霸權的「陸海大國」

地緣政治論作為東西各方既有的古老智慧，並不因當前全球化的某些趨勢而退潮。如朱寧、甘愛蘭等人將地緣政治與格局結構予以綜合，認為地緣結構的基礎即國際經濟力量的對比。冷戰後的地緣格局只是舊秩序的延伸，帝國烙印依舊清晰，聯盟體系與自由貿易制度是其中兩大支柱。西方與美國在此方面之優勢持續擴大，歐亞大陸沒有任何國家能避免美國的地緣制約。隨著中國崛起為「陸海大國」，東南面遭受美、日軍事包圍的壓力正逐漸增大。尤其台灣控有軍港、機場網群、國際航道，瞰制大陸上海周邊、長江流域、東南六省與經濟發達地區，誠為美日軸心的戰略要地。北京若在此地緣鬥爭中失敗，將陷於極端被動之不利地位。朱氏等由此務實地建議北京維持強大軍力，挫敗美、日在亞太聯手進行一場常規戰、速勝大陸進而插手台灣的信心。外交上中國當與俄國、東協維持戰略夥伴，與朝鮮、緬甸、巴基斯坦、蒙古、韓國與中亞周邊國家安全協作，與美、歐、日經濟合作緩和摩擦，第三世界則予

以道義支持，抵禦西方霸權。參與國際組織則力求提高自己的「正義聲望」。[67]

中共南京陸軍指揮學院學者王志軍點明，冷戰結束後西方學界所述及的「文明衝突論」（杭廷頓）、「動亂漩渦論」（布里辛斯基）其實都是地緣戰略考慮的翻版。現在大國間的地緣優勢競爭其實極為激烈，並從陸權、海權發展到外太空。而即使不再直接占領領土，爭奪經濟、科技、思想文化的戰略制高點其實是地緣戰略縱深發展的新表現。王志軍要求中國不可坐視西方以舊的國際政治經濟秩序續行剝削，尤其要避免落入全球化陷阱而坐失各種地緣優勢。朱寧與王志軍等人的論述是大陸相當常見的地緣政治分析，特點是突顯大國對抗的現實主義。

（二）與美國、日本不必然衝突的地緣分析

結合馬恩學說提出「歷史合力」的沈驥如則對布里辛斯基「大棋盤」提倡美國與歐亞大國的協作予以喝采。沈氏認為美國此類構思與中國推行「多極化」並不矛盾。多極格局需要美國的參與，中國對美國的「正當利益」與「應有尊嚴」並不反對，反而應該堅決抵制大陸內部某些狹隘的民族主義。[68]

中共政協委員、中國社科院資深學者何新則鼓吹二十一世紀將向陸權時代轉移的看法，並從中引申出關於中日關係的新思考。何氏強調，冷戰後區域經濟甚至保護主義的趨勢恐難以避免，因此他一反其他地緣論者普遍抱持的美日同盟觀察，認為結合西伯利亞、中亞的資源、日本與「四小龍」的資金技術、中國的勞力與市場將共同形成世界史上新的最大發展區，可謂「東方的復興」。至於日人追問此是否暗示日本經濟與中國軍事的結盟，何氏則不予置評。[69]沈驥如與何新的推論顯示，大陸的地緣分析者並非全然同意中國一定會和美日發生地緣衝突。

（三）調解區域衝突、建立「大國形象」、成為「主流國家」

曾提倡「中國特色的地緣政治理論」的北京大學外交系主任葉自成累積其對中國傳統地緣思想的研究，揭示一種「以鄧小平的高度現實主

義立場為指導」，揚棄八國聯軍受害者意識的「大國外交」戰略。葉氏認為「大國」原本就主導著國際秩序，所以各國的戰略心態與意識也是綜合國力的主要部分。中國目前是「最大的發展中國家」、「最大的社會主義國家」，雖尚未成為「大國」，但已具備成為「世界大國」的條件。「大國心態」不是等國家強大之後才去營造，擺脫過去固定的思維才有可能務實靈活，負擔起大國在國際社會的責任。至於葉氏此一「大國外交」的政策內容可包括相連的兩點。其一是「多種角色選擇」，也就是在不同議題領域分別採取旁觀、夥伴或領導策略。例如，在核不擴散、反恐與國際經濟體系中的夥伴戰略就是全面參加，成為體系裡的「主流國家」。但在第二點，亦即地緣關鍵的東亞經濟合作與集體安全建立方面，則不能固執於長期反對集體安全的立場，結果任由美國領導。中國應藉參與區域衝突的調解，建立「大國形象」。一旦遭到西方軍事打擊，則可改採同盟戰略。「上海五國」被葉自成看作是好的開頭。[70]

（四）關於「文明衝突」的現實性與欺騙性

對於「文明衝突論」，王緝思指出，大陸學者辛旗早在杭廷頓之前即已預見宗教將成為國際衝突的根源。王氏也同意沒有明確物質動力的宗教，也可能導致非理智的狂熱行動。[71]從現實主義與格局論的觀點來看，上海國際問題研究所學者朱馬傑也發現，文化力量與價值差異將成為冷戰後影響大國間觀念、利益分配與關係衝突的主要制約力量。王逸舟則指出，雖然有別於華爾志與吉爾平「行為科學主義的新現實主義」，杭氏的理論仍是主張人性衝突與主權至上的現實主義學說。而西方以實力為基礎，以欺騙性的「沾著白糖的大棒」為外衣，追逐現實的地緣戰略利益，壟斷國際規則制定，又使「文明衝突」的預言自我實現。北約出兵南斯拉夫即為王逸舟觀察所得的例證。[72]

然而不管是否同意「文明衝突」是對現實的描述，所有的大陸學者都對杭氏論點的政策暗示激烈批評。認為「文明衝突」理論毫無依據的如高海寬。高氏主張新時期的國際衝突還是霸權主義與反帝反殖矛盾的延續，不是什麼東西文化衝突。李義虎也認為，「文明衝突」其實就是

冷戰思維遺留的大國衝突。張汝倫指杭氏偷換了「文明」的定義，把它轉成政治實體，實際上是製造異己、打擊對手的陰暗心態的反映。閻學通則一貫依據其結構現實主義理論認為，南北對抗與「文明衝突」不是主要矛盾。南斯拉夫危機是基督教支持回教對抗東正教，其國家利益基礎明確可循。倪世雄認為「文明衝突論」是一種「政治性」的理論，徐國琦更直指杭氏藏有欲為當代凱楠（George Kennan）之心機。[73]

資深大陸美國研究學者資中筠基於對美國歷史與國情的探索進一步說明，「文明衝突論」乃是美國國內面對文化多元，白人主流地位喪失的心理反映。王逸舟同意這一分析認為，美國主流社會憂心移民、文化多元與種族分裂將導致美國的「西方國家」性質消退，因而造成必欲找出敵人的心態，導致了這種「狹隘悲觀」理論的流行。同樣出於內政環境分析，王緝思引述汪暉的觀點警告大陸內部，注意「文明衝突論」可能引起的對外思考歧途，也就是藉此論引起的情緒，把各種社會力量誤導到偏狹的民族主義。[74]這樣的提醒，顯然意在克制任由中西文明對抗的大國自尊心理。

四、小結——現實主義共識下的多元觀點及其發展

總結言之，基於以往的歷史傳統、馬列主義、毛澤東矛盾論學說和鄧小平的務實主義，大陸內部原本就有發展國際關係現實主義理論的環境。在不同程度地結合歷史經驗與馬列毛鄧論述下，面對西方各種理論的引進時，姑不論其嚴謹程度，倒是能適時推出各類有「中國特色」的國際關係理論。

承認「國家利益」與主權優先原則，重視「格局」中的力量對比與矛盾關係，是目前大陸多數國際關係學者的共識。若嚴格依照這種理論條件，爭論的話題應主要集中在國力評估與隨之而來的「韜光養晦」程度和地緣結盟對象而已。遵循結構格局學說，極言軍事實力的重要性更屬論者共識，「文明」問題自非國際政治的本質。當然，在此類論點中還是可以看到三種主要的意見分歧，並由此衍生出政策主張的多元觀

點：

1. 一者堅持「韜光養晦」，避免「大國」概念帶來誇張國力的誤判，但需拉攏「第三世界」。這較近於「體系大國」的定位。
2. 二者積極參與西方領導的國際建制、主動籌組東亞區域安全機制，看淡「第三世界」的作用。這較接近「負責大國」的理念。
3. 三者反對「韜光養晦」幻想，可四處結盟，積極整軍備戰，強化愛國主義與民族主義，勇敢面對真正富國強兵的「大國」之路。這顯然是「反大國／挑戰大國」的軌道。

最後這一派主張，逐漸匯聚成為大陸內部與反全球化、反新殖民主義的民族現實主義浪潮。例如，挺身以「說不俱樂部」自許的北京師範大學學者房寧等人認為，美國根本不在乎美中關係，所謂選擇各種角色——夥伴、搭車（即「孫子」戰略）或挑戰者根本非中國所能一廂情願選定。中國必須痛改「投降興趣」，擺脫國際輿論與條約的羈絆，不怕經濟的負面衝擊，發展非常規武器。不怕作「壞孩子」，「人家最起碼尊重你是條漢子。」[75]

另外，從某些學者對現實主義的保留，部分地緣分析家的意見，與人們對「文明衝突論」的回應可以看到，除了格局的制約，所謂「外交哲學」、「戰略心態」、「文化價值」等因素也同時獲得另一些現實主義理論支持者的重視。這些論述的發展可分為三層：

1. 希望藉由革除舊的孤立受害意識，以培養能在國際社會進行「多種角色選擇」的「大國外交」現實主義戰略。
2. 局部接受但進一步豐富現實主義的某些核心概念，如「權力平衡」。以前瞻冷戰後的新趨勢作為中國積極作為的契機。
3. 認為僅僅重視「現實」將無法擺脫「安全兩難」的宿命，而訴求在「外交哲學」中另覓新局。

最後這三種思考的共同點是傾向建議大陸各界不宜偏重國際間實力對抗的一面，應採取成為體系中常態成員的「負責大國」政策；發揮

「負責」的主動性與創造性。對照西方國際關係理論的各種理念類型，則這一思路直接指向現實主義典範之外，引發了論者對其他理論典範的反省。

對自由主義與相關理論的探索與回應

> 在資產階級社會裡，資本具有獨立性和個性（individuality），活著的人卻沒有獨立性和個性。資產者卻將消滅這種關係說成是消滅個性和自由。他說對了，正是要消滅資產者的個性、獨立性和自由。在現今的生產關係下，所謂自由就是貿易自由、買賣自由。
> ──馬克思、恩格斯[76]

> 我們認為中國的民主要走美國的道路，因為中國今天沒有社會主義化的條件。我們要學習美國的民主與科學、企業自由、發展個性，以達成建立一個獨立自由富強的國家。──毛澤東[77]

冷戰結束係以蘇聯東歐共產集團瓦解為象徵，某些現實主義分析也以達成自由主義的規範性價值為理想，強化本身的政策說服力。中國這個當前「最大的社會主義國家」、「最大的發展中國家」，自然成為西方理論的重要分析標靶與政策對象。在改革開放與相互依存加深的國際環境，大陸內部的理論與政策研究者，不能不對以自己為目標的西方各類自由主義理論展開探索回應。

一位訪談研究的受訪者對筆者強調，國際關係理論的自由主義不等於西方政治哲學的自由主義。不過前章的分析指出，即使是在「行為主義革命」與「國際關係理論大辯論」後的「新──新聯合」架構下，立足於個人主義的自由市場經濟與分權民主的政治自由主義，也與國際關係理論的自由主義有邏輯相通、相互鼓舞的關係。社會主義則常對這種不問社會經濟基礎與生產關係的抽象自由、權利嚴予批評。[78]尤其是以

一黨專政掌握國家機器、強調民主集中的中共，對「自由」一詞特別忌諱。這一情況不但沒有因為經改政策推行而改變，1980年代以來鄧小平還多次要求要肅清「資產階級自由主義」和無政府主義思潮。鄧氏斷定，「資產階級自由化的核心就是反對黨的領導。」他把改革開放的穩定大局與「資產階級自由主義」對立起來，認為此與錯誤的文革、「四人幫」路線無異，必會導致「天下大亂、四分五裂」。江澤民在「六四事件」後繼任，遵奉此一基調自不待言。[79]

　　不過毛澤東與周恩來在中共建政前都曾對美國來華的馬歇爾（George C. Marshall）讚賞了羅斯福總統的「四大自由」。如本節引文所顯示，無論當時中共領導人是出於怎樣的策略思考，毛澤東等人確實曾某種程度正面評價西方的自由主義政經體制，並企圖藉此改善與美關係。中共建政與韓戰之後，雖然與西方僵持不下，但北京亦非定要全面顛覆西方主導的國際秩序。相反，如同本書第二章曾作的分析，周恩來當時已經呼籲各方要瞭解中國與美、蘇、英、法對國際安全「負有特別重要的責任，」[80]顯然是希望創造中國參與國際社會的空間。冷戰結束之後，儘管中國依舊反對各種「資產階級自由化」思想，但全球化相互依存的趨勢使得北京必須坦承「中國與國際經濟的聯繫越來越密切，」而「中國的發展需要世界，世界的繁榮需要中國，」只能「以更加積極的姿態走向世界。」[81]中國也感到自己是一個「經濟和政治上不斷上升的大國，共產黨領導的社會主義大國，」可能會是一個現狀秩序的挑戰者。就算相互依存的架構存在，現狀秩序的領導國家也很難容忍。尤其西方自由主義有時好戰、干涉的傾向。但大陸內部支持鄧小平「南巡講話」的「溫和右翼」或「時勢派」卻認為，中國外貿占GDP的比重已經超越美日。「絕不放棄好不容易融入國際秩序的機會。」[82]於是，在理論層次的認識上，有些研究展開了對國際關係自由主義合理性的再評估，也有論者對嚮往西方現代性的思潮嚴厲抨擊。在現實政策中，西方與大陸學者都觀察到，北京對國際建制的態度經歷著重要變化。[83]這些發展使得人們應當對大陸學界關於西方國際關係自由主義理論直接或間接的回應加以重視分析，才有助於掌握其「大國外交」的內容與未來趨勢。

一、對「相互依存」的觀察與回應

（一）參與「相互依存」但批判西方鼓吹「相互依存」的動機

　　1990年代，江澤民已經承認，「世界經濟是一個相互聯繫、相互依存的整體。」[84]中國社會科學院歐洲研究所前所長陳樂民便指稱，馬克思早已發現相互依存與全球化是人類歷史進步的趨勢，其基礎是人的自由創造力。中國國際問題研究所裴默農則稱，周恩來早已承認相互依存的趨勢與必要。陳樂民尤認為，「不可能想像在一個高度發展的文明社會，竟然沒有公民個人的尊嚴和人身的自由。」可惜這一崇高理念卻常成為政治鬥爭的工具。[85]也就是說，多數大陸學者已經同意相互依存的客觀趨勢。只是許多人仍以現實主義或馬克思主義質疑自由主義的角度，批評西方鼓吹相互依存論述的動機，但這也不妨礙論者主張北京順應潮流、藉機「搭車」。

（二）「相互依存」、「夥伴關係」與「大國負責」

　　如同資中筠所說，「相互依存」到底還是為美歐國家利益服務，「順我者昌」是其根本邏輯。何方雖為「和平與發展」辯護，卻說「相互依存」根本是依賴理論的翻版，是西方遂行干涉主權的藉口。[86]但這一心態未必能得出西方強權主宰一切的必然性。北大國際關係學院學者張錫鎮發現，「你中有我、我中有你」的相互依存現象在亞太地區特別明顯，由於「一榮俱榮、一損俱損」，便於各大國與集團維持權利平衡。這種說法與致力創新馬列理論的沈驥如所想，相互依存是防止衝突、加強信任的「強大物質保障」近似。中國若知所妥協，反有助於展現「大國風度」。[87]格局論者李義虎進一步認為，二十一世紀將是從「列強合奏」向大國負責的歷史性轉折。經濟全球化與相互依存趨勢將推動「多極化」的和平與發展潮流，促進「國際關係民主化」。所以復旦大學陳志敏稱「夥伴關係」的理論基礎就是「相互依存」，因為這一現象使得各國的相互利益將多於相互衝突，彼此矛盾不觸及核心利益，

而有利於以積極合作態度處理外交政策。國際建制的某種獨立性由是產生。[88]

（三）自由貿易不公正、「相互依存」不安定、「夥伴關係」不實際

　　西方研究者發現「相互依存」加深也可能導致動盪的說法在大陸也有迴響。地緣政治論者朱寧就認為，相互依存與大國力量複雜交錯反而會使國家陷入主權侵蝕的焦慮，產生局部戰爭的冒險誘惑。富國強兵的「大國戰略」論者顧海兵則認為，即使全面戰爭可能性不大，「小打、中打」的威脅則始終存在。而且對外開放造成的貿易依賴與國家自主性降低，可能威脅中國的經濟與金融安全。所以顧氏說內部的資源流動自由度還可加大，但對外開放只能「適度」。結構現實主義者張睿壯尤其警告，絕不能把相互依存片面地等同於和平與發展。美國所謂自由主義理論都是「說給別人聽的，決策圈頭腦非常清楚，絕不為之所動。」貿易自由化其實也非常不公正。所以冷戰之後絕非「多極」的和平與發展，而是更不安全、更不和平。鼓吹夥伴合作只是一廂情願的幻想而已。[89]

（四）傳統現實主義陷於被動、「相互依存」與「負責大國」前途光明

　　王逸舟則認為「多極化」是經濟全球化與相互依存的必然要求，所以相互依存是「道路曲折、前途光明」，不能一昧鼓勵「群雄並起、亂世之秋」。美國主導的規則的確不公，但不能否認其中存在的「效益」，與提供「搭車」的機會。若只謹守現實主義架構，將陷入「只知攻城、不知睦鄰」的怪圈。中國人民大學李寶俊也以相互依存為現實前提認為，「當代意義的現實主義」將有「法理主義」的特質，強調共同責任與規範性的關係。中國作為一個「新興大國」若仍與此潮流格格不入，將陷於被動局面。[90]

　　一貫批評現實主義的喻希來等，立論基礎亦是「相互依存」。喻氏等人鼓吹中國借鑑理想主義的世界新秩序，前提是承認存在一個「相互

依存的全球性世界」，而相互依存現象已經使國際關係「小步離開」無
政府狀態。依照前節的介紹，喻氏等認為主張大小國一律平等或南北對
立都不可行，融入體制塑造負責的「大國形象」成為唯一出路。[91]

最後，大陸國際關係學界有關相互依存的研究，也已擴散到內政影
響與文化認知層面。例如，蘇長和發現經濟相互依存除了限制國家自主
性與維護安全的手段，利於國際建制促進合作之外，也使得國內某些涉
外部門的職能與影響力發生分化。與蘇氏一樣，外交學院教授秦亞青亦
注意到成為「制度內的國家」，將影響北京學習解決爭端的基本方式。
經濟方面，這種情勢在秦氏看來不像政治領域那樣敏感，有助於人們追
求「絕對利益」。中國宜利用這個與西方主導集團重疊頗大的領域，成
為參與進程之「負責任的大國」。[92]

二、對「國際建制」的觀察與回應

> 中國共產黨對於保障戰後國際和平安全的機構之建立，完全同
> 意敦巴頓橡樹林會議所作的建議，和克里米亞會議對這個問題
> 所作的決定。中國共產黨歡迎舊金山聯合國代表大會。中國共
> 產黨已經派遣自己的代表加入中國代表團出席舊金山會議，藉
> 以表達中國人民的意志。　　　　　　　　　　──毛澤東[93]

> 在美帝國主義眼裡，什麼聯合國，什麼美洲國家組織，什麼別
> 的玩意兒，通通是它手掌裡的工具。對於這些工具，它用得著
> 就用，用不著的時候就一腳踢開，還可以撿起來再用。用也
> 好，踢開也好，都是以有利於它的侵略目的為轉移。
> 　　　　　　　　　　　　　　　　　　　　　　──毛澤東[94]

把「國際建制」概念的範圍擴大到包括各種國際組織與多邊體制，
冷戰後大陸國際關係學界的相關分析可說大為增加，而且除了官方所最
樂道的聯合國、亞太經合會等之外，也擴展到了國際非政府組織和建制

本質的抽象性問題。由於現實主義理論仍較為多數學者所熟悉，於是以現實主義框架理解國際建制，遂成為相關分析的典型方法。

（一）從現實主義出發，到同意建制有一定的獨立性，對強權具有約束力

資中筠斷定美國利用上述機制實行霸權，制定規則自己卻不一定遵守，但這些機制已經對強權政治有一定程度約束，而且會隨著相互依存日益緊密，被進一步完善化而非倒退回無政府狀態。陳志敏也認為，建制反映大國的意圖，多數情況下服務於大國利益。不過一旦建立，運作就有一定的獨立性。中國作為「最大的社會主義國家」，改變其制度成為西方冷戰後的未竟事業，所以不可能指望中國與西方親密無間。但中國在經濟上向國際慣例轉軌十分迅速，並陸續加入近二十項人權公約。未來管理相互依存的國際建制並不會嚴重損害中國的外交目標，北京總體處於有利地位。[95]

（二）「責任利益」、「公正收益」、「全球治理」與「負責大國」

王逸舟同意國際建制理論出自對國際合作問題的探討，「具有更多的自由主義氣息，比較重視全球性問題及其理論涵義。」但其理論基礎是科學主義，強調效率而非利他，較近於摩根索與華爾志的現實主義。實際上建制大多出自西方大國的共謀，有時美國無法完全左右其內容，就撤除資助並退出之。但美國自知無法獨當世界憲兵，推廣西方人的規範就常需要「大國協調」。可見追求「永恆的利益」可以有新的觀念和方法，中國除了主權與發展，「責任」也將成為重要的利益。王氏依據柯索夫危機警告人們，不可對西方會像接納東歐一樣接納中國存有幻想。但根據馬克思主義，侵略擴張的資本主義確實史無前例地發展了生產力，部分改善了其國內的法制尊嚴與民主自由。而其共謀的國際體制，在維持國際秩序方面也有某些必然性與合理性，尤其是聯合國的權威必須維護。其他安全與經貿體制，中國一旦獲得邀請便應創造性融入所有主要的部分，包括八大工業國，以利培養具有「大國氣質與責任」

的中長期戰略。甚至填補民族國家留下的某些權力真空的非國家行為者，例如，非政府組織（NGO）也該加以重視。就這一點，王氏預測，中國的國際觀隨著經濟發展必將發生深刻變化，醞釀「世界大國」的自覺意識。「一個真正強大的世界大國，也會是一個辦事負責任的大國。」王氏認為，國際關係自由主義理論是值得閱讀的學派。[96]

蘇長和以西方新制度主義的核心概念——交易成本（transaction cost）仔細檢討了國際制度的沿革，並引述基歐漢與溫特等人的論點認為，制度與成員行動相互構成，其正當性可能有權威強迫，也可能是「公正收益」。而目前相互依存的國家已漸漸轉向「國際性的國家」，全球公共問題不可能處於無制度的治理（governance）。「大國共管」的傳統也向基於理性抉擇的法治推進。後進國家在參與帶有不公正因素的制度時，固然在經濟、政治乃至文化心理上要經歷巨大的創傷和痛苦，但如何改變固有行為模式去參與國際制度並界定自己的利益，成為一個參與全球治理的「負責任的國家」，恐怕是更主要的。在這方面，秦亞青也提出，冷戰後各國重視經濟上的「絕對收益」，使中國的「負責大國」大有可為。[97]

（三）建制的制度化相互約束具有「自由性質」與合法性

時殷弘分析美國為了維持霸權締造的「多元安全共同體」，已不再訴諸武力威脅從事凝聚，而產生了「制度化的相互約束」，限制了西方各國間的無政府狀態，這一體系的突出特徵「是其『自由』性質」，確保了經濟的開放性與規則性，各國因此在文化、政治與戰略上更加接近。美國霸權於是具有某種程度的合法性。時氏表示，中國面對此一形勢，制衡與規避都不是辦法，結合「搭車」與「超越」（transcendence），積極參與創設區域安全體制，避免「安全兩難」的宿命，才是應有的大戰略。而國際建制理論與建構主義被時氏認為，可以「支持這個道理」。[98]

（四）國際非政府組織的作用逐漸受到注意和認可

特別值得一提的是，以往外界的觀感不認為大陸存在有意義的

NGO，也不會有認真的討論與鼓勵參與的意見。宋新寧與陳岳編寫的教材則認為，國際組織是反對戰爭、維護和平的重要力量。而其中的NGO並非不能獨立參與國際事務。從「第一國際」、「第二國際」到「綠色和平」與恐怖主義組織，非國家行為者影響力無可置疑。這些組織既受制於國家的利益，又有「超國家性和超階級性」。[99]清華大學NGO研究中心教授趙黎青同意目前大陸相關研究的確不多。但趙氏卻主張，中共黨政領導應該肯定NGO在制度創新與促進社會經濟發展方面的價值，堅持「政社分開」，擴充其生存活動的空間。而大陸NGO應該在「貪污腐敗之風蔓延，市場體系背信棄義劣行氾濫之時，」發揮道德正義的感召力，對國家與市場形成制約。可以想像，趙氏提議大陸的NGO仍宜在「非政治性」和「志願人員」為主的原則上發展。陸建華檢視近期海內外文獻與若干「綠色民間組織」案例時則發現，當局為了投資環境與國際聲響，對於「沒有逾越行政當局界線」的某些「名不符實」現象有時會予以「寬讓」。當然這些曾獲得國際組織獎助的NGO未來的前景仍存在高度的不確定性。[100]

（五）批判國際建制，但保留改革的可能性

　　積極批判國際建制與相關概念的文獻自是不少。其主要的出發點雖非全然與支持參與的意見相左，例如，雙方都認為國際建制是西方大國的傑作，也旨在保障他們自己的利益，過程與結果都十分不公；但批判性意見更強調此種「建設性合作」論調背後的控制目的。尤其西方國家對待這些制度採取雙重標準的案例，即被視為藉「國際責任」之名侵犯、削弱他國主權的證據。[101]閻學通以美國推翻反導條約（ABM）與不承認核禁試條約（CTBT）表明，這些建制只是美國「制度性霸權」的工具。聯合國各種表決與公約的無效與北約在南斯拉夫的做法，更被張睿壯、王小東等引為理想主義虛偽破產的明證。不過除了張、王等人以外，現實主義分析家閻學通與葉自成等人都還保留了鼓吹「新安全觀」以消除「中國威脅論」，加入並漸進改革建制的可能性。指責西方人權建制干預性的黃仁偉也反覆申辯人權觀念不是西方專利，只是中國還處

於所謂建設社會主義的「初級階段」而已。[102]

三、對「霸權穩定」與「結構自由」的觀察與回應

(一)現實主義是分析「霸權」行為的共同起點

只要提到「霸權」一詞,不管論者是否曾出入於非現實主義的西方理論,所有的大陸文獻對美國霸權的國際政治性質都一概以現實主義解析,也就是認為,霸權體系必以服務稱霸者之國家利益為目的。這不僅與現實主義應用的普遍性有關,更是出於中國歷史中的列強印象,和中國繼之以「反霸」、反對「強權政治」作為對外政策的一項「原則」之故。但是上述的事實卻也沒有妨礙部分論者認識到霸權秩序有一些「正常的作用」;也不該為了「反霸」,就誤以為霸權的自由體制也遭到世人唾棄。

(二)霸權未必導致穩定,不應全面予以反對而妨礙中國參與國際機制

不過霸權如何實現此目的,以及為何採行某種特殊途徑實現其利益,仍可作不同的分析。資中筠、閻學通與秦亞青是以專書探討相關課題的代表學者。認為冷戰後的主要矛盾是美國稱霸與大國反霸的結構現實主義者閻學通以為,美國霸權獨特之處確實是不再僅依賴軍事強迫,而重視各種國際組織與建制,為霸權政策取得正當性。當中一個原因是美國憲政主義思想對外交有深刻影響,所以反霸的一個鮮明焦點變成制度之爭。秦亞青也援用結構現實主義(新現實主義)理論,判斷霸權的行為乃是來自「結構中的位置」,亦即其「權力地位」決定了利益內容和對外政策。所以維持與潛在挑戰國的權力差距便是「霸權護持」的主要手段,這便否定了霸權穩定理論的假定,因為稱霸者必然要打擊一切潛在的挑戰者。冷戰後美國與各國權力差距拉大,但全球化與相互依存進程又使軍事力量的轉換性降低,秦氏以此認為新自由主義的意見或許

值得考慮。閻氏則進一步建議，儘管這一霸權與中國矛盾最多，為了堅持國家利益，北京除了整軍經武外，構建東亞區域安全機制並參加所有國際組織，以「新安全觀」介入主導國際新規範之建立，都是「提高中國在國際主流中的地位」的要務。[103]

又如主張「大國外交」勢在必行的葉自成承認美國霸權「做了許多壞事」，中國反霸因而有反美色彩。但葉氏也認為霸權領導已不單是發號施令，強加於人，而有就國際大事帶頭與他國進行協商的性質。葉氏相信，「任何一種國際秩序的建立，都需要某些大國出來起引導作用，任何體系都不可能是自發建立的。」安理會五強就是在主導國際事務上有一定特權的國家，所以美國霸權有強權政治表現，也有「必然要體現的正常作用。」為此中國應揚棄以往不參與國際機制的受害心態，在體系內維護利益。[104]

資中筠也同意美國國內實行了民主的監督制衡，而中國確實缺少自由主義的思想資源。但她認為這與美國對外行霸道無關，兩者並行不悖，因為霸權是一種「民族利己主義」，容許對內／對外雙重標準。但資中筠另文尖銳指陳，美國已經發展為一種「隱性霸權」、「話語霸權」、「標準霸權」，不再需要誰的「承認」，成為客觀存在而泥沙俱下。中國人在這樣的外在環境下卻常把排外與民族氣節、正常交往與卑躬屈膝、審時度勢與賣國投降混為一談，虛驕之氣背後是深沉的自卑與無自信。不能認為他國對外行霸權，其自由民主也不可取；也不能因反對霸權推行的「人權高於主權」，就逆流鼓吹「主權至上」。目前霸權並不孤立，資氏因此反對「反霸統一戰線」說。唯有不卑不亢對待外來思想文化，興利除弊、韜光養晦，才算成熟之對外態度。

（三）現實必然要求反霸，反對「韜光養晦」或理想主義

結構現實主義者張睿壯完全否定「韜光養晦」政策的可行性，也徹底拒絕霸權秩序的正當性。張氏疾呼，要對系出自由派的美國冷戰強硬派──「新保守主義」與「新雷根主義」的伺機而動高度警覺。張氏也對此派以「理想」攻擊珍視「實實在在的國家利益」的傳統保守派──

現實主義頗為不平。他稱這種主要由「紐約猶太裔知識分子」組成的思潮占領著美國企業研究所（American Enterprise Institute）、戰略與國際研究中心（CSIS）、自由之家（Freedom House）等智庫，並對《外交事務》（*Foreign Affairs*）、《外交政策》（*Foreign Policy*）、《紐約時報》等重要陣地「加強滲透」，其主張十分「偽善、冒險、傲慢、乖戾」。此所以大陸的理想主義（按：包括同情自由主義者）、「韜光養晦」等各種主張幾乎就是接受美國霸權領導地位，自甘為帝國的一員並當好「忠誠反對派」。然而期待天下大同與世界共同體，這必然為國家與民族帶來危險災難。[105]

四、對「民主和平」的觀察與回應

（一）民主與和平無關，乃是霸權干涉之藉口

在「民主集中」主導的歷史經驗與現實主義的語境氛圍下，普遍而言，講求國際秩序特定內政條件的「民主和平論」自然較不易受大陸論者青睞。反而高呼「社會主義是主張和平的」，反對霸權主義與強權政治可以喊得理直氣壯。因此，中國才該是維持和平的國際政治新秩序之砥柱。[106]

李少軍就綜合若干西方文獻認為，以「民主和平」為其政治表現的美國霸權和平，就是分割多民族國家的「資本治下的和平」（pax capital），也就是強加於被征服者的和平。李氏發現，尤其是狂熱信仰自由主義的人，出於內部基督教「純粹道德」的「正義之戰」理念，暴力傾向比現實主義者更強烈。但目前西方此一行徑背後的現實主義考慮也很明顯，因為自認軍經實力強大不足以遭遇干涉，打破主權硬殼卻可用霸權干涉他國。[107]劉靖華則結合華爾志無政府狀態假設與安全困境的判斷，利用博奕邏輯斷定，自利行為者不可能參加對己方收益不利之結構，而稱霸者由於效益遞減也將會產生武力重組現狀的理性誘因。人性自利使得不確定性永難去除，因此擴權衝突不可避免，與國家民主與否

無關。另一個現實主義角度觀察者閻學通從民主集團與各國內部的分化
矛盾看到，區域集團可能在未來的力量重組中代之崛起，民主化其實反
而導致集團分化重組。資中筠則總結美國是「對內立民主、對外行霸
道」，所謂自由派與保守派最終還是訴諸自身利益，但又都可以從自由
主義經典找依據，「簡直有點像文革中的語錄戰。」可見對內受民主約
束的政府，對外卻行強權政治。[108]

(二)「民主和平」與「貿易和平」局部有效，欲為「負責大國」宜
　　行政治改革

　　王逸舟認為西方國家的政治和社會機制構造是使其「不易發生戰爭
的必要條件，但它不是充分條件。」高喊「民主和平」的美國卻一再成
為冷戰後新軍備競賽的「領頭羊」，可見此論仍有「欺騙性」。中國與其
他「愛好和平的國家」應該出面終止大國爭霸的循環。王氏設想以「和
平共處五項原則」為核心的「新安全觀」，或許有利於建設國際間非排
他的互信合作機制。梁光嚴則同意資本的全球化跨大了國家間的共同利
益，減少了戰爭因素，因為軍事競爭對資本流動益處不大，經濟競爭又
常不是零合博奕，可見「民主和平論」值得探討。但軍事安全增加卻不
代表經濟安全和生態安全增加。梁氏建議中國儘速改革經濟體制，與世
界接軌才能應付挑戰。[109]

　　王逸舟與梁光嚴對一國內部因素與對外訴諸和平政策的關係作了某
種程度的設想，其實在現實主義「大國論」的提倡者曲星的歷史敘事中
也可看到。曲氏描述中國1954年參與日內瓦會議，爭取透過大國協商解
決爭端的第一個原因，是要以和平的環境幫助國內恢復經濟建設。似乎
暗示著重視內部經濟建設的國家，會避免以武力解決爭端。[110]而時殷
弘和李少軍在宗教偏見與極端民族主義也可以導致民主國家間發生戰爭
這點相契之餘，時氏表示也該注意自由國際主義與「民主和平」非全然
謬誤。如同「商業和平」與「相互依存和平」一樣，該論有「局部成功」
可循。因為民主制度的約束和民主國家間的集體認同感「有一定程度的
邏輯合理性和事實依據。」所以對大陸而言，時氏認為自由國際主義的

「人類共同體」觀念還是值得關照。中國要成為「負責大國」也需要
「既積極又穩妥地推動政治改革。」[111]

　　批判現實主義不遺餘力的喻希來等則更明白支持康德的民主和平
論,也就是主要大國都民主化,世界和平才有保障。喻氏等嚴責「強權
即公理」論調,認為主張此種現實主義則何須責備列強壓迫。「基本人
權與公民自由既是實行國內民主政治的基礎,也是實行全球民主的前
提。」喻氏問道,設想將聯合國權力交付行獨裁統治的眾小國政府,民
主國家又怎能接受。中國如果還是「重利輕義」,根本無法團結五湖四
海,才會損及國家利益。[112]

(三)「自由民主」等於「後殖民」極權主義遂行全面奴役

　　最後,房寧與王小東的意見代表對支持「民主和平論」的人的一種
最強烈反擊。房氏等人認為冷戰落幕之後,西方資本的全球化,其實代
表新的極權主義將統治世界。西方國家不可能容忍第三世界崛起,雙方
是零合鬥爭。所謂內部自由民主的美國將以經濟制裁、金融襲擊和人權
外交進行「後殖民」的全面奴役。可見高唱民主人權「註定不為正直的
中國人所歡迎。」[113]

五、小結——從現實主義嫁接、向批判構想漂移

　　初步歸納可以發現,「自由主義」相關論點在大陸當然多少還是個
禁忌。尤其「民主和平論」所說的「民主」與「霸權穩定論」擺出的
「霸權」,更是眾聲討伐的箭靶。但自由主義國際關係理論絕非乏人問
津。多數學者當然對西方自由主義理論背後的規範性政治價值保持相當
的疑慮和聰明的距離。但西方自由主義國際關係理論吸收了許多經驗實
證的分析方法,可以和現實主義相互嫁接,這個事實是大陸國際關係學
界無法迴避的,而且也提供論者更廣闊的理論與政策思考契機。

　　「相互依存」和加入各種國際組織的現實是思考與回應有關理論、
政策的基本出發點。相互依存提昇了國際建制與組織的角色,而現實主

義框架中的這些建制又是「大國」的傑作。中國崛起為「大國」之一，不管將多認真的改革「舊秩序」，完全放棄特權置身事外的主張很少。即使是持保留意見的大陸結構現實論者，也不會完全抹煞「大國」地位在維持秩序與利益上的作用。對國際和平與合作抱有更樂觀展望的觀點，遊說人們正視中國作為一個「負責大國」參與其中，也就不令人意外了。

　　相當多分析家屬聲檢討自由主義的霸權本質之餘，並不直接否認「自由」的價值。其中一些論者進一步承認民主自由維持和平的「局部成功」，所以有某些「正當性」；藉此並思索內政改革、理念創新的外交效益。「負責大國」的概念除了加入相互依存的各項建制以遂行「搭車」之餘，還主動催促行動者以「大國」姿態作某些創新的建構，以避免重新落入大國「爭極」衝突的循環；這便有向西方自由主義國際關係理論典範之外漂移的徵兆。但是中國特殊的歷史與經濟、意識形態環境，其實也是冷戰後反全球化、反現狀秩序（包括自由主義國際政經秩序）的絕佳溫床。[114]復活中的古老「大國」地位正為各種積極批判的構想提供場景。

對反思主義與批判性國際關係理論的探索與回應

　　全球化下國際事務的相互依存現象，是大陸國際關係學界從現實主義角度出發，向自由主義理論進行探索反應的切入點。西方理論分析裡，對自由主義國際關係理論的檢討批判又使研究焦點被引向各種溫和或激烈的新學派。這個趨勢在大陸學界也被不同程度地體察到了。具有「大國」意識且嘗試開創「有中國特色的國際關係理論」的人們自然會給予新學說一些評論回應。然而其回應方式卻因中國的國情環境而與西方原始論點不同，且論者彼此也存有甚多歧見。儘管與主流理論相比，這些回應出現較晚，文獻數量較少，卻可能是觀察「大國外交」未來趨

勢的窗口之一。有關全球化的反省與批判最多,可作本章分析的起點和
重點。

一、關於「全球化」、「國際政治經濟新秩序」與資本主義世
界體系

(一)歷史必然還是強加於人?「全球化」困擾並折磨著大陸研究者

共產主義以「世界革命」為終極理想,立足於馬克思學說的各路批
判性國際關係理論也都有以「全球」、「全世界」作為分析整體的傳
統。理論上中國作為社會主義政權,應可從容面對資本主義市場經濟的
全球化。如俞正梁認為,國際政治結構是「世界生產力」的表現,國際
經濟關係是國際政治的經濟基礎,上層建築必須與經濟基礎相適應。兩
極體系割裂並阻礙了國際經濟與生產力發展,最終爆炸式地摧毀了蘇
聯,這是歷史必然。陳樂民與周弘便看到,雖然沒有使用「全球化」一
詞,十八世紀的馬克思和康德都已發現這個進程。陳氏認為全球化不是
形而上的概念,而是人類文明史的必然趨勢與必然產物。在物質生產力
基礎決定的大框架下,個別國家利益並不妨礙文明溝通與融合的走向。
這一潮流必將使農村從屬於城市、未開化的國家從屬於文明國家、農業
民族從屬於資產階級民族、最後也使東方從屬於西方。缺乏科學、工業
革命和民主法治的中國必須加入世界歷史的總進程,當中不存在感情是
非問題。[115]

然而繞越「資產階級民主革命」躍入「社會主義初級階段」的中國
卻長期不願面對馬克思早已預言的資本主義市場經濟全球化,指責帝國
主義與霸權主義不平等的國際政治經濟「舊秩序」是強加於人、干涉主
權獨立。除了曾短暫致力政治全球化——不斷革命、世界革命與造反外
交外,中國這個「大國」的經濟對策卻是反全球化的「自力更生」,
「東風壓倒西風」。直到鄧小平在冷戰結束初期以「三個有利於」論證市
場經濟不是資本主義專利,以「不爭論」鼓勵「多幹快上」,才打破大

陸學界探索全球化的禁區。[116]1994年以後，「大國」、「一體化」、「經濟全球化」等辭令陸續出現於北京對外正式文件，各種相關的研究與隨之而起的爭論亦大量出現。[117]可能還是為了避免「和平演變」的暗示，許多論著為「全球化」或「一體化」特別加上「經濟」帽子，以排除「政治全球化」帶來的危險暗示。

官方「機遇」與「風險」並存，但「現實」不可迴避的主旋律下，大陸學界文獻對全球化的態度也有多種。[118]中共中央編譯局俞可平整理大陸學界意見將其區分三類：

1.全球化是隨相互依存發展，為超越主權與地區障礙的客觀歷史趨勢。
2.全球化是資本主義生產方式的普遍化和新階段，即「資本主義化」；其歷史必然性規律亦蘊涵其中。
3.全球化即「西化」、「美國化」，只是自由主義學者以「全球化」的「論述」進行簡化闡釋，企圖使美國價值成為全球價值。[119]

前兩類在王逸舟的區分中可同屬於「客觀歷史進程」論，後一類則是「大砲炸開長城」的「西化論」。王逸舟認為兩種論點常常同時出現在同一分析中，「困擾」並「折磨」著大陸知識界。[120]

（二）參與「全球化」以擔任「負責大國」

從相互依存進程與邏輯出發的大陸相關文獻，較多主張中國參與或融入全球化進程，容易對全球化導致的「大國合作」得出樂觀展望。例如，梁光嚴認為，全球化固然不保證消除戰爭，而且其市場力量還危害著貧富結構與生態安全。但國際合作的必要確實增加了，中國只能改革自身，力求與世界接軌才能應付挑戰。宋新寧與陳岳表示，相互依存與經濟全球化鼓勵人類社會在全球性問題上進行超意識形態的合作。俞正梁指稱，經濟全球化將推動大國的合作機制，向多極格局發展。沈驥如發現，經濟全球化使發展中國家受益頗多，並有助制約「對抗型鬥爭」；大國對「妥協」方式的探索不應被視為「投降」，惟合作須堅持

國家主權，以免成為霸權干涉的口實。[121]

批判美國霸權的資中筠進而力陳「全球化」是「發展」不是「西化」；李寶俊論稱，認同自己的文化不等於否認西方民主與人權價值，中國應力求成為全球一體化的參與者與協調者，作一個「負責大國」。王逸舟也認為「民主科學潮流浩浩蕩蕩」，是全球化的重要部分。中國作為「負責大國」不能緊守狹隘現實主義。敏銳洞察人類發展的前沿，才是大智慧。何家棟駁斥現實主義、國家主義傳統而強調，中國的國家利益其實維繫於能否在人類文明主流的全球一體化上，實現現代化；而不是主張「一國現代化」。劉忠智則大膽建議歡迎世界各國人士來華就業通婚，促進中國人種與思想的多樣化改良，消除「中國爭霸」的疑慮。李慎之更積極地鼓勵人們正視全球化。李氏強調中華民族作為世界「最大民族」，面對從「進化論」看來無可迴避的全球化，只有建立自己的道德秩序並對全球秩序有所貢獻，走「全球主義」的道路，才是世界之福。若繼續反對現代化，放任專制主義，行「極其粗鄙的民族主義」和「沙文主義」，「那就一定是中國之禍，中國之禍肯定是世界之禍。」李氏之論可說是大陸學界對全球化最正面的看法。[122]

（三）以「有鬥有和」兩手策略對付為霸權服務的「全球化」

全球化對主權國家地位的侵蝕，發達國家占據了絕對優勢，是大陸現實主義分析者質疑這一現象與樂觀派的重點。因為現狀秩序來自西方大國，根本有利於大國私利，導致「霸權主義」推行強加於人的干涉。[123]自此銜接出堅持官方「國際政治新秩序」政策裡，捍衛主權理念、「和平共處五項原則」與「聯合國憲章」等立場。[124]如閻學通認為，加快參與經濟全球化將使中國非傳統安全問題更為嚴重。李琮斷言「不平衡」是資本主義的絕對規律，所以全球化反而鼓勵各國強化經濟實力，可見本國利益依舊至高無上。而南北差距在全球化中逐步擴大，全球化新焦點的「知識經濟」與「網路經濟」使得「第三世界」翻身更加困難。楚樹龍、王在邦等直言經濟全球化體現著國際壟斷資本對主權國家的不宣而戰，企圖「確立美國對世界的統治。」張敏謙指出，這一為美國服務

的全球化，使得真誠的國際合作很難想像。楚氏於是建議，對付這一形勢還是必須在「不當頭」戮力推動「四化」的原則下，善於運用「有鬥有和」的兩手策略。[125]

（四）依賴理論和世界體系理論也指出某種「責任」

即便是對自由主義國際關係理論頗有心得的王逸舟都同意，目前的「國際新秩序」正朝向歐美傾斜，當中藏有「拿不到桌面上的圖謀與私利。」冷戰之後對立的兩大營壘消失，資本主義世界體系和「中心——邊陲」關係愈顯清晰。從這方面看，喚起學界重視關懷南北對立的依賴理論和世界體系理論，仍有不可替代的價值。[126]此種關懷或許也可以是王氏所談「大國責任」的一種內容，但這兩種頗受馬克思學說影響的分析方式，目前在大陸國際關係的研究中影響並不明顯。

引述依賴理論，汪暉把全球化當作是伴隨資本主義發展的過程。他批判了大陸啟蒙主義、現代主義、自由主義思潮對現實弊端的無能為力，把全球化幻想成「走向世界」的機遇。汪氏認為，全球化裡生產與貿易的跨國化，其政治保障還是民族國家的權力運作。自由主義為對抗社會主義傳統而訴諸資本主義的現代性，放棄對資本活動的批判，剛好提供各種後現代思潮向民族主義轉進的契機，暗圖恢復偉大的「中國中心」。依賴理論和世界體系理論以「平等」的價值挑戰代表現代性的自由主義秩序，一種可能的後果如同劉小楓所言，就是使左右兩翼的思潮在「國家利益」上會合，推遲了自由民主的達成。劉氏主張重建「理性」傳統以避免訴諸浪漫。但汪氏針對全球資本主義的現代性危機，還是建議掌握批判思想，構思建立更公正與和平的政治經濟關係。[127]

二、關於建構主義與知識社群論：承認對話機制作用、進行「共享理念」探索

大陸國際關係研究文獻直接引述、回應建構主義與知識社群論的案例尚少。但目前已有較多的研究者可以接受國家利益與國際關係因對話

學習和心態調整而改變的事實，可說具有「弱式建構主義」的某些精神。但對於西方理論中，從事「建構」的主角──「知識社群」的作用則缺乏公開的分析。儘管本研究藉由匿名訪談，確認有受訪者肯定知識社群的訊息。[128]由於共黨本身就是創造歷史的唯一正當、先進的「代表」與「先鋒」，談論跨國串聯而具有某種獨立性的專業集團必然十分敏感，公開文獻對此沉默可以理解。

中國現代國際關係研究所丁奎松認為，區域安全繫於「大國關係」的變化。在亞太地區，堅持飛彈防禦計畫的美國與推行夥伴關係的中國存在著「安全觀念」的差異。而就安全觀念、戰略利益等進行溝通、尋求信任的大國對話機制，對大國關係順利發展會有些幫助。雖然類似東協區域論壇（ARF）、亞太安全合作理事會（CSCAP）等對話機制的成效還處於摸索階段，但這些對話不僅表明大國合作的可行性，也說明「中小國家通過安全對話可以影響大國的安全思維。」

採取結構現實主義分析的閻學通、李少軍和對自由主義理論頗有心得的王逸舟不約而同地鼓勵中國提倡「新安全觀」。閻氏建議要「向世界提出更多的有建設性意義的思想」，「更多地承擔起領導世界走向更美好的責任，而不是臥薪嘗膽，準備將來有一天對其他歷史上有負於我的國家進行報復。」暫時「不當頭」將來再算帳的戰略必然催化「中國威脅論」的擴散。李氏與王氏則強調通過溝通合作建立信任的重要，尤其是「大國關係」方面，中國的安全必須以他國之安全為條件。[129]這些聚焦於互信建立的主張，頗具「共享理念」的色彩。

主張「大國外交」要先調整「心態」，承擔「大國責任」的葉自成指出，以同樣的力量面對同樣的問題，樂觀或悲觀的心態會導致不同的後果。「大國外交」要求自己要有「高度的責任感、奉獻精神和主動創造精神，」兼具理想主義與現實主義。如果中國老把美國當敵人看，美國必然會成為中國的敵人。[130]秦亞青也說，中國和已有共享政治認同的西方集團的關係，相當程度取決於彼此建構的文化角色；如果敵對的氛圍濃厚，雙方領袖想合作也難。[131]

上海國際問題研究所楊潔勉肯定美國學界經由學官交流、智庫、第

二軌道、輿論塑造等方式，不僅對其本國對華政策有著日益廣泛的影響，冷戰後新科技與新議題更擴大了美中「大國關係」的跨科際新領域。楊氏還指出，美國學界的優勢不僅影響「中國同行」，其意見還受到北京最高領導層的關注。他建議大陸學者應多與美國同行交流，以向美方介紹情況，使美方能認同中國的改革。[132]

提出「責任需求」的王逸舟更明確認定，國際政治離不開人的歷史哲學和主觀的政治價值，這些主觀因素均能潛移默化地影響國際事務進程。王氏在其研究中直接引述建構主義學者溫特的意見，批評把體系視為給定的觀點是「保守的現代主義」，並向大陸讀者介紹了驗證康德主義的學習理論。而一位匿名的受訪者更坦然表明「安全」觀念有多元化甚至「私化」的現象，說明大陸市民社會正在介入相關概念建構。學術團體的影響表現在領導人漸次接受「全球化」、「綜合性安全」、「新安全觀」的說法，可見學習理論與建構主義值得參考。[133]

三、關於後現代、後殖民與女性主義理論

以下涉及的批判性更強的各路國際關係理論，原本在西方都不是源起於國際關係學界，而是從文學、藝術、社會學等領域首先發難，方才在1980年代中期以後，向國際關係領域產生影響。

王緝思引述「文明衝突論」相關論戰文獻認為，冷戰落幕之後意識形態在各地沒落，物質功利與經濟優先受到空前頌揚。但經濟成就背後，發達國家如西方各國，急起直追大陸，都發生精神信仰失範的嚴重問題。在西方社會內部，現代性精神象徵的啟蒙理性與自由主義正遭遇「後現代」的挑戰，少數族裔（按：主要是先前被殖民國家的移民）與女性主義結合，儼然成為某種「多數」，攻擊歐洲文化傳統是「死去的歐洲白人男子統治的世界」，自由主義的激進地位已被此輩所接收。而世界各地在全球化的衝擊下，思想衝突一樣嚴重，不少地方代之而起的是宗教與民族情感的復甦。[134]

本文認為，由於「後發優勢」的因素，大陸接觸到這些新興理論幾

乎與主流理論傳入時間相差無幾。中國與西方的歷史性緊張關係，可能
有助於這些批判西方主流理論與現狀結構的新學說，在大陸以各種形式
蔓延。大陸學界吸收此類理論進行某種轉化，充實甚至改造「大國」的
認同和對外取向的可能也不宜排除。

（一）建設「中國特色」國際政治學，應該參考新觀點

王逸舟發現，劃分「敵、友、我」的現實主義支配著大陸多數國際
政治研究的主調，學派分支少而弱，缺少哲學思維的啟示和幫助。在這
方面，向以實證主義、權力政治為正統的主流學派提出強大挑戰的後現
代主義、後實證主義、女性主義與諸般「後學」，足以加強研究者的「審
視意識」和想像力。王氏認為，此類學說有助於克服歐洲中心論、打破
狹隘經驗主義對人的思維與新鮮見解的封鎖、穿透「國家中心」與「國
際／國內」分野的神話，進而對事態的脈絡與歷史保持敏銳覺察。王氏
以女性主義為例表示，此說在國際關係研究文獻中數量雖少，但「貢獻
卻比它們所占的數量比例大得多和重要得多，是一種以更寬廣的視野、
更深刻的哲理理解人類關係和政治生活的努力。」這些理論或許有忽略
經驗證據、不建立理論體系和陷入相對主義的缺點。但王氏預期，參酌
這些哲學思辨後，「中國特色的國際政治學」才可能興起。[135]

（二）大陸的「後社會主義」為人類保留發展經驗的開放性

王逸舟本於中國人占人類五分之一，應循著這些脈絡對「外交轉型」
作國際比較；[136]但他除了「新安全觀」外，尚未接續這些理論對他所
建議的「大國責任」做出具體增益。而孫津引介則美國學者德里克
（Arif Dirlik）受「後現代」啟發的「後社會主義」說，不把社會主義視
為具有連貫性決定論的理論，認為中國的改革轉型要由表達不同社會力
量的「論述」（discourse）爭論來定位。所以大陸與資本主義接軌不表
示放棄社會主義價值，反而以其行為、價值和文明為人類發展模式保留
某種開放性的可能。孫氏與德氏之所以如此重視中國的「後社會主義」
意義，毋寧是由於中國是唯一能抵制資本主義全面擴展的大國。儘管他

們沒有使用「大國」一詞。[137]

（三）對抗「後殖民」的話語霸權，打倒美帝

　　然而自責大陸國際關係理論與戰略研究長期一廂情願、對美期待過高、「頑固反對愛國主義、堅持世界主義」的喻權域、房寧、王小東等人則不自限於學院的爭論。他們以為二次世界大戰以後，老殖民主義又以全球化替「後（新）殖民主義」借屍還魂，第三世界國家則掉入了發展的陷阱。非但沒有獲致令人憧憬的現代化，反而在資本國際循環中被邊緣化，甚至將來有被再殖民化的可能。為了挽救民族精神的失落，王氏等人呼籲從西方的「話語霸權」中解放出來，正視一場即將開始的西方與第三世界的「世界大戰」。王氏等人指責務實派講求所謂「落後就要挨打」，一昧迷信經濟發展的錯誤在於忘記了毛澤東在「抗美援朝」贏得的教訓。毛主義證明落後不可怕，敢於鬥爭就能叫紙老虎現形。真正的危險是「依賴才要挨打」。彼等又批判自由主義也不真誠支持大眾民主，不為本民族利益著想，只是內外現狀利益與權貴富豪的附庸。房氏且激昂地「驚天動地一聲吼，打倒美帝國主義！」「我們又聽到了雄壯的《義勇軍進行曲》！」[138]

（四）大陸「後現代」、「解構」學說迎合中產階級，喪失批判性，助長國家主義與「中國中心」觀念

　　李揚、汪暉和陶東風等人則對「後學」論述做出不同角度的批評。李揚指出，大陸這些批判啟蒙理性的「後現代」學說從數十年荒誕的鬥爭幻滅誕生，解構一切主體與價值關懷，對大陸日益惡化的貧富分化、貪污腐敗置若罔聞，其實完全喪失了詹明信（F. Jameson）等人原有的批判性。這些理論以迎合市民趣味成為新中產階級的保護神，「後現代主義」只是學者手中的玩偶而已。汪暉認為移植到大陸的後現代與後殖民學說從事各種主體「解構」，反而鞏固了民族主義、國家主義、「中國中心」觀念和市場資本主義。陶東風同意這一意見指出，1990年代大陸後殖民批評在解構歐洲中心主義與西方現代性的同時，卻弔詭地將中

國民族文化的「本土經驗」絕對化，結果將導致嚴重的民族對抗。陶氏建議應提倡流動的主體性和多元的自我認同，才能「在自由主義與民族主義間進行靈活的選擇與穿越。」[139]

四、小結——批判性思考的三種發展趨向與外交理念上的意涵

歸納看來，社會主義執政下的馬克思思想傳統，是大陸國際關係學界對國際現勢與西方理論從事批判性思考的便捷切點。但同樣引用官方視角下名正言順的馬克思主義，卻能使論者得出不同的分析成果與建言。即便是同一位作者，不同時空脈絡也可能出現立場相左的擺盪，此處將其觀點區分為三種趨向：

1. 全球化是經濟與技術驅動的普遍性、歷史性趨勢，其所帶來的政治變革——個人自由與政治民主也有普遍性價值，對大國妥協合作也有鼓勵作用，是文明之主流。中國固然須提防西方國家藉全球化行干涉主義，但主要政策方向應是正面參與並提供建設性創新。這也是「負責大國」的合理表現。此一思路重要性在於前承國際關係自由主義理論的若干觀點，後啟建構主義的應用回應。

2. 全球化確實是資本主義全球擴展的產物，但不僅沒有帶來所謂自由民主的價值，反而是大國宰制第三世界國家、製造依賴的幫兇。所謂自由民主的普遍絕對性，只是現狀大國的「話語霸權」表現。人們不可取媚於西方強權，坐視「後殖民」現象蔓延。妥協換取和平尤屬幻想。此種批判性的思維結果是提倡激昂的中國民族主義復興，去挑戰現狀秩序的霸權。

3. 全球化是資本主義全球性擴張的表現。但僅著重其表面宣揚的價值論述並期許和平乃是一種空想。另一方面，將一切價值體系虛無化以引進本質主義（essentialism）的民族主義、中國中心論也不可取。兩個看來相對立的論點其實都不免成為現狀秩序的附庸。某些人只偏袒經濟改革後，新貴階層的權益；更甚者則鼓勵

國家主義權威，都是喪失反思與批判性的表現。此種思路或者回歸到某類終極的人道理想，或者鼓勵「多元認同」的游移，認為中國的經驗可為人類文明多樣性保留某種可能，但尚無具體的外交對策主張。

批判性的國際關係思考也可能與相容於官方意識形態的馬列毛論述無關。但目前在大陸各界務實為主的氛圍下，引據馬列毛尚且可能被譏諷為「左」、「務虛」、「本本主義」；完全獨立於社會主義話語之外的有關建議更不可多得。反倒是「務實」是尚的現實主義對這些新興「批判性」學說駁斥得十分著力。超越馬克思主義與一切規範性價值的現實分析家們主張，全球化完全是西方大國為遂行國家利益推行的霸權政策，其結果非但不是促進合作，反而將催化競爭對立。然而現代化仍是中國主要的國家利益，為儘量爭取現代化需要的和平環境，中國應在堅持主權原則下，進行「有鬥有和」的兩手策略，厚植大國實力。

本章結論

從訪談彙整到文獻分析都說明，包括馬克思主義傳統在內，西方理論對大陸國際關係的研究影響可說是無與倫比。尤其冷戰後官方意識形態約束力鬆動，各種類型的西方理論伴隨著西方強權的對華外交政策向大陸官方與學界廣泛滲透，其影響特別具有快速度、多層次、多元性的特點。[140]

現實主義理論是這一「解放思想、實事求是」氛圍的首要受益者，它也和強調「科學」與「結構決定」版本的馬克思主義相契合，最便於成為多數學者公開採用的分析工具。「大國」定位與綜合國力崛起的現實密不可分。國際關係的內容——戰爭與和平、建制與組織、全球化進程等等看來也多半由大國所決定。以現實主義，特別是結構格局論處理「大國關係」，度量中國作為「大國」的定位，繼而導引出合理的外交政

策，不僅在實務層面最廣為接受，也能與西方理論傳統準確接榫。無論分析者是否明白認同使用「大國外交」一詞，「體系大國」的定位與策略都十分清晰。

　　大陸的格局論與嚴格的結構現實主義是大陸學界正面對應西方國際關係理論的重要典型，具有排除意識形態與價值判斷干擾，避免過往「革命外交」與「左」的錯誤的優勢。對此論的主張者來說，結構格局中的「大國」地位可以客觀地評估核定。在中國綜合國力崛起但總量龐大、人均微小、質量不均的紛雜樣態下，對現實的客觀評估自存有種種差異。這些差異便是其他爭論與觀點的重要源頭。這些差異可大分為兩方面：

1.有些觀點堅持中國國力不成其為「大國」，當不可自我高估，所以對外也要「不當頭」，「韜光養晦」。「大國」定位和「大國外交」容易引誘「出頭」意識，最好避免。

2.同樣是客觀分析，相當多人同意中國在格局裡「怎麼樣也算一極」；這個「現實」是再怎樣低頭偽裝也無法否認的，因為他國必有相同的理性判斷。若然，「大國」就該適時「有所作為」，引導結構朝有利自己的方向轉化，譬如區域化與多極化。這裡又衍生出兩種抉擇：

（1）「丟掉幻想、準備鬥爭」，廣結盟友與「第三世界」，準備迎接結構命定的反霸，不辱「挑戰大國」的使命。此一抉擇往往應和中國固有的政策宣示與意識形態，在批判其他理論時可以表現得非常激烈。

（2）訴求「新安全觀」，利用「大國」地位積極加入到現狀秩序中發揮實力圖謀改變規則，並使霸權的單邊措施逐步被轉變中的權力平衡和多邊機制所消融，接受中國的崛起和現代化。這樣的觀點同意大國間可以有基於共同利益妥協合作的關係；合作判斷的增加，論者參酌的西方國際關係自由主義理論的成分也跟著增加。

　　很明顯地，並非所有研究者對於理論假設都有結構論般清晰的自覺；或者說不以條陳縷析的假定自限。而且，並非所有現實主義分析家眼中的「現實」都是物質性客觀的。若干論述中的「大國」一方面是沿襲中國自古即「大」的傳統，另一方面與此交集的主張是「大國」除了物質性要素，更重要的是文化、戰略、意志和人心。毛澤東在落後的物質條件上成就的霸術偉業，獲得浸淫歷史的現實主義、地緣分析論者高度讚賞。這種古典智慧的時空效益尺度不易用一種精確的現代西方理論去範限，也很難在每個個別外交事件的決策中一一驗證。但其根基深厚的思想系譜，卻使大陸理論家們面對各種挑戰時，便於在現實主義與非現實主義理論要素上靈活位移，可說是國際關係理論所謂「中國特色」的重要根源。

　　在西方文明居於優勢的面前，中國知識界與決策者反覆面臨加入西方秩序卻可能被拒絕，或者為避免被拒絕與羞辱的尷尬乾脆堅持「走自己的路」，面對宿命對抗命運的兩難困境。冷戰後大國相互依存的深化毋寧是迴避對抗「怪圈」千載難逢的機遇。愈是積極看待這一機遇，愈使論者能樂觀估計合作的可能，並要主動創造且維持合作為主的大局。合作可以仰賴結構現實中順勢而為的操作，也可以改變「心態」與「哲學」積極造勢。為了培養造勢的潛力，便要激勵「大國外交」多種角色抉擇、承擔「責任」、塑造「形象」的思考，提出「負責大國」政策建議。接著這樣的推論，國際關係自由主義理論的經驗實證面可較安全地著陸，與其共生的政治自由主義價值也在長期「反資產階級自由化」的大陸漸漸被認真看待。部分論者正面評價「民主和平論」，同意政治改革與民主化是扭轉崛起大國必然與西方衝突的要件，厥為明證。

　　順應著現實主義與自由主義對「大國」的重視，複雜相互依存的全球化提供的不確定性反而為某些分析家主動建構「負責」方式、醞釀「負責」文化帶來機會。身為「知識社群」的一員，看到當局逐步採用學者已先行提倡的概念，效能感當增加不少。行動者的「建構」作用似漸有其真確性。

　　然而，複雜之處在於「霸權穩定」與「結構自由」裡的雙重標準一

再上演，全球化和改革開放在內外都造成廣泛的不公不義，「文明」的界線又是如此頑固偏執，所有這些在西方理論中早有各種批判學派加以抨擊。飽嚐西化不被認可的大陸，聲援批判風潮至為自然。這種具有批判性的國際關係論點也可大別為二：

1. 目前大陸輿論直接響應批判之風多半乃是堅守「國家」疆界和主權為底限，訴求有別於西方現代化的民族特色和本質性，反對西方「後殖民」的君臨。其結果往往是與現實主義趨同，且夾帶高亢的民族情緒，連帶對西方政經制度強烈否定；於是，崛起大國變成「反大國／挑戰大國」恐難避免。

2. 不過目前也可以看到另一種緩慢浮現的、超越本質主義與狹隘民族主義的深刻批判。這些批判雖非源自國際關係學界，但正逐漸影響人們面對外在世界的態度。例如，論者關切國際非政府組織與全球性問題，認為其中能量尚未被多數分析前提所注意。他們超越「大國」疆界的訴求雖合乎反對「大國主義」傳統，但卻不是導向現實主義「挑戰大國」的邏輯。

註釋

[1] 本書所指的大陸國際關係學界，則包括其「國際政治學界」（有人簡稱「國政學」）。參閱宋新寧、陳岳，《國際政治學概論》（北京：中國人民大學出版社，2000年），頁2-3。

[2] 受訪者B3、D、E、N、S、W、X、Z等不同程度地強調了研究者從觀念方面對外交政策施加的影響力，只有J對此表現鄙視的態度。

[3] 此處包括國際關係是「多極化」或「一超多強」、「單超獨霸」、「大國共同體」（concert）等觀察，意味著國際形勢由「一超」、「多極」、「大國」成員所決定，共占三十一位受訪者的十七位。

[4] 受訪者代號A、A4、H、J、R訪談資料。若干研究者明確標榜結構現實主義的優越性，如受訪者A、H、J、K、W。

[5] 受訪者代號B2、E、G、L、N、Q、U、V、X。

[6] 受訪者代號B3、C、D、S、T。

[7] 綜合參閱受訪者代號O、Y之意見。

[8] 此一向度座標的討論，詳見本書第一章第二節與第三章第一節。

[9] 例如，受訪者H、K最為明顯。受訪者K認為，西方當代研究現實主義理論
雖較透徹，但中國戰國時代與毛澤東思想等也有相同的推理。參閱受訪者
代號K之意見。

[10] 例如，認為結構現實主義較能解釋「大國外交」的W受訪者就認為，研究
國際關係還應該吸收學習理論與建構主義的觀點。參閱受訪者代號W之意
見。

[11] 如受訪者L、G、N。

[12] 受訪者A3、N 、Q、W、Z都明確指出這一現象，儘管他們並不都贊同此
一途徑。

[13] 這些觀點共占三十一位受訪者的十八位。

[14] 受訪者D、Y認為1960‧1970年代中國物質窮困卻極有世界性影響，今日
是不升反降。受訪者T則認為實力不足但「結構」與「決心」因素合起來
仍可有助維持大國地位。受訪者U則根本否認1970年代中國的「大國」地
位。

[15] 明顯持這種論點的受訪者共占三十一位受訪者的六位，分別是受訪者代號
D、J、K、M、O、P。

[16] 參閱受訪者代號J之意見。此一論點有趣之處是，受訪者堅持結構現實主
義的觀念去反對自由主義與建制理論的一廂情願，卻又同時指出中國幾千
年來就是「大國」，贊成以購買力平價（PPP）評估中國當今的經濟實力，
然後引進意識形態色彩強烈的反霸論證，反對中國的「大國」地位。

[17] 如受訪者P。

[18] 如受訪者B、K、M。受訪者B認為「大國」概念帶有「左」的錯誤十分特
殊。令人驚訝的是，也有受訪者認為，大陸媒體普遍存在的英語新聞，是
大國意識過強的產物，造成人民好管國際閒事的心理。

[19] 如受訪者O。

[20] 認為「大國外交」已不同程度地成為中共當局的外交政策的受訪者，共占
三十一位中的十五位。

[21] 如受訪者B、Q、Y認為「大國外交」與「韜光養晦」衝突不小。但受訪者
H、T、X、Z認為不會有此衝突。

[22] 如受訪者U、W、X、Y、Z等人。

[23]如受訪者G、H、Q。其中受訪者H鼓吹結構現實主義的分析方法,認為不可能不主張「大國外交」,「第三世界」的重要性在下降。但受訪者Q則反對結構現實主義的分析,提倡自由主義與現實主義結合下,「大國共同體」成員的身分認同。

[24]前者如受訪者A、H,後者如受訪者K。

[25]如受訪者J。

[26]改革開放後鄧小平將「資產階級自由化」與動亂定位為「右」。但他特別警告表面上帶有革命色彩的「左」的各種爭論,會藉反對資本主義去反對改革開放路線。鄧氏的這些觀點是反對理念主義,堅持務實態度的受訪者的重要依據。可參閱鄧小平,《鄧小平文選(第三卷)》(北京:人民出版社,1993年),頁363、375。

[27]第一類如受訪者U,第二類如受訪者L,第三類如受訪者G、Z。

[28]如受訪者Q、P、V、S、X。但受訪者P又對西方是否能接納這樣的中國抱持悲觀,而認為還是少提「大國」以免一廂情願。

[29]如受訪者O、Y。

[30]提及這種論點的受訪者共占三十一位中的十三位。提及內政因素對外交研究之影響,如受訪者D、E。受訪者D還主張研究外交政策宜從比較政治學入手。

[31]前者如受訪者L、M、N等人,後者如受訪者G。

[32]前者如受訪者Q、S、V、X等人,後者如受訪者D、P。此中宜說明的是,受訪者X並未直接支持「大國」概念,因為X支持國際社會多極化、民主化的潮流。

[33]最後這一點雖然關係重大而且可以從訪談中略知端倪,但不宜在本書範圍中予以討論。

[34]綜合參閱宋新寧、陳岳,《國際政治學概論》(北京:中國人民大學出版社,2000年),頁4-8、57;何方,《論和平與發展的時代》(北京:世界知識出版社,2000年),頁180-182;俞正梁(等),《大國戰略研究》(北京:中央編譯出版社,1998年),頁1-3;胡鞍鋼、楊帆(等),《大國戰略──中國利益與使命》(瀋陽:遼寧人民出版社,2000年),頁9。

[35]參閱梁守德、洪銀嫻,《國際政治學理論》(北京:北京大學出版社,2000年),頁36。

[36]節錄自恩格斯,〈反杜林論〉,收於中國人民解放軍軍事科學院編,《馬克思恩格斯列寧斯大林軍事文摘》(北京:解放軍出版社,1983年),頁17-18。

[37] 節錄自列寧，〈列寧軍事文集〉，收於中國人民解放軍軍事科學院編，《馬克思恩格斯列寧斯大林軍事文摘》，同上註，頁258-263、310。

[38] 節錄自列寧，〈帝國主義是資本主義的最高階段〉法文與德文版序言，收於中共中央馬恩列斯著作編譯局編，《列寧選集（第二卷下冊）》（北京：人民出版社，1972年），頁732-733。

[39] 節錄自周恩來，〈外交部成立大會講話〉，講於1949年11月8日。收於中華人民共和國外交部編，《周恩來外交文選》（北京：中央文獻出版社，1990年），頁2-3。

[40] 參閱王逸舟，〈中國國際政治研究的幾個問題〉，收於資中筠編，《國際政治理論探索在中國》（上海：上海人民出版社，1998年），頁15-16。

[41] 此處指的是官方社會主義的「馬列主義」（Marx-Leninism）。

[42] 參閱曲星，《中國外交50年》（南京：江蘇人民出版社，2000年），頁22、445-446、610。

[43] 參閱王緝思，〈國際關係理論與中國外交研究〉，收於資中筠編，《國際政治理論探索在中國》，頁307-308。

[44] 曲星，《中國外交50年》，頁440-441。季辛吉二十年前也說周恩來有著相似的務實觀點。參閱米鎮波，《周恩來與大國關係的變動》（天津：南開大學出版社，2000年），頁192。

[45] 例見徐濟明，〈中國國家利益與對非政策〉，《西亞非洲》，2001年1期（2001年2月），頁50-54；張海濱，〈中國的環境外交：世紀末的回顧與前瞻〉，收於梁守德編，《走向新世紀的歐洲與大國關係》（北京：中國國際廣播出版社，1999年），頁403-415；劉杰，《國際人權體制：歷史的邏輯與比較》（上海：上海社會科學院出版社，2000年），頁346；陳志敏，〈構築夥伴關係的網絡〉，收於俞正梁（等），《大國戰略研究》，頁338；沈驥如，〈歷史合力的形成機制：妥協〉，收於李慎明、王逸舟編，《2001年全球政治與安全報告》（北京：社會科學文獻出版社，2001年），頁334-335。

[46] 參閱趙春山，〈從中共的「矛盾論」看華府與北京的「建設性戰略夥伴關係」〉，《理論與政策》，第12卷1期（1998年3月），頁1-11；張登及，〈毛澤東涉外言論與中共外交〉，《共黨問題研究》，第24卷9期（1998年9月），頁41-48。

[47] 參閱何家棟，〈二十一世紀中國國家利益與國家安全——兼駁國家主義意識形態〉，《中國社會科學季刊》，2000年春季號（2000年4月），頁104。

[48] 論點參閱王蒙，〈躲避崇高〉，《讀書》，1993年1月；收於劉志峰編，

《道德中國：當代中國道德倫理的深重憂思》（北京：中國社會科學出版社，1999年），頁127-134。

[49] 綜合參閱曲星，《中國外交50年》，頁527-540；郭震遠，〈二十一世紀中國的國際機遇與挑戰〉，《中國評論》，2000年1月號（2000年1月），頁24。

[50] 參閱楚樹龍，〈中國的國家利益、國家力量和國家戰略〉，《戰略與管理》，1999年第4期（1999年8月），頁13-18；楚樹龍、王在邦，〈關於國際形勢和我國對外戰略若干重大問題的思考〉，《現代國際關係》，1999年第8期（1999年8月），頁6；楚樹龍，〈美國對華戰略及美中關係走向〉，《和平與發展》，2001年第2期（2001年夏季），頁39-40。

[51] 參閱謝益顯，《中國外交史1979-1994》（鄭州：河南人民出版社，1995年），頁144-149。

[52] 例見薛龍根（等編），《當代世界政治經濟與國際關係》（南京：新華書店，1994年），頁1-2；任光初編，《世界政治經濟與國際關係》（上海：華東理工大學出版社，1997年），頁47-50。

[53] 參閱李義虎，〈論二十一世紀的新型大國關係〉，收於梁守德編，《走向新世紀的歐洲與大國關係》（北京：中國國際廣播出版社，1999年），頁434-437；王金存，〈世界大國關係動向〉，收於李慎明、王逸舟編，《2001年全球政治與安全報告》，頁17-18；俞正梁（等），《大國戰略研究》，頁1-7。大陸資深美國研究學者資中筠認為，美國「單極」的力量仍在上升，不能說是「多極」。參閱資中筠，「緒論」，收於資中筠編，《冷眼向洋：百年風雲啟示錄（上）》（北京：三聯書店，2000年），頁25-26。

[54] 參閱周方銀，〈對當前國際格局的聚類分析〉，《現代國際關係》（2000年12月），頁40；宋新寧、陳岳，《國際政治學概論》，頁71-76。

[55] 閻學通，《美國霸權與中國安全》（天津：天津人民出版社，2000年），頁32。

[56] 例見閻學通，《中國崛起——國際環境評估》（天津：天津人民出版社，1997年），頁47-53；閻學通，《中國國家利益分析》（天津：天津人民出版社，1996年），頁88。

[57] 參閱閻學通，〈歷史的繼續——冷戰後的主要國際政治矛盾〉，《大公報（香港）》，2000年7月19日，版A3。

[58] 參閱閻學通，〈歷史的繼續——冷戰後的主要國際政治矛盾〉，同上註；閻學通，《中國崛起——國際環境評估》，頁13-17、35、185-190；閻學通，〈立足周邊謀發展〉，《環球時報》，2000年3月3日，版7；閻學通，

〈新世紀中國安全環境的變化趨向〉,《中國評論》,2000年5月號(2000年5月),頁37-38;閻學通(等),《中國與亞太安全》(北京:時事出版社,1999年),頁274。閻氏曾製表分析美國與各大國矛盾強度,可參閱閻學通,《美國霸權與中國安全》,頁28-29、201-203、232-239。

表4-1　美國與各大國矛盾強度表

	經濟	政治	安全	戰略	合計
美日	1	0	0	0	1
美歐	1	0	0-0.5	0	1.5
美俄	0	0	3	0.5	3.5
美中	1	2	3	1	7

資料來源:閻學通,《美國霸權與中國安全》,頁28。

[59]參閱宋念申,〈我們的外交環境有多大變化?清華環球論壇〉,《環球時報》,2001年5月25日,版4。

[60]綜合參閱張睿壯,〈中國應選擇什麼樣的外交哲學?〉,《戰略與管理》,1999年第1期(1999年2月),頁56-65;張睿壯,〈重估中國外交所處的國際環境〉,《戰略與管理》,2001年第1期(2001年2月),頁20-29;韓德強,〈「落後就要挨打」語意解析〉,收於網站上海紅旗,http://redflagsh.myetang.com/redsce/aida.htm

[61]賈慶國,《未實現的和解:冷戰初期的中美關係內部——中國不僅僅說不》(北京:中華工商聯合出版社,1996年),頁10-23。

[62]例見俞正梁(等),《大國戰略研究》,頁4-11;《中國經濟時報》〈中國崛起與「說不」〉的評論,收於賈慶國,同上註,頁262-264。

[63]參閱王逸舟,《西方國際政治學:歷史與理論》(上海:上海人民出版社,1998年),頁351-359;王逸舟,《環球視點》(北京:中國發展出版社,1999年),頁16-19、32。

[64]參閱時殷弘,〈跳出「安全兩難」怪圈〉,《環球時報》,2000年8月4日,版7;時殷弘,〈國際安全的基本哲理範式〉,《中國社會科學》,2000年第5期(2000年10月),頁180-183;時殷弘,〈論二十世紀國際規範體系〉,《國際論壇》,2000年3期(2000年6月),頁8;時殷弘,〈風物長宜放眼量——二十一世紀前期中國國際態度、外交哲學和根本的戰略思考〉,《戰略與管理》,2001年第1期(2001年2月),頁1-19。

[65]據倪文觀之,「大均勢」部分引自美國學者James Chace的論點。王義桅、

倪世雄，〈均勢與國際秩序：後冷戰時代的思索〉，《世界經濟與政治》，2001年第2期（2001年2月），頁15-20。

[66] 參閱喻希來、吳紫辰，〈世界新秩序與新興大國的歷史抉擇〉，《戰略與管理》，1998年第2期（1998年4月），頁1-13。

[67] 例見朱寧，〈中國地緣戰略構想〉，收於胡鞍鋼、楊帆（等），《大國戰略──中國利益與使命》（瀋陽：遼寧人民出版社，2000年），頁1-14；甘愛蘭、林利民，〈世界地緣政治形勢的變化與中國地緣戰略環境評析〉，《現代國際關係》，1999年第7期（1999年7月），頁7-11。

[68] 參閱王志軍，〈「後領土時代」與地緣戰略的嬗變〉，《現代國際關係》，2000年第5期（2000年5月），頁33-35；沈驥如，《中國不當不先生：當代中國的國際戰略問題》（北京：今日中國出版社，1998年），頁4、64-65。

[69] 何新，〈何新答日本記者〉，收於李明偉編，《大國方略》（北京：紅旗出版社，1996年），頁86-90。

[70] 參閱葉自成，〈中國實行大國外交勢在必行〉，《世界經濟與政治》，2000年1月號（2000年1月），頁5-10；葉自成，〈中國：多種角色選擇〉，《環球時報》，2000年3月7日，版6；葉自成、李穎，〈構建大國外交之魂：正常心、自信心、樂觀心〉，《中國外交》，2001年9月號，頁2-5；葉自成編，《地緣政治與中國外交》（北京：北京出版社，1998年）。

[71] 可參閱辛旗，《諸神的爭吵──國際衝突中的宗教根源》（重慶：四川人民出版社，1993年）；王緝思，〈文明衝突論戰評述〉，收於王緝思編，《文明與國際政治》（上海：上海人民出版社，1995年），頁24-25、43。

[72] 參閱朱馬傑，〈世界格局多極化趨勢中的文化因素〉，《中國評論》，2000年8月號（2000年8月），頁64-65；王逸舟，《西方國際政治學：歷史與理論》，頁261-263；王逸舟編，《單極世界的陰霾──科索沃危機的警示》（北京：社會科學文獻出版社，1999年），頁10-13。

[73] 參閱高海寬，〈走向新世紀的國際環境與中國外交〉，收於劉山、薛君度編，《中國外交新論》，頁242-243；李義虎，〈論二十一世紀的新型大國關係〉，頁435；張汝倫，〈文化的衝突還是文化的困境〉，收於王緝思編，《文明與國際政治》，頁313-316；倪世雄，〈我所瞭解的「文明衝突」〉、徐國琦，〈亨廷頓及其文明衝突論〉，均收於王緝思編，《文明與國際政治》，同上書，頁73、390-392；閻學通，《美國霸權與中國安全》，頁30-35。

[74] 參閱資中筠，〈二十世紀──美國世紀？〉，收於資中筠編，《冷眼向洋：百年風雲啟示錄（上）》，頁275；王逸舟，《環球視點》，頁115-116；

王緝思，〈文明衝突論戰評述〉，頁36。

[75]參閱房寧、王小東、宋強（等），《全球化陰影下的中國之路》（北京：中國社會科學出版社，1999年），頁8-20。

[76]Karl Marx and Friedrich Engels, *The Communist Manifesto* (New York: Monthly Review Press, 1998), pp. 29-30.

[77]見《周恩來1946年談判文選》，頁92。轉引自米鎮波，《周恩來與大國關係的變動》，頁6。

[78]參閱馬克思（Karl Marx）著，伊海宇譯，《1844年經濟學哲學手稿》（台北：時報，1990年），第二手稿，頁63-70；John McMurtry, *The Structure of Marx's World-View* (Princeton: Princeton University Press, 1978), pp. 103-107.

[79]綜合參閱鄧小平，〈目前的形勢和任務〉，收於《鄧小平文選》，第一卷（香港：三聯書店，1983年），頁236；張靜如，《中國共產黨思想史》（青島：青島出版社，1991年），頁638-673。

[80]參閱米鎮波，《周恩來與大國關係的變動》，頁5 6、38。

[81]參閱江澤民，〈在英中貿易協會歡迎午宴上的講話〉，《人民日報》，1999年10月21日，版1。

[82]綜合參閱張蘊嶺，〈轉變中的中美日關係〉，收於張蘊嶺編，《合作還是對抗：冷戰後的中國、美國和日本》（北京：中國社會科學出版，1997年），頁4-5；李少軍，〈對北約新干涉主義的理論思考〉，收於王逸舟編，《單極世界的陰霾——科索沃危機的警示》，頁342-345；楊帆，〈論中國社會轉型時期五種政治思潮〉，《明報月刊》，1996年1月號（1996年1月），頁24；蕭功秦，〈後全能體制與21世紀中國的政治發展〉，《戰略與管理》，2000年第6期（2000年12月），頁7。蕭氏也稱此種思潮為「溫和的自由主義者」。

[83]綜合參閱時殷弘，〈國際安全的基本哲理範式〉，頁179-183；劉宇凡，〈大陸知識界的大混戰及其現實意義〉，《先趨》，第58期，轉載於《左翼》，第14號（2000年12月），頁23-35；王逸舟，《環球視點》，頁97-98；David M. Lampton, "A Growing China in a Shrinking World: Beijing and the Global Order," in Ezra F. Vogel ed., *Living with China: U. S. -China Relations in the Twenty-First Century* (New York: W. W. Norton & Company Press, 1997), pp.124-133.

[84]參閱鄧小平，〈在武昌、深圳、珠海、上海等地的談話要點〉（外界習稱「南巡講話」），收於《鄧小平文選》，第三卷，頁371-372；江澤民，〈在俄羅斯聯邦國家杜馬的演講〉，《人民日報》，1997年4月24日，版6。

[85]陳樂民，〈「全球化」與中國〉，收於資中筠編，《冷眼向洋：百年風雲啟示錄（下）》，頁364-365；裴默農，《周恩來外交學》（北京：中共中央黨校出版社，1997年），頁207-208。中國社會科學院美國研究所前所長資中筠也指出馬克思的此一遠見，參閱資中筠編，《國際政治理論探索在中國》，頁8。

[86]綜合參閱資中筠，〈二十世紀──美國世紀？〉，收於資中筠編，《冷眼向洋：百年風雲啟示錄（上）》，頁292-293；何方，《論和平與發展的時代》，頁184。

[87]例見張錫鎮，〈東盟的大國均勢戰略〉，收於梁守德編，《走向新世紀的歐洲與大國關係》，頁267-268；沈驥如，《中國不當不先生：當代中國的國際戰略問題》，頁255；沈驥如，〈歷史合力的形成機制：妥協〉，頁327-328。

[88]綜合參閱李義虎，〈論二十一世紀的新型大國關係〉，頁435-436；陳志敏，〈構築夥伴關係的網絡〉，收於俞正梁（等），《大國戰略研究》，頁338-340。

[89]例見朱寧，〈中國地緣戰略構想〉，頁11；顧海兵，〈大國戰略與經濟安全〉，收於胡鞍鋼、楊帆（等），《大國戰略──中國利益與使命》，頁82-87；張睿壯，〈重估中國外交所處的國際環境〉，頁25、29。

[90]綜合參閱王逸舟，〈世紀之交的變與不變：透視2000年的國際政治與安全〉，收於收於李慎明、王逸舟編，《2001年全球政治與安全報告》，頁8-12；王逸舟，《環球視點》，頁103；李寶俊，〈從戰略夥伴關係的建立看中國外交理念的變化〉，收於李景治編，《世紀之交的中國與世界》，頁69。

[91]喻希來、吳紫辰，〈世界新秩序與新興大國的歷史抉擇〉，頁1-12；喻希來、吳紫辰，〈外交哲學中的人類道德──答張睿壯先生〉，《戰略與管理》，1999年第2期（1999年4月），頁102。

[92]例見蘇長和，〈經濟相互依賴及其政治後果〉，《歐洲》，1998年第4期（1998年8月），頁34-37；宋念申，〈為什麼「第幾世界」的概念淡化了？清華環球論壇〉，《環球時報》，2001年1月19日，版4；《工商時報》，2001年11月18日。

[93]毛澤東，〈目前的形勢和中國共產黨外交政策的基本原則〉，發表於1945年4月24日中共「七大」。收於中華人民共和國外交部編，《毛澤東外交文選》（北京：中央文獻出版社，1994年），頁43。

[94]毛澤東，〈支持多米尼加人民反對美國武裝侵略的聲明〉，發表於1965年5月12日，收入處同上註，頁568。

[95] 參閱資中筠,「緒論」,收於資中筠編,《冷眼向洋:百年風雲啟示錄(上)》,頁21;資中筠,〈二十世紀——美國世紀?〉,頁295;陳志敏,〈構築夥伴關係的網絡〉,頁231-237。

[96] 綜合參閱王逸舟,《西方國際政治學:歷史與理論》,頁389-391;王逸舟,《當代國際政治析論》(上海:上海人民出版社,1995),頁338-339、359-369;王逸舟,《環球視點》,頁94-95;王逸舟編,《單極世界的陰霾——科索沃危機的警示》,頁20-29;王逸舟,〈面對世界,我們的態度〉,《環球時報》,2000年12月1日,版7;王逸舟,〈面向21世紀的中國外交:三種需求及其平衡〉,《戰略與管理》,1999年第6期(1999年12月),頁18-27。

[97] 參閱蘇長和,《全球公共問題與國際合作》(上海:上海人民出版社,2000年);宋念申,〈為什麼「第幾世界」的概念淡化了?清華環球論壇〉,《環球時報》,2001年1月19日,版4。

[98] 參閱時殷弘,〈風物長宜放眼量——二十一世紀前期中國國際態度、外交哲學和根本的戰略思考〉。

[99] 參閱宋新寧、陳岳,《國際政治學概論》,頁157、221-223。

[100] 參閱趙黎青,〈關於中國非政府組織建設的幾個問題〉,《江蘇社會科學》,2000年第4期(2000年8月),頁73-78;陸建華,〈大陸民間組織的興起:對北京三個綠色民間組織的個案分析〉,《中國社會科學》,第32期(2000年冬季),頁117-131。陸氏指出的限制是,「政府開明不開明、民眾開智不開智、媒體開放不開放、資助者開心不開心」,《豈哉斯言!》,頁128。

[101] 例見臧志軍,〈面向21世紀的日本對外戰略〉,收於俞正梁(等),《大國戰略研究》,頁218-219;辛旗,《百年的沉思》(北京:華藝出版社,2000年),頁141;劉杰,《國際人權體制:歷史的邏輯與比較》(上海:上海社會科學出版社,2000年),頁315、346;劉氏對蘇聯、中國與美國在聯合國「經濟、社會與文化權利公約」與「公民權利和政治權利公約」上的態度作了對比。但他以為反對干涉主權,並不表示中國反對全球人權建制的建設。

[102] 綜合參閱閻學通,〈歷史的繼續——冷戰後的主要國際政治矛盾〉;閻學通,《美國霸權與中國安全》,頁34-43;張睿壯,〈中國應選擇什麼樣的外交哲學?〉,頁59-60;房寧、王小東、宋強(等),《全球化陰影下的中國之路》,頁21-24;閻學通,〈對中國安全問題的認識〉,收於閻學通編,《中國與亞太安全》,頁274-275;葉自成,〈中國外交戰略下的兩岸關係〉,《兩岸雙贏》,第17期(2000年6月),頁25;黃仁偉,〈人權體

制的歷史命運：理想模式或鬥爭工具？〉收於劉杰，同上註，頁1-3。

[103] 例見閻學通，《美國霸權與中國安全》，頁23-24、198-203；秦亞青，《霸權體系與國際衝突》（上海：上海人民出版社，1999年），頁4-5、256-257、268-274。

[104] 綜合參閱〈訪中國社會科學院美國研究所前所長資中筠〉，《星島日報（美國版）》，2000年7月25日；http://www.singtaousa.com/uslg0724.htm；資中筠，〈為了民族的最高利益，為了人民的長遠福祉〉，《太平洋學報》，1999年第4期（1999年12月），頁10-15；資中筠，〈二十世紀──美國世紀？〉，頁297-299；資中筠，〈愛國的座標〉，撰於1994年，轉載自http://china-pla.hypermart.net/board/messages/2488.html；葉自成，〈中國實行大國外交勢在必行〉，頁6-11。

[105] 張睿壯，〈也談美國新保守主義的外交思想及其對美國對華政策的影響〉，《國際問題研究》，2000年第2期（2000年3月），頁44-51；張睿壯，〈中國應選擇什麼樣的外交哲學？〉，頁60。

[106] 例見朱馬杰，〈世界格局多極化趨勢中的文化因素〉，頁67。

[107] 李少軍，〈世紀之交的歐美國際政治學視點〉，收於李慎明、王逸舟編，《2001年全球政治與安全報告》，頁305-306；李少軍，〈對北約新干涉主義的理論思考〉，頁342-355。

[108] 例見劉靖華，〈民主與和平不是因果關係〉，收於資中筠編，《國際政治理論探索在中國》，頁177-218；宋念申，〈為什麼「第幾世界」的概念淡化了？〉；資中筠，〈二十世紀──美國世紀？〉，頁286-288。

[109] 王逸舟，《當代國際政治析論》，頁376-377；王逸舟編，《單極世界的陰霾──科索沃危機的警示》，頁9、389-390；梁光嚴，〈全球化時代：當代國際安全的背景〉，收於王逸舟編，《全球化時代的國際安全》（上海：上海人民出版社，1999年），頁19-29。

[110] 曲星，《中國外交50年》，頁112。

[111] 參閱時殷弘，〈國際安全的基本哲理範式〉，頁185-187；時殷弘，〈體現大陸外交的政治眼光〉，《兩岸雙贏》，第13期（2000年2月），頁20-22

[112] 參閱喻希來、吳紫辰，〈外交哲學中的人類道德──答張睿壯先生〉，頁98-100。大陸提倡以漸進過程推動民主改革的資深學者劉軍寧也支持民主和平論，可參閱劉軍寧，〈導論：民主化在行動〉，收於劉軍寧編，《民主與民主化》（北京：商務印書館，1999年），頁8-9。

[113] 房寧、王小東、宋強（等），《全球化陰影下的中國之路》，頁2-3、376-377。

[114]例如，蕭功秦便認為，「自由派」人士對現狀秩序的肯定，來自這些人本身日益增加的經濟收益。王小東也指出，「民主派」其實是大陸與西方權貴勾結的馬前卒，市場機制本來就是保障現狀裡最大的利益集團，這便是中國「自由主義」的本質。綜合參閱房寧、王小東、宋強（等），《全球化陰影下的中國之路》，頁63-71；韓毓海，〈在自由主義姿態的背後〉，轉引自劉宇凡，〈大陸知識界的大混戰及其現實意義〉，頁32-33；李明軒（等），《WTO與兩岸競合》（台北：天下，2001年），頁109。

[115]綜合參閱俞正梁，「序章」，收入俞正梁（等），《大國戰略研究》，頁1-4；陳樂民，〈「全球化」與中國〉，頁362-363；陳樂民、周弘，《歐洲文明擴張史》（上海：東方出版社，1999年），頁280-289；馬克思，〈「政治經濟學批判」序言〉，收於中共中央馬恩列斯著作編譯局編，《馬克思恩格斯選集（第二卷）》（北京：人民出版社，1995年），頁32-33。

[116]例見徐崇溫，《全球問題和人類困境》（瀋陽：遼寧人民出版社，1986）；王興成、秦麟征編，《全球學研究與展望》（北京：社會科學文獻出版社，1988年）。

[117]1994年9月江澤民出訪俄羅斯與烏克蘭，在9月3日的「中俄聯合聲明」，中國與俄國互稱「大國」。在9月8日的「中烏聯合聲明」，北京稱「雙方承認國際經濟一體化的重要性，打算努力尋求積極發展歐亞貿易、科技和文化交流的新途徑。」（《人民日報》，1994年9月4日，版1；9月8日，版1）。1997年5月席哈克總統訪中，「中法聯合聲明」明文指出「雙方意識到經濟全球化所帶來的機遇和風險。」這種兩面表述後來成為官方面對全球化的主調。《大公報》，1997年5月17日，版A9。

[118]其他中共官方論述可參閱秦俊，〈全球化背景下之中共外交〉，《共黨問題研究》，27卷8期（2001年8月），頁24。

[119]參閱俞可平，〈全球化研究的中國視角〉，《戰略與管理》，1999年第3期（1999年6月），頁96-97。

[120]王逸舟，《環球視點》，頁141-144。

[121]參閱梁光嚴，〈全球化時代：當代國際安全的背景〉，頁18-26；宋新寧、陳岳，《國際政治學概論》，頁269-275；俞正梁，〈經濟全球化進程中的新世紀世界格局〉，《復旦學報（社會科學版）》，2000年第1期（2000年2月），頁1-6；沈驥如，〈歷史合力的形成機制：妥協〉，頁330-331；沈驥如，《中國不當不先生：當代中國的國際戰略問題》，頁241-251。沈驥如，〈國際治理之我見〉，發表於台北，政治大學外交系主辦，全球治理與國際關係學術研討會，2001年6月2日。

[122]參閱資中筠，〈「全球化」與中國〉，《中社網——文粹周刊》，

http://www.csdn.net.cn/page/china/wencui/zhoukan/0822adaa02.htm。李實俊,〈從戰略夥伴關係的建立看中國外交理念的變化〉,頁77-79;王逸舟,《環球視點》,頁98-99;何家棟,〈二十一世紀中國國家利益與國家安全──兼駁國家主義意識形態〉,頁105;劉忠智,〈新世紀中國應有宏偉方略〉,《中國評論》,2000年4月號(2000年4月),頁38-39;李慎之,〈全球化與中國文化〉,《中社網──文粹周刊》,http://www.csdn.net.cn/page/china/wencui/zhoukan/0821adaa02.htm;李慎之,〈中國的專制主義與現代化〉,《中國社會科學季刊》,2000年夏季號(2000年7月),頁189-198。

[123] 例見李景治,〈論黨的十一屆三中全會以來我國外交戰略的重大調整和發展〉,頁40-45。

[124] 官方提出的「中非合作論壇北京宣言」是典型代表,該宣言使用了不帶述語的「全球化」一詞。《人民日報》,2000年10月13日,版1。相關意見另參閱李東燕,〈走進新千年的聯合國〉,收於李慎明、王逸舟編,《2001年全球政治與安全報告》,頁155-157。

[125] 參閱閻學通,《美國霸權與中國安全》,頁62-67。李琮,〈世界經濟發展的若干規律〉,收於世界經濟與中國編輯組編,《世界經濟與中國》(天津:經濟科學出版社,1996年),頁12-13。李琮,〈全球經濟大轉變中的第三世界〉,收於李慎明、王逸舟編,同上註,頁58-72。楚樹龍、王在邦,〈關於國際形勢和我國對外戰略若干重大問題的思考〉,頁4。張敏謙,〈全球化與美國的戰略〉,《現代國際關係》,2000年第6期(2000年6月),頁28-29。不過閻氏提出的對策並非退出全球化,而是加快經濟體制改革以增強競爭力。

[126] 參閱王逸舟編,《單極世界的陰霾──科索沃危機的警示》,頁11;王逸舟,《西方國際政治學:歷史與理論》,頁161-162;王逸舟,《當代國際政治析論》,頁358。

[127] 參閱汪暉,〈當代中國思想狀況與現代性問題〉,天涯網站,http://www.tianya.com.cn;亦轉載於《台灣社會研究季刊》,第37期(2000年3月),頁1-43;劉小楓,《現代性社會理論緒論:現代性與現代中國》(香港:牛津大學出版社,1996年),頁34-56。

[128] 受訪者代號Z之意見。

[129] 參閱丁奎松,〈亞太大國關係對地區安全合作的影響〉,《現代國際關係》,2000年第1-2期(2000年2月),頁89-90;閻學通,〈對中國安全問題的認識〉,頁274-275;閻學通,《美國霸權與中國安全》,頁119-120;李少軍,〈國際安全:從基本概念到多種型態〉,收於王逸舟編,《全球

化時代的國際安全》，頁60-62；王逸舟，「主編手記」，同前書，頁9-13。

[130]參閱葉自成，〈中國實行大國外交勢在必行〉，頁8；葉自成。〈中國外交戰略下的兩岸關係〉，頁22；葉自成、李穎，〈構建大國外交之魂：正常心、自信心、樂觀心〉，頁5。

[131]宋念申，〈為什麼「第幾世界」的概念淡化了？清華環球論壇〉。

[132]參閱楊潔勉，〈後冷戰時期美國學術界在對華決策中的作用〉，《外交學院學報》，1998年第4期（1998年12月），頁51-55、96。

[133]參閱王逸舟，《西方國際政治學：歷史與理論》，頁356-359、479-480；及受訪者代號W訪談資料。

[134]參閱王緝思，〈文明衝突論戰評述〉，頁45-50。

[135]參閱王逸舟，〈中國國際政治研究的幾個問題〉，頁24-25；王逸舟，《西方國際政治學：歷史與理論》，頁211-223、634-635。

[136]參閱王逸舟，〈國際關係領域的若干研究動態及問題〉，《學術界》，2001年第1期（2001年1月），頁254-257。

[137]孫津，〈有中國特色社會主義的世界意義〉，《當代世界與社會主義》，1998年第1期（1998年2月），頁78-79。

[138]房寧、王小東、宋強（等），《全球化陰影下的中國之路》，前言、序、頁7-9、69-72、350-359。

[139]李揚，〈冒險的遷徙：後現代主義在中國的傳播〉，世紀中國，http://www.cc.org.cn；轉載自http://intermargins.ncu.edu.tw/intermargins/TCulturalWorkshop/academia/intellectual%20field/postmodernism%20in%20China.htm；汪暉，〈當代中國思想狀況與現代性問題〉；王緝思，〈文明衝突論戰評述〉，頁36；陶東風，〈全球化、後殖民批評與文化認同〉，收於王寧、薛曉源編，《全球化與後殖民批評》（北京：中央編譯出版社，1998年），頁190-204。

[140]意指相對於我國與其他冷戰時期以來廣受西方影響的國家、地區，長期而逐步地學習吸收西方學說，大陸則是在改革開放，特別是冷戰結束之後的十年間，幾乎同一時期裡就遭遇了西方學界三、四十年爭辯、發展出來的各路社會科學與國際關係理論。其應受面同時觸及跨際際、跨政學界等不同層次，致令外界觀察者覺得大陸的論述是眾說紛紜、參差不齊，而對其中內容抱持較為忽略的態度。

結　論

中國「大國」定位與「大國外交」的三種類型

中國「大國」定位的未來發展評估

啓示與限制

　　經由概念沿革、國力評估、政策分析、訪談研究和理論對比的多層次處理，本文各章陸續構建出了中國「大國」定位與外交的三種理念類型。[1]三種「大國」類型不僅體現了對話中的不同理論對中國「大國外交」的解釋，也為冷戰後中國「尋找未來道路」時，大陸論者所謂的「多重角色選擇」或「多種需求平衡」等看似矛盾的做法提出一種合理說明。[2]這也顯示，「大國」的觀念與實踐既是現實造成的依變項，也同時具備正在影響政策的自變項性質。

　　體系轉變的不確定性、中國獨特的外交經驗和內政社經體制，共同導致了冷戰後中國「大國」定位與內容的漂移現象。儘管如此，本書的類型建構將有助於對未來中國外交發展予以評估。不過本研究嘗試掌握中國「大國外交」的豐富內容時，採取的方法策略和獲致的結果仍有不足與限制。作者將在文末扼要地檢討這些局限，以對未來進一步的研究和改進寄予期許。

中國「大國」定位與「大國外交」的三種類型

一、中國「大國」定位相關概念

　　本文指出，由於受到歷史上反對「大國主義」的意識形態羈絆，北京官方正式的文件中，並沒有見到「大國外交」四字完整公開的使用。不過各種「大國」定位倒是層出不窮，與冷戰時代形成強烈對比。大陸學界公開的文獻與本文的匿名訪談也證明，「大國外交」已經成為大陸內部廣泛討論、倡導與批評、反對的焦點；正好再度說明了官方不便自許實行「大國外交」的理由。這樣的事實對本書研究冷戰後中國的「大國」定位與外交實踐非但沒有阻礙，反而更引起探索的興趣。

　　亦如第三章的理論梳理一般，現實主義作為研究指針，其概念包含許多各有側重的內容。同理，研究冷戰後中國的「大國」定位建構也需

要面對許多相關概念。而且它們指涉的內容互有重疊或衝突。依照文本來源可以將中國「大國」定位概念列表如**表**5-1。

　　易言之，不管內容是否可能重疊或衝突，「大國」一詞被普遍引用是不爭事實。這種普遍現象雖然有研究價值，但將這些概念逐個考究卻反倒不利於人們對冷戰後中國的「大國」定位建構提綱挈領。本書經由概念沿革、國力評估、政策分析、訪談研究和理論對比的多層次處理，提出的「大國外交」三種理念類型，將可以簡御繁，便於人們掌握不同脈絡下，各種「大國」定位概念的指涉，並藉助這些概念評估中國面對外在世界的未來發展。

二、中國「大國」定位與「大國外交」的三種類型

　　無論是否明示，國內與西方對冷戰後中國「大國外交」的研究是源出於對本時期中國綜合國力崛起的認識。然而某些文獻和本文進行的訪談卻發現，國力崛起並非中國「大國外交」相關概念成立的充分條件，甚至也不是必要條件。例如，早年中國根本沒有「大國」的物質基礎，

表5-1　中國「大國」定位相關概念來源分類表

文本來源	中國「大國」定位相關概念
官方公開正式文件	反對大國主義、世界大國、人口大國、多極化、極、大國關係、大國、東方大國、亞太大國、最大發展中國家。
公開學術文獻	1.所有官方使用過的概念皆散見於學術性文獻。 2.新興大國、區域大國、陸海大國、具有全球（或世界）影響的區域大國、馬克思主義的大國、最大的社會主義國家（或社會主義大國）、負責（的）大國、正常（或常態）大國、大國外交。
訪談	1.所有官方與學界公開使用過的概念散布於不同的受訪者中。 2.意識形態大國。

資料來源：作者自行編製。

其外交按理說也不會有「大國」的效果。然而中國在韓戰與珍寶島事件挑戰超強，又是與國力不相稱的真實對外行動。這顯示歷史悠久的「反對大國主義」、「反殖」、反對「大國特權」、「反霸」、反對「強權政治」，倡導「國際政治經濟新秩序」等另類的「大國」成見歷久不息。

　　循著前文各章的論析，從理論與政策實踐交錯影響產生的中國「大國外交」，相關概念可以分為四個種類。但專指人口與土地規模的「人地大國」雖較少爭議地被當作常識，但國際政治與外交政策的寓意不多。所以具關鍵性的中國「大國」定位與外交實踐的理念類型剩下三項，三種類型在某個現實政策實踐或文獻語意中可以有所重疊。不同案例裡的組成輕重顯示了該分析對象中，三種成分的輕重區別。大陸的文獻往往不能直接、坦率地揭示這些區別，而用無所不包的「獨立自主外交」與「全方位外交」予以籠統化約。

（一）「體系大國」

　　「體系」乃是援引西方國際關係理論，特別是結構現實主義的術語。「體系大國」在大陸術語中也叫「一極」。此一定位強調國際環境是主權國家組成的體系結構，國際關係就是這些主權國家在總體無政府狀態的自助環境裡，基於「綜合國力」，求取安全與壯大的競爭關係。由於這種綜合國力的多寡直接涉及國際無政府狀態下，捍衛主權的有效性，所以只有保障並發展這些綜合國力以捍衛主權，才是確保中國作為體系格局大國的核心利益。

　　綜合國力的崛起促進了中國「權力要素」的現代化和壯大，加上內政上改革開放降低意識形態的干擾，強化了冷戰後中國「體系大國」定位下的「大國外交」。「體系大國」的「大國外交」以保衛和發展經濟、科技和軍事能力為核心目標，所以唯有主權獨立下的經濟與軍事利益是核心利益。「體系大國」的外交行動要維護核心利益、保障核心目標，特別注重與體系裡其他主要行動者的關係，當然主要是「大國關係」。實際過程可以是妥協或衝突。

（二）「負責大國」

　　不管是作為規範性的期待，還是事實發展的描述，「大國責任」已是西方與大陸文獻共同常見的概念，亦稱作「常態大國」、「正常大國」。「負責」、「常態」等用語假設國際環境不同程度地存在某種秩序（無論是否是「現狀秩序」），此種秩序的維持和進展，對國際環境的行動者而言是可能且值得追求的。國際環境中行動者的行動，有能力促進此種秩序維持與進展。促進的方式依照制度化的程度不同，包括大國協調（合奏）或有強制性的國際建制。

　　主權國家是國際環境的主要但非唯一行動者，其中影響力大的行動者，大國對上述國際秩序的保障與改進作用也大。「正常的」和「負責的」大國將認同且促進上述過程，而不會在僅考慮綜合國力的得失和「相對利益」下加以破壞。

　　冷戰落幕後，日益強大的全球化相互依存趨勢與國際議題的多元、專業分化，有助於促進中國「負責大國」定位下的「大國外交」。「負責大國」的「大國外交」即經由參與學習和理念共享，積極涉入且更加認同某種秩序的保障和演進過程，不同程度地接受這種秩序所醞釀出新的國家利益項目與定義。「負責大國」的外交行動在依循某種國際制度辦事的軌道上展開，重視發展和其他也認同某種秩序而「負有責任」的行動者的關係和機制，包括國際組織與建制等等。過程中也可能提出改革程序的意見，但仍以妥協合作為主。

（三）「反大國／挑戰大國」

　　「反大國／挑戰大國」的大國觀念也以各種具體辭彙散見於大陸和西方的相關文獻。「反」與「挑戰」的對象指國際環境的現狀秩序；包括規範面的制度價值，或者指相對客觀的體系內權力分布狀態。在制度與價值方面，可以從反對體系內大國主導國際事務的正當性，到根本反對「國家」組成的國際體系與市場秩序本身。在體系權力分布狀態方面，則只能是向體系內權力最大之行動者發起挑戰。

冷戰後中國作為「反大國／挑戰大國」的「大國外交」，認為現狀秩序對多數國際行動者都屬不公不義、自己應當主動出馬發起變革；或者現狀秩序從文明價值到物質利害，都與自己有根本不可調和的衝突，或遲或速，決裂難以避免。

由於從二十世紀初期起，中國參加國際體系與建制的過程並不平順，長時期孤立於國際秩序之外，「反大國／挑戰大國」的定位早有其潛存的歷史誘因。冷戰後中國獨特的文明內容與共黨的內政體制，時亦導致被國際社會孤立的場景。加上本時期國際體系的分化改組，批判性的思潮與運動在西方發達國家與非西方發展中國家都有進展，這些都是「反大國／挑戰大國」類型發揮作用的契機。「反大國／挑戰大國」的「大國外交」要為現狀的變革乃至決裂做準備，包括增強本身軍經實力和價值影響力，集結身受現狀秩序所害的其他國際環境行動者，向現狀秩序發起挑戰，甚至力求建立取代現狀秩序與價值的一套全新的國際關係架構。其行為表現以和體系最大行動者及現行秩序的根本價值發生衝突對抗為主。

三、政策實踐的表現

冷戰後中國所重視的「大國關係」，以及因此積極建構的「夥伴關係」，都是「體系大國」定位下的「大國外交」表現。如果說經營對美關係與調整好與各主要大國的「夥伴關係」是冷戰結束之後北京「大國外交」的主要部分，那麼也就等於說「體系大國」的定位與相應的「大國外交」各項政策行動，就是冷戰後中國「大國外交」的主要內容。

不過以「體系大國」的「大國外交」類型說明本時期的中國外交，雖能直接獲致較多成果，但仍有所不足。

本書的分析表明，一方面中國與其他體系大國的關係並不平順甚至時有重挫，致使許多大陸論者對「夥伴關係」為主的「大國外交」的「一廂情願」抱怨批評。另一方面，中國在地緣上立足亞太，做好「區域大國」，與亞太其他非體系大國的「睦鄰友好」也是中國發展經濟的

重要依託，以及就是全球化下國際議題複雜分化，許多國際場合裡具有「數量優勢」，但各自內政體制呈現多樣性的廣大發展中國家，仍對北京當局的內政正當性和國際上的利益維繫極為重要。冷戰後中國對這些對象採取的外交行動，用「體系大國」的「大國外交」類型並不足以周延地說明。

另外，在相互依存趨勢興起、國際建制與組織頗為活躍的後冷戰時期，中國外交也出現了遵循國際規則辦事的變化。西方與大陸文獻證明了學習與認同的現象正在緩慢發生。中國雖有比冷戰時期更為強大的軍經力量，有時卻也不會直接為了相對利益的攫奪拔劍而起。這些外交表現除了用「體系大國」的「韜光養晦」解釋外，更應該注意到「新安全觀」與參與國際建制後的視野變化，也就是要照顧到更複雜的利益計算，以及對現狀秩序與其中的規則理念的分享演化所產生的影響。[3]「負責人國」的「大國外交」類型在此對「體系大國」的「大國外交」分析，除了能加以補充，還有釐清與前瞻的作用。

冷戰結束後國際體系分化改組，「大國關係正進行緊張而深刻的調整」。未來體系結構的組態尚不明顯，但各種新興思潮與勢力亦躍躍欲動，其中某些非傳統國際政治的行動者，如恐怖組織與種族分離運動，在個別事件上可能對國際局勢造成巨大衝擊。中共內部改革開放與政治改革的對策也面對史無前例的種種挑戰。中國「大國」或「一極」的地位雖然日益篤定，但國際情勢與國內改革未來前途如何，還處於令人焦慮的不確定中。中國勉力掙得但體質參差的「大國」地位，隨時有遭到國際現狀秩序驅逐孤立的危險。大陸論者對這點自知甚明，因此也對西方大國主導的現狀秩序與其規則、價值深表懷疑。若然，「永遠屬於第三世界」，做「最大的發展中國家」，以「第三世界」的「多樣性」掩護本身「最大社會主義國家」的屬性，緩和遭受西方資本主義強國排擠的可能，對國內繼續保有現行體制統治的正當，都有攸關政權存亡的重要性。在體系轉變但前景不明的環境中，「反大國／挑戰大國」的「大國外交」仍是中國作為「最大發展中國家」，外交上不可或缺的要項。中國在若干國際組織和自己所舉行的國際活動中，倡導挑戰現狀秩序的價

值，為發展中國家發言，除了可以換取某些場合大量選票支持的現實利
益，也從另一種非「體系大國」的角度巧妙地維護了自己的「大國」地
位。

綜合而言，本文三種「大國」定位類型的建立對說明冷戰後體系轉
變環境下，漂移多變的中國「大國外交」是有其價值的。北京面對不同
的外交對象與議題，和難以預期的內外變局前景，外交政策往往被認為
是表裡不一、「多重原則」。這種看法實際上只能解釋研究者自己先規
定能被解釋的部分，而遺漏了許多值得探索的課題。本文的類型建構顯
然可以彌補這種傳統分析方式的缺失。

四、三種類型的相互關係：理論與政策的交錯關聯

本書提出的冷戰後中國「大國」定位的三個類型，其內容顯然帶有
西方國際關係理論中的若干重要觀點的印記。作者對西方有關理論與大
陸學界回應的整理業已證實這點。無論如何，此種發展正在而且將繼續
對冷戰後中國的「大國外交」造成深遠影響。

當前大陸國際關係研究在許多方面仍有政治禁忌的干擾[4]，但是學
者們也承認，西方國際關係諸理論在大陸遲早都會引起回應。[5]例如，
有關文獻與本文的研究都證明，各種現實主義理論對大陸相關研究與政
策思考影響最大，這是不爭事實。這可能也更有助於外界以現實主義做
主要指引，研究中國「大國外交」。但大陸出於現實主義理論的分析，
卻也可以與激進的民族主義，甚至某種批判國際環境現狀的「左」的民
粹呼聲相結合。[6]其後果又很可能與現實主義理論規定的國家利益與目
標相悖。在對外開放與相互依存趨勢日益深化的今日，大陸內部有關的
各種理論與政策爭論還在持續。本書同時審酌現實政策發展與理論對話
所建構的「大國」定位三種類型，其中一項貢獻就在於，人們可以依此
在體系轉變的氛圍中，觀察內容尚在漂移的中國「大國外交」時，獲致
具有廣泛理論參照的動態憑藉。因為這三個類型的形成本就是理論分析
與政策實踐交錯關聯、相互影響的結果。上述「關聯」與「影響」具有

辯證性、循環性與能動性,深具社會科學的特色,可循著三個中國「大國外交」類型的內容說明如下。

(一)「體系大國」的「大國外交」類型仍居於三項類型的首要地位

冷戰後外界對中國動向的關切,以及中國對自身的自信,相當程度導源於中國在國際體系環境中發展迅猛的綜合國力。這種發展對傳統上仍以主權國家為主要成員的國際關係,特別是其中的現狀權力分布一步步造成衝擊。我國與西方的文獻以此角度分析大陸「大國」定位,大陸內部也頗多追隨改革開放潮流,甩脫意識形態羈絆,客觀分析格局結構的案例。[7]各方的主要思考方式自然會在政策面產生作用。國際環境各主要行動者的政策思維又強化研究者的分析取向,形成一種現實與論述相互強化的循環。

「體系大國」的「大國外交」作為一種理念類型,雖然居於分析甚至現實的主要地位,但現實並非理論概念的反映。毫無其他理念混合的「體系大國」觀點與政策並不存在於真實的中國外交中。摩根索強調要注意西方主要大國「有節制的競爭」背後,理念性因素的制約效果。此種情況與溫特的「華爾志含蓄模式」(Waltz's implicit model)——「洛克式」狀況頗有雷同,也就是說,「體系大國」的「大國協商」包含了理念引導妥協的效果,這便達到了體系中「負責大國」的最低標準。大陸學界不分現實主義支持者或自由主義反思者,都有人曾呼籲採取「新安全觀」下「負責大國」的「大國外交」,逐漸放鬆主權利益與其他價值不可置換的嚴厲性,設法「創造性地融入」西方建構的國際秩序。這說明了中國「體系大國」的定位已經不同程度融入了「負責大國」的成分,還表現在某些外交行動上。

(二)「負責大國」類型在中國外交的影響增加,也遭受嚴厲挑戰

「負責大國」的「大國外交」在本文看來,自西方國際體性形成時,就已潛存於主要西方基督教大國(王室)的外交理念中。「權力平衡」即是其一種表現。即使到了冷戰後的「單極」階段,華爾志仍籲請

美國當局對於其他處於弱勢的行動者可能採取的「制衡」，要能「寬容」（forbearance）以緩和其多慮（worries）。[8]同樣的，大陸部分論者十分憂心中國國力崛起可能導致與體系最大行動者的宿命決裂，也呼籲中國開拓國際政治的新思考，以「負責大國」的「大國外交」指導與現狀強權、現狀秩序的關係。反思積極者甚至直言內政改革與體制民主化，才是中國最終能與國際秩序接軌，成為「常態大國」的關鍵。

北京所謂「負責大國」的「大國外交」作為一種理念類型，如同「體系大國」一樣，不可能單獨指導其外交政策。質言之，「負責」的意識與能力往往還是以「體系大國」為基礎，其政策邏輯一如西方新自由主義，仍頗多可與現實利益的計算相契合。不過，西方國際關係理論的刺激與大陸學界內部的反思開拓，為「負責大國」的主動性拓展了相當的想像空間。

在體系轉變的不確定氣氛下，大陸對「負責大國」的「大國外交」策略的批判除了來自「體系大國」思維的理由之外，更不能忽視下面這種警告：認同現狀秩序與其價值將深化中國文明的「認同危機」與中共的「正當性危機」。由於「負責」常意味著認同主流秩序價值，承擔現狀秩序的國際「責任」，中共內部的反對意見主要有四種：一、可能超出中國的能力負擔；二、負責的「有所作為」將「樹大招風」，過早引起體系最大國家的覬覦；三、實際上現狀秩序的主宰者最終根本不會寬容中國的加入，無論是由於體系力量對抗的理由還是文明衝突的理由，所以「負責」的作為是中國一廂情願；四、認同國際秩序現狀價值，等於否定北京官方版的社會主義理論，削弱中國共產黨執政的正當性，危及中共的執政基礎。這是大陸反對「大國外交」的論點始終存在的重要原因。人們所極力反對的「大國外交」就是冷戰後聲勢上漲的「負責大國」類型。

（三）源遠流長但成分龐雜的「反大國／挑戰大國」的「大國外交」觀點對冷戰後中國的「大國外交」仍保有活躍的介入空間

鑒於體系轉變的不確定性，中國與其他主要大國乃至國際環境的其

他行動者將如何調整彼此關係還在未定之天。北京「韜光養晦」可能無法迴避與體系其他強權的結構性衝突；中共政權與文化的異質性也可能使其無法被現狀秩序真正接納；[9]國際關係現狀秩序的「現代性」基本架構如何「分化重組」也值得觀察。「留一手」無論在現實較量與思想準備上誠乃順理成章之事，中國外交宣示裡保留許多「反大國」的口號是明顯例證。「體系大國」的「大國外交」既可以有「負責」協商的內容，也能容許積蓄實力「秋後算帳」的策略。後者就是「挑戰大國」的政策軌道。

「體系大國」的實力基礎一般而言是有助於從事「反大國／挑戰大國」的「大國外交」的資本，但並非絕對如此。「紙老虎」理論和出奇致勝是善於擺「空城計」的中共熟悉的設想。「負責人國」的「大國外交」路線一般而言也不會鼓勵「反大國／挑戰大國」的行徑。但不能排除「反大國／挑戰大國」理念可能扭轉「負責」的內涵，向「第三世界」廣大弱勢者進行理想訴求。何況還有西方學者如德希達（Jacques Derrida）警告，「在給馬克思送葬的西方國家中，始終有馬克思的幽靈在徘徊，送葬的隊伍中有一種深刻的資本主義危機。」[10]人類社會的這種潛在危機對中國與世界的關係將有何影響，沒有人研究過。總之，「體系大國」與「負責大國」兩種類型在中國外交的經歷與內容中都屬於晚近發展的新事物。倒是「反大國／挑戰大國」在近代以來的中國歷史裡並不令人陌生。現在，「反大國／挑戰大國」的「大國外交」在冷戰後的中國內政、外交、文化甚至思想的全局發展裡還在盤整醞釀，並以各種形式參與其他兩種主要「大國外交」類型，對外交行動造成影響。一旦本類型成為主導類型，將同時向現狀體系的權力分布與規則價值發動反擊。

綜合言之，本文認為，在多種「大國」定位概念裡，將冷戰後綜合國力崛起的中國定位為「具有全球意義的區域大國」是較為適切的。[11]目前中國在鄰近區域乃至國際舞台發揮作用仍多半是從「體系大國」的「大國外交」著手。但其「實力」與「意圖」在整個體系中的作用仍不清楚。「具有全球意義」並不一定等於「世界大國」。本文建構的冷戰

後中國「大國」定位三種理念類型，便具有多重理論與政策實踐互動交錯的特色，使得在現實局勢裡，它們可以隨著不同的事態，作不同成分的混合重組與相互轉化。這就是北京所謂「獨立自主、全方位」外交下，「多種角色選擇」的真正面貌。

下節將嘗試以這三個「大國」定位和外交實踐類型，對冷戰後中國「大國外交」未來發展做一簡要預測，以延展本研究成果的應用性。

中國「大國」定位的未來發展評估

金淳基承認，由於現在預測變化中的世界政治十分艱困，連帶地預測中國外交動向也頗為困難。人們只能在多種可能性間作一「預期」（forecasting）。[12]摩根索更是教訓我們，「國際政治學徒們永不能忘記，國際事務極其複雜，不可能有簡單的解決方案與預言。」人們最多只能指出不同條件下各種趨勢發展的可能性罷了。[13]本研究雖然針對冷戰後中國的「大國外交」建構了便於解釋現實的三個理念類型，但仍不可能藉此鉅細靡遺地敘述並預測中國未來外交的一舉一動。最多只能嘗試在不同的理念類型組合下，一窺導致該種組合的條件及其外交行動的一般趨勢。

依據前文，「人地大國」作為一種「大國外交」相關概念多半成為常識性共識，所以不需要特別為此建構一種「大國外交」的概念類型，此處不妨將其視為「大國」定位一個背景。因為中國政經發展未來若發生重大逆退，甚至失去「人地大國」的條件，則可以說其他各種類型的適用性皆不能存在。除此之外，其他三種類型在現實中的各種混合情況，有助於說明並預期中國「大國外交」的一般趨勢（**表5-2**）。但是這仍無法預期採取某種策略後，其他國際環境行動者的回應。

複合類型A是最純粹的「體系大國」模型。當中國繼續保持其綜合國力成長趨勢，但在體系中的對外關係限於大國間的高政治性活動，如結盟與對抗，而參與現狀秩序中的規則制定較少時，可說此時其「大國

表5-2　冷戰後中國「大國外交」諸理念類型複合發展示意表

	A	B	C	D	E	F	G	H
（人地大國）	○	○	○	○	○	○	○	?
體系大國	○	○	○	○	×	×	×	×
負責大國	×	○	○	×	×	○	○	×
反大國／挑戰大國	×	×	○	○	○	×	○	×
複合類型	體系大國（一極）	負責大國	體系改良大國	體系挑戰大國	反大國	負責的追隨大國	不情願的負責大國	被「開除球籍」的非大國
行動趨勢	韜光養晦與多極均衡下的合縱連橫	相互依存下的大國協商	融入現狀秩序並尋求參與主導改革	以實力向體系最大行動者挑戰	打破現狀進行新秩序革命	融入現狀秩序並追隨其他大國	融入現狀秩序但亦保留改革的意見	
時期舉例	1980年代末期	1997-1998年間	尚無案例	1996年3月	1960年代[14]	尚無案例	尚無案例	尚無案例
事態舉例	中俄睦鄰友好關係的發展	亞洲金融風暴、建構各種建設性夥伴關係	聯合國環境大會、中非合作論壇	台海危機初期	60年代的「革命外交」	尚無案例	尚無案例	尚無案例

資料來源：作者自行編製。

符號說明：表中「○」表示指具備該類型大國概念特徵，「×」表示無該類型大國概念特徵，「?」表示一種可能出現的類型，但政策偏好處於蒙昧狀態。

外交」符合此類。冷戰後全球化和相互依存趨勢增高，中國的國力成長十分仰賴對外交流。所以此一對外關係冷淡，埋頭發展的類型策略長期而言不容易存在。但假如中國遭遇某種長期難解的孤立事態與氛圍，將有助於北京退守此種類型的外交政策。若然，而中國軍經成長不墜，將轉向複合類型D發展，成為「體系挑戰大國」。

　　複合類型B是最貼切的「負責大國」模型。當中國繼續保持其綜合國力成長趨勢，在體系中的對外關係除了大國間的高政治性活動外，參與現狀秩序中的規則制定與互動交流頻繁，並且能遵守自己參與的建制

與規則,可說此時其「大國外交」符合此類。冷戰後中國為維持其經濟成長與發展趨勢,堅持改革開放政策,「負責大國」的「大國外交」型態將在「體系大國」為基礎的架構上逐步發展。

　　複合類型C是本文三種中國「大國外交」類型的結合。當中國繼續保持其綜合國力成長趨勢,在體系參與現狀秩序中的規則制定與互動交流頻繁,進而能部分地依照自己的願望改變既有的秩序規則,可說此時其「大國外交」符合此一複合類型。複合類型C應是實施「負責大國」且進展順利、自信增強的下一階段產物。不排除在國際議題龐雜的今日,在某些局部事態方面,北京能短暫地採取本類型的「大國外交」並獲致成果。或者中共之政經改革與對國際過程的參與均能有所進展,其各層行動者能繼而在結構中發揮更大的主動性,在現代國際政治體系裡,正面提供中國「國家」概念的非對抗內涵。[15]但總體而言,中國目前尚不具備採取複合類型C外交政策的條件。

　　複合類型D是「體系大國」與「反大國/挑戰大國」兩類型的結合,其中「反大國/挑戰大國」具有相當重要的主導地位,是為「體系挑戰大國」。當中國繼續保有較大的綜合國力規模,而對體系內最大行動者主導的現狀秩序一部或全部地採取措施積極對抗時,可說其「大國外交」符合此類。此複合類型仍保有體系大國向其他大國合縱連橫的特色,所以對抗對象主要是體系最大行動者,目前是美國。中國時而調高「反大國/挑戰大國」的姿態,可能是凝聚內部或短期的策略應用。但也可能是長期與體系最大行動者僵持後無法扭轉的抉擇。冷戰後北京若仍以經濟發展為優先目標和利益,複合類型D的姿態不易維持。但如同前文所論,假使沒有其他選擇,此類型仍是中國「大國外交」的合理出路。

　　複合類型E是最純粹的「反大國/挑戰大國」類型。當中國經濟成長趨勢大幅逆退,亦即綜合國力嚴重失衡,而使其「體系大國」的自我定位發生變化甚至逆轉,同時與外環境的常態交流大幅下降,在現狀秩序與規則中邊緣化,使其無法從而也不再擔任現狀秩序和規則的支持者,轉而全面否定現狀秩序主導者與其規則的正當性,可說此時其「大

國外交」符合此一複合類型。冷戰時期的1960年代，中國的外交路線曾部分體現為此一複合類型。冷戰終結後則還沒有案例。但大陸有論者提示，由於中國政經發展的高度不均衡性嚴重，內部社會衝突升溫的結果，也可能誘導專斷、封閉的激進思潮蔓延。[16]在對外關係的思考方面，這些激進主張是此類型思維的催化劑。

複合類型F實際上失去了「體系大國」的地位，但保持頻繁參與現狀秩序中的規則制定與互動交流，遵守建制與規則，而在體系最大行動者的支持下保持一定的國際影響，可說此時其「大國外交」符合此類；我們不妨稱為「負責的追隨大國」。[17]由於北京對體系最大行動者及其主導的秩序規則仍頗質疑，此一秩序目前的主導者們對中共的政權性質、文明屬性以至負責誠意也不信任，故而北京當局不會冒險「屈居」此一地位，其他現狀強權也不會相信中共政權甘於如此。對冷戰後中國的「大國外交」而言，本類型幾乎不會出現。

複合類型G推論上存在，但失去「體系大國」的地位，卻又表現為對現狀秩序有維持作用的「負責大國」，和對現狀持秩序持保留意見的反對姿態。此種綜合可稱為「不情願的負責大國」。[18]「不情願的負責」姿態往往是體系最大行動者寬容的結果。目前中國力爭國力增長，維持「一極」地位，其他現狀強權也並不會輕易相信中國的「負責」行為，本類型對冷戰後的中國「大國外交」而言幾乎不會出現。

複合類型H既失去了「體系大國」的地位，也無法與外環境主要行動者們保持平等有效的聯繫，對主動改變這一處境也無能為力，實際上已經不屬於「大國外交」討論的範圍，儘管可能仍形式上維持「人地大國」的地位。[19]

根據華爾志與溫特等學者的論斷，現代西方國際體系成立以來，國家完全死亡的情況極少。主要大國即令遭遇重大挫敗也很少會從國際體系銷聲匿跡。[20]而期待中國成為國際現狀秩序忠誠追隨者尚不可能。所以本書認為，冷戰後中國的「大國外交」仍將在體系轉變中漂移。本書透過建構理念類型的各種綜合狀況推論，理論上得到八種可能的「大國」定位與外交實踐的複合類型。但是依照本書的理論與政策分析可以判

斷，實際上「體系大國」、「負責大國」、「體系挑戰大國」三種冷戰後中國「大國外交」的複合型態未來獲得發展的可能性最高。此三者皆假設中國政經改革能維持某種程度的進展，若進展較預期良好甚多，「體系改良大國」是長遠未來的可能取向。若中共內部出現激烈動盪且同時和體系最大行動者嚴重交鋒，冷戰時期曾經出現的「反大國」行徑不宜排除。

中國「大國外交」複合類型作為政策趨勢的預期分析工具，某種程度超越了國際關係分析中，將「國家」視為長期內在一致的單一行動者的通例。原因其實就在於其三個基礎類型的源頭──冷戰後相互交錯影響的國際關係諸理論，對國際政治的本質與未來沒有一致的共識。這些理論對中國外交的分析，以及大陸內部的回應論述，也各有主張和詮釋力。只是在目前的條件下，以「體系大國」類型為基礎，本文將中國定位為「具有全球意義的區域大國」，仍舊突出了「國家」在自助體系中自我保存的預設，這仍是相當合理的。

啟示與限制

本書的分析過程顯示，冷戰後中國「大國」定位的三種類型，作為一種解釋現實的理論性概念，雖然是得自對本時期甚至上溯至冷戰時期中國外交政策的現實情況，其中包括文件、行動、理論甚至訪談，但是三種類型與其說是化約現實的歸納，不如說是考慮理論與現實交錯關聯的詮釋、建構結果。這個結果充分呼應了本文方法論討論裡，對內政／國際、行動者／結構、歷史特殊性／一般性等議題向度的立場。如果將冷戰後中國「大國」定位三種理念類型依照此三項向度各作歸類，可以得到**表**5-3的印象；但這是一個概括而大膽的判斷，因此目前只能說對未來的研究有啟發作用。

本書利於人們瞭解，特別是在冷戰落幕、體系轉變的當下，中國「大國外交」的多方向浮動特質。儘管「體系大國」的「大國外交」類

表5-3　中國「大國」定位諸理念類型理論偏向表

	體系大國	負責大國	反大國／挑戰大國
內政／國際向度	1.國際因素具有決定性影響，特別是體系結構性質。 2.主權國家在國際政治裡具有壓倒性的重要性。	1.內政與國際因素具有動態的關聯。 2.重視主權國家之外，也強調跨國間的國際組織與建制的作用。	1.內政與國際因素具有動態的、辯證的關聯。 2.內政因素，包括各種行動者的理念作用等等，對行動者如何自我定位並看待體系有重大影響。
行動者／結構向度	體系結構性質對行動者的外交行動有決定性影響。	1.結構以制度等形式制約行動者的選擇。 2.行動者在外在因素制約下有某種程度的選擇空間。	1.結構圖像是行動者的權力和實踐建構產物。 2.結構與行動者相互辯證地制約對方。
歷史特殊性／一般性	1.強調結構制約屬於一般、普遍的情況。 2.強調理論的一般性、普遍性。	1.結構以制度等形式制約行動者的選擇，這一情況具有某種普遍性。 2.制度的制約是在某種歷史條件裡形成的。	1.普遍性條件的假定是特殊歷史脈絡下被建構出的產物。 2.行動者特定歷史脈絡下的實踐可改變當下的「一般性」制約因素。
類型建構所參照的有關國際關係諸理論	現實主義 自由主義 （結構現實主義）　複雜相互依存論 （地緣政治論）國際建制理論 （文明衝突論）結構自由主義　知識社群論 霸權穩定論 民主和平論 （全球化懷疑論 （世界體系理論		批判性國際關係理論 （建構主義） 全球化懷疑論） 世界體系理論）[21]

資料來源：作者自行編製。

型常常較具解釋力。另外，本書也間接呈現了其他主要大國外交政策「失卻典範」的漂移特質。以往多數的研究從不同的理論假定出發，使觀察者傾向重視北京的某些行為表現，或者強調某種變因的首要性。但適用到不同事態案例卻又遭遇大量例外，於是要不就是全盤否認採用的理論，要不就只有認為中共言行非理性。這種窘境對大陸內部的論者也是相似的。採取不同理論角度的人傾向得到相應的政策倡議，並批評異議者。但置身於強勢的西方主導現狀秩序，又不得不取法其較為完善的理論論述，結果又發現辛苦取法並不能保證被此一秩序所寬容。[22]理論與政策研究界整體的對話交錯狀況，在知識社群爭相建言的當下，為圍繞在中國「大國外交」周邊之國際局勢演變增添了豐富色彩。

這種特質用線性、單面向的因果關係很難較周延地掌握，貿然套用一種假設獲得的結論，很容易變成預言式的政策宣傳。當然，宣傳的效果也影響中國的「大國外交」與其他行動者的對策，也變成本書的研究文本，例如，大陸內部現實而激情的「說不」與西方現實而熱情的「民主和平」；它們不只是我們的研究客體對象，也是影響國際關係的主體行動者之一。[23]理論本身就是一種實踐和行動，這對熟悉馬克思主義的中共黨人並不陌生。正視這種多元而辯證的因果觀是本書的社會科學信念。但這並不表示本書也要傾向摧毀因果性的觀點，把社會的制約作用拆解為隨機的偶然。[24]倒是提醒研究者理論與政策實踐間的交錯關聯作用。本書的理念類型建構及其推演的複合類型並沒有拋棄因果的鎖鏈，反而彼此不僅在因果上相互扣合，具有歷史縱深的參照，也深入呈示了「大國外交」研究者與行動者的視角假設。而以往多數的研究在理論選取以及理論與研究客體對象間，斷然地劃下森嚴界線。理論與政策行動的交錯關聯和實踐作用遂被取消，其結果常常是靜態的自圓其說。[25]本書改進這種盲點的所得雖然有限，但力求保持理論反省與自覺的努力，應該還是值得社會科學界重視的。

國際關係理論的研究也還有待與區域研究攜手合作，而且應當重視國際關係學以外其他社會科學的成果，這裡北京的案例對偏好結構或理念的理論探索都非常緊要。若然，本書的類型建構雖然沒有奉行單一的

模型，卻也能夠提供有關中國的「大國」定位以適當的因果解釋。而且可能對未來擴大並改進此一類型的適用，進行其他主要大國外交行動的比較，有啟發與試誤的貢獻。[26]質言之，本文不可能取得比其他現有分析中國外交理論更強的客觀立場，所提供的類型建構毋寧被理解為一種更寬闊的解釋平台；一方面用以觀照體系轉變下中國「大國外交」的內容，一方面提醒人們各種理論視角的位置和作用。

　　以此來看，本書所獲致之類型建構，對分析冷戰後中國「大國」定位與外交實踐的助益可簡述為三項：

1. 作為觀察冷戰後，面臨不同的對象與議題，中國「大國」定位和外交政策內容屬性與發展趨向的參照判準。
2. 作為觀察冷戰後，大陸內部各類行動者，其多樣的思維走向與政策主張對「大國」定位內容的建構與態度的參照判準。
3. 作為研究與反思理論與政策研究者，對中國「大國外交」研究成果的理論假設與論述立足點的參照判準。

　　本研究在中國國力評估方面雖然檢討了國力、權力等概念的意涵並以少量統計資料局部呈現中國的國力特質，在政策驗證方面雖然對中國與主要大國、周邊國家、發展中國家與國際組織作了全面的舖陳，但從細緻的實證研究標準來看都還僅屬於速寫的層次。訪談研究的樣本代表性與進行程序也有很大的檢討餘地。所幸缺點也指明了改進的機會，這是將來應該把握的。

　　最後，對中國「大國」定位與外交實踐頗為重要，可能可以被本文的類型建構含括，卻未能被深入探索的是「內政／國際」面向中的內政因素。在本文的類型建構裡，「體系大國」解釋「大國外交」還是占據首要地位。但本文提及的許多西方國際關係理論，相當重視內政層次因素對一國外交的影響，強調內部政經改革對中國外交的進展關係重大。[27]目前，包括本書在內，相關文獻都未有系統地分析改革開放後，大陸內部政經轉變對外交趨勢的衝擊如何。北京面對新生的「十大階層」，企圖把資本家與宗教人士吸納到「三個代表」之下，從僵硬的威權體制脫

困，[28]其成敗一定會對未來的「大國外交」有具體的影響。作者能夠體會到，這一發展連同其他主要行動者（包括我國）對待中國的態度，對中國「大國外交」在冷戰後的出路，將有至關重大的意義。[29]中共內部的改革和體系情勢的演變像是在與時間競馳，兩者的相對速度與方向緊張而關鍵。觸及但未能深究這一課題的來龍去脈，顯然是本書未來進一步努力的方向。

註釋

[1] 關於從國際政治的歷史發展，建構類型學的分析架構，郝思蒂（K. J. Holsti）提出的「歷史體系」（historic international systems）是很好的範例。參閱K. J. Holsti, *International Politics–a Framework for Analysis*, 5th edition (N. J. : Prentice-Hall Press, 1992), pp. 17, 27-29.

[2] 例見葉自成，〈中國：多種角色選擇〉，《環球時報》，2000年3月7日，版7；王逸舟，〈面向21世紀的中國外交：三種需求及其平衡〉，《戰略與管理》，1999年第6期（1999年12月），頁18-27。

[3] 例如，一位接受作者訪談的大陸學者便直接坦承，中國歷來是大國，所以現在的「大國外交」是認同調整的問題。而金淳基也正好指出，中國以往重視「第三世界」是著眼於解決自己的「認同危機」問題。受訪者代號P訪談資料；Samuel S. Kim, "China and the Third World in the Changing World Order," in Samuel S. Kim ed., *China and the World: Chinese Foreign Relations in the Post-Cold War Era* (Boulder: Westview Press, 1994), p. 131.

[4] 資中筠以大陸關於蘇聯戈巴契夫「新思維」的研究極為稀少為例說明了這點。參閱資中筠編，《國際政治理論探索在中國》（上海：上海人民出版社，1998年），頁6。

[5] 例見俞可平，〈全球化研究的中國視角〉，《戰略與管理》，1999年第3期（1999年6月），頁96。

[6] 相關說明例見喻希來、吳紫辰，〈外交哲學中的人類道德──答張睿壯先生〉，《戰略與管理》，1999年第2期（1999年4月），頁99；受訪者代號Q、Y訪談資料。嚴格依照現實主義的理性要求，決策思考裡本應沒有主觀性強的激烈民族主義發生作用的餘地。

[7] 不宜忘記本文第五章的討論曾強調，馬列主義歷來也極為重視「國家機器」

的作用；這有助於大陸論者採取、吸收國際關係現實主義的觀點。

[8]參閱Kenneth N. Waltz, "The Emerging Structure of International Politics," *International Security*, Vol. 18, No. 2 (Fall 1993), p. 77.

[9]在這方面，其他國際環境主要行動者的「主觀意向」也同樣具有決定性。抉擇的形成並不片面地掌握在中國方面。

[10]引自張寧，〈德里達的中國行〉，《二十一世紀》，總68期（2001年12月），頁82。本文採國內常見譯名——德希達。

[11]亦可例見邱坤玄，〈冷戰後中共與朝鮮半島的權力平衡〉，《中國事務》，第4期（20001年4月），頁90。

[12]例見Samuel S. Kim, "China and the World in Theory and Practice," op. cit., p. 33.

[13]Hans J. Morgenthau and Kenneth W. Thompson, *Politics Among Nations*, 6th edition (New York: Alfred A. Knopf Press, 1985), pp. 25-26.

[14]如果認為1960年代中國的「綜合國力」不足以擔當「體系大國」的標準，則當時的中國外交路線可以算是屬於複合類型E。

[15]觀點參考黃俊傑，〈論政治學研究與中國人文傳統之關係〉，發表於政治學與文化研究研討會，國科會社科中心跨科際政治學議題小組、台大政治系、中國政治學會主辦，2001年5月11日。

[16]參閱楊帆，〈神州新興思潮剖析——論中國社會轉型時期五種政治思潮〉，《明報月刊》，1996年1月號（1996年1月），頁23。

[17]英國目前在國際體系中的地位與其政策與本複合類型頗為接近，故與中國較為疏遠。

[18]法國目前在國際體系中的地位與其政策與本複合類型頗為接近，故與中國偶有唱和。

[19]在中國歷史上，此狀況可以民國初年的北洋政府為案例，即國家處於分裂、認同處於混亂狀態。

[20]參閱Kenneth N. Waltz, *Theory of International Politics*, op. cit., pp. 136-137; Alexander Wendt, *Social Theory of International Politics* (Cambridge: Cambridge University Press, 1999), pp. 279-280. 例如，普法戰爭後的法國、第一次世界大戰後的德、法，第二次世界大戰後的德、日，蘇聯解體後的俄國等等。但若體系性質向現代國際體系之外轉變，如「帝國格局」則應另當別論。

[21]全球化懷疑論與世界體系理論既強調「國家」仍是國際環境主要的行動

者，又保留行動者挑戰與改變體系結構本質的可能。

[22] 參閱拙作，〈中共「大國外交」的後殖民隨想〉，《中國大陸研究教學通訊》，第48期（2002年1月），頁11-12。

[23] 相關觀點參考游美惠，〈內容分析、文本分析與論述分析在社會研究的運用〉，《調查研究》，第8期（2000年8月），頁25。

[24] 「後現代主義」的批判者凱勒（Douglas Kellner）引述安德遜（Perry Anderson）的論點，批判「論述理論（Discourse theory）」導致歷史與社會的「隨機化」。參閱Steven Best and Douglas Kellner, *Postmodern Theory: Critical Interrogations* (New York: The Guilford Press, 1991), pp. 202.

[25] 相關觀點參考Alvin W. Gouldner, *The Coming Crisis of Western Sociology* (New York: Basick Books Press, 1970).

[26] 觀點參考Theda Skocpol, *Vision and Method in Historical Sociology* (Cambridge: Cambridge University Press, 1984), pp. 374-379.

[27] 例見David Shambough, "Facing Reality in China Policy," *Foreign Affairs,* Vol. 80, No. 1 (January/February 2001), p. 52.

[28] 有關江澤民提出的「三個代表」與胡錦濤提出的「三個為民」是否會將中共引向「全民黨」、「社會黨」，目前爭論甚多。「三個代表」首先提出於2000年2月，指中共代表「中國先進社會生產力」、「先進文化的前進方向」、「最廣大人民的根本利益」。「十大階層」是中共中央政治局布置，1999年起由中國社會科學院學者陸學藝等人執行的社會階層調查研究提出的概念。該研究稱大陸社會目前分化為「十大階層」，執政黨向擁有經濟資源的階層傾斜，中間階層規模過小，階層差距正在擴大。參閱編寫組，《以「三個代表」為綱領全面加強黨的建設》（北京：黨建讀物出版社，2000年），頁59；鄧科，〈中國十大社會階層透視〉，人民網，http://www.peopledaily.com.cn。

[29] 作者曾對兩岸關係與北京「大國外交」趨勢的互動作過初步考察，可參閱拙著，〈中共「大國外交」構思下兩岸關係的發展──思辯模型試擬〉，《中國事務》，第4期（2001年4月），頁131-135。

參考書目

一、中文書籍

中共中央文獻研究室編（1999），《毛澤東文集（第八卷）》。北京：人民出版社。

中共中央文獻研究室編（1996），《周恩來年譜（上、下）》。北京：中央文獻出版社。

中共中央馬恩列斯著作編譯局編（1972），《列寧選集（四卷）》。北京：人民出版社。

中共中央馬恩列斯著作編譯局編（1995），《馬克思恩格思選集（四卷）》。北京：人民出版社。

中共研究雜誌社編（1971），《劉少奇問題資料專輯》。台北：中共研究雜誌社。

中華人民共和國外交部與中央文獻研究室編（1994），《毛澤東外交文選》。北京：中央文獻出版社。

中華人民共和國外交部與中央文獻研究室編（1990），《周恩來外交文選》。北京：中央文獻出版社。

中國人民解放軍軍事科學院編（1983），《馬克思、恩格斯、列寧、斯大林軍事文摘》。北京：解放軍軍事科學院出版社。

毛澤東（1966），《毛澤東選集（繁體一卷本）》。北京：人民出版社。

王　杰編（1998），《大國手中的權杖──聯合國行使否決權紀實》。北京：當代世界出版社。

王　寧、薛曉源編（1998），《全球化與後殖民批評》。北京：中央編譯出版社。

王正毅（2000），《世界體系論與中國》。北京：商務印書館。

王瑤瑛（1999），〈國際貨幣基金的組織與功能〉。政治大學外交研究所碩士論文。

王緝思編（1995），《文明與國際政治》。上海：上海人民出版社。

王緝思編（1999），《高處不勝寒——冷戰後美國的全球戰略和世界地位》。北京：世界知識出版社。

王逸舟（1999），《環球視點》。北京：中國發展出版社。

王逸舟（1999），《全球化時代的國際安全》。上海：上海人民出版社。

王逸舟（1998），《西方國際政治學：歷史與理論》。上海：上海人民出版社。

王逸舟（1995），《當代國際政治析論》。上海：上海人民出版社。

王逸舟編（1999），《單極世界的陰霾——科索沃危機的警示》。北京：社會科學文獻出版社。

王泰平編（1996），《鄧小平外交思想研究論文集》。北京：世界知識出版社。

王興成、秦麟征編（1988），《全球學研究與展望》。北京：社會科學文獻出版社。

王曉德（2000），《美國文化與外交》。北京：世界知識出版社。

尹慶耀（1988），《中共的統戰外交》。台北：幼獅。

尹慶耀（1973），《中共外交與對外關係》。台北：國際關係研究所。

田弘茂編（1996），《後冷戰時期亞太集體安全》。台北：業強。

石之瑜（2000），《文明衝突與中國》。台北：五南。

石之瑜（1995），《大陸問題研究》。台北：三民。

石之瑜（1995），《後現代的國家認同》。台北：世界。

石之瑜（1995），《近代中國對外關係新論》。台北：五南。

石之瑜（1994），《中共外交的理論與實踐》。台北：三民。

石原忠浩（1997），〈中共與日本關係之間的台灣因素〉。政治大學東亞研究所碩士論文。

世界經濟與中國編輯組編（1996），《世界經濟與中國》。天津：經濟科

　　學出版社。

白思利（W. G. Beasley）著，葉延燊譯（1992），《現代日本的崛起》。
　　台北：金禾。

白魯洵（Lucian W. Pye）著，胡祖慶譯（1988），《中國政治的變與
　　常》。台北：五南。

任光初編（1997），《世界政治經濟與國際關係》。上海：華東理工大學
　　出版社。

曲　星（2000），《中國外交50年》。南京：江蘇人民出版社。

朱雲漢等（1997），《中共對台智庫角色研究》。台北：行政院陸委會委
　　託專案報告。

米振波編（2000），《周恩來與大國關係的變動》。天津：南開大學出版
　　社。

米夏摩（John J. Mearsheimer）著，王義桅、唐小松譯（2002），《大國
　　政治的悲劇》。上海：上海人民出版社。

何　方（2000），《論和平與發展時代》。北京：世界知識出版社。

何兆武（1995），《歷史與歷史學》。香港：牛津大學出版社。

何茂春（1996），《中國外交通史》。北京：中國社會科學出版社。

呂亞力（1987），《政治學方法論》。台北：三民。

克里克（James Cleick）著，張淑譽譯（1988），《渾沌──開創新科
　　學》。上海：上海譯文出版社。

克萊恩（Ray S. Cline）著，紐先鐘譯（1976），《世界各國國力評估》。
　　台北：黎明。

宋　強、張藏藏、喬　邊等（1996），《中國可以說不》。北京：中國工商
　　聯合出版社。

宋新寧、陳　岳（2000），《國際政治學概論》。北京：中國人民大學出
　　版社。

宋新寧、陳　岳（1999），《國際政治經濟學概論》。北京：中國人民大
　　學出版社。

沈　默（1967），《地緣政治》。台北：文和。

沈驥如（1998），《中國不當不先生──當代中國的國際戰略問題》。北京：今日中國出版社。

李世濤編（1999），《知識分子立場──民族主義與轉形期中國的命運》。長春：時代文藝出版社。

李明軒等（2001），《WTO與兩岸競合》。台北：天下。

李明偉編（1996），《大國方略──著名學者訪談錄》。北京：紅旗出版社。

李希光、劉　康等（1997），《妖魔化中國的背後》。台北：捷幼。

李善同等（2000），《WTO：中國與世界》。北京：中國發展出版社。

李景治編（1999），《世紀之交的中國與世界──國際政治文集》。北京：中國人民大學。

李登輝、中島嶺雄著，駱文森、楊明珠譯（2000），《亞洲の智略》。台北：遠流。

李慎明、王逸舟編（2001），《2001年全球政治與安全報告》。北京：社會科學文獻出版社。

余昌淼、李　偉編（1997），《十五大以後的中國》。北京：人民出版社。

辛　旗（2000），《百年的沉思──回顧二十世紀主導人類發展的文化觀念》。北京：華藝出版社。

周　煦編（1993），《冷戰時期亞太地區之和平安定》。台北：政治大學外交學系。

房　寧、王小東、宋強（1999），《全球化陰影下的中國之路》。北京：中國社會科學出版社。

金沖及編（1996），《周恩來傳（上）》。北京：中央文獻出版社，1996年。

季羨霖等編（1996），《大國方略──著名學者訪談錄》。北京：紅旗出版社。

法務部調查局（1996），《中共對台工作組織體系概論》。台北：法務部
　　調查局。

俞正梁等（1998），《大國戰略研究》。北京：中央編譯出版社。

南開大學編輯組（1996），《世界經濟與中國》。北京：經濟出版社。

哈柏瑪斯（Jugen Habermas）等著，王學東、柴方國譯（2000），《全球
　　化與政治》。北京：中央編譯出版社。

胡鞍鋼、楊帆等（2000），《大國戰略──中國利益與使命》。瀋陽：遼
　　寧人民出版社。

韋　伯（Max Weber）著，康樂、簡惠美譯（1989），《宗教與世界:韋
　　伯選集（II）》。台北：遠流。

凌志軍、馬立誠（1999），《呼喊當今中國的五種聲音》。廣州：廣州出
　　版社。

夏仲成（1998），《亞非雄風──團結合作的亞非會議》。北京：世界知
　　識出版社。

孫隆基（1990），《中國文化的深層結構》。台北：唐山。

席來旺（1996），《廿一世紀中國戰略策劃》。北京：紅旗出版社。

徐遵慈、劉復國編（2000），《我國參與亞太區域合作策略之研究》。台
　　北：政大國關中心。

秦亞青（1999），《霸權體系與國際衝突》。上海：上海人民出版社。

索默斐爾 （Mary A. Sommerville）等著，楊連仲譯（1998），《藍色地
　　平線：美日中共三角關係》。台北：國防部史政編譯局。

翁杰明、張西明、張彌、曲克敏（編）（1996），《與總書記談心》。北
　　京：中國社會科學出版社。

郝雨凡、張燕冬（1999），《無形的手──與美國中國問題專家點評中
　　美關係》。北京：新華出版社。

馬立誠、凌志軍（1998），《交鋒──當代中國三次思想解放實錄》。北
　　京：今日中國出版。

馬克思（Karl Marx）著，伊海宇譯（1990），《1844年經濟學哲學手

稿》。台北：時報。

馬庫色（Hebert Marcuse）著，劉繼譯（1990），《單向度的人》。台北：桂冠。

國防部史政編譯局編（1999），《亞太安全譯文彙編》。台北：國防部史政編譯局。

康　德（Immanuel Kant）著，何兆武譯（1991），《歷史理性批判文集》。北京：商務印書館。

張亞中（2000），《兩岸統合論》。台北：生智文化。

張召忠（2000），《下一個目標是誰》。北京：中國青年出版社。

張曉霞（2000），《中國高層智囊》。北京：京華出版社。

張海濤（2000），《何處是美利堅帝國的邊界——一九四六年以來美國對華戰略史》。北京：人民出版社。

張國城（1996），〈後冷戰時期中共擴張海權之研究〉。台灣大學三民主義研究所碩士論文。

張登及（2002），〈冷戰後中共大國外交之研究：理論與實踐的分析〉。政治大學東亞研究所博士論文。

張登及（1994），〈中共的世界觀與對外政策的演變——歷史的詮釋與理念型的說明〉。台灣大學政治學研究所碩士論文。

張靜如（1991），《中國共產黨思想史》。青島：青島出版社。

張錫昌、周劍卿（1993），《戰後法國外交史：1944-1992》。北京：世界知識出版社。

張蘊嶺編（1997），《合作還是對抗——冷戰後的中國、美國和日本》。北京：中國社會科學出版社。

曹　英編（1993），《神祕之門——共和國外交實錄》。北京：團結出版社。

梁守德、洪銀嫻（2000），《國際政治學理論》。北京：北京大學出版社。

梁守德、洪銀嫻編（1999），《走向新世紀的歐洲與大國關係》。北京：

中國國際廣播出版社。

盛　洪（1999），《為萬世開太平》。北京：北京大學出版社。

荷謨斯（Kim R. Holmes）與普里思塔（James Przystup）編，張林宏等譯（1998），《外交與威懾——美國對華戰略》。北京：新華出版社。

許志嘉（1998），〈中共外交決策模式研究——鄧小平時期的檢證分析〉。政治大學東亞研究所博士論文。

郭華倫（1976），《中共問題論集》。台北：國際關係研究中心。

郭秋慶（1999），《歐洲聯盟概論》。台北：五南。

陳小功編（1997），《軍備控制與國際安全手冊》。北京：世界知識出版社。

陳世民（1992），〈中共核武戰略的形成與轉變〉。台灣大學政治學研究所碩士論文。

陳志奇（1993），《中國近代外交史》。台北：南天出版社。

陳秀容、江宜樺編（1995），《政治社群》。台北：中研院中山人文社會科學研究所。

陳峰君（1999），《當代亞太政治與經濟析論》。北京：北京大學出版社。

陳樂民編（1995），《西方外交思想史》。北京：中國社會科學出版社。

陳樂民、周　弘（1999），《歐洲文明擴張史》。上海：東方出版社。

陸　浩編（2000），《以「三個代表」為綱領全面加強黨的建設》。北京：黨建讀物出版社。

陸建人編（1997），《亞太經合組織與中國》。北京：經濟管理出版社。

喬　良、王湘穗（1998），《超限戰——對全球化時代戰爭與戰法的想定》。北京：解放軍文藝出版社。

喬根森（Danny L. Jorgensen）著，王昭正、朱瑞淵譯（1999），《參與觀察法》。台北：弘智文化。

溫　特（Alexander E. Wendt）著，秦亞青譯（2000），《國際政治的社

會理論》。上海：上海人民出版社。

黃枝連（1992），《亞洲的華夏秩序：中國與亞洲國家關係型態論》。北京：中國人民大學出版社。

黃碩風（1999），《綜合國力新論》。北京：中國社會科學出版社。

黃碩風（1992），《大較量——國力、球力論》。長沙：湖南出版社。

彭　明（1999），《第四座豐碑——廿一世紀中國新版圖》。台北：商智文化。

傅建中編（1999），《季辛吉秘錄》。台北：時報出版社。

葉自成編（1998），《地緣政治與中國外交》。北京：北京出版社。

葉啟政（2002），《進出「結構——行動」的困境》。台北：三民。

楊玉聖（1996），《中國人的美國觀》。上海：復旦大學出版社。

楊奎松（2000），《毛澤東與莫斯科的恩恩怨怨》。南昌：江西人民出版社。

賈慶國（1996），《未實現的和解：冷戰初期的中美關係內部——中國不僅僅說不》。北京：中華工商聯合出版社。

資中筠編（2000），《冷眼向洋（上、下）》。北京：三聯出版社。

資中筠編（1998），《國際政治理論探索在中國》。上海：上海人民出版社。

鄒　讜（Tsou Tang）著，王寧、周先進譯（1997），《美國在中國的失敗——1941-1950》。上海：上海人民出版社。

裴堅章編（1994），《毛澤東外交思想研究》。北京：世界知識出版社。

裴默農（1997），《周恩來外交學》。北京：中共中央黨校出版社。

趙全勝（1999），《解讀中國外交政策》。台北：月旦。

摩　爾（Barrington Moore）著，蕭純美譯（1992），《民主與獨裁的社會起源I》。台北：遠流。

編寫組（2000），《以「三個代表」為綱領全面加強黨的建設》。北京：黨建讀物出版社。

劉　山、薛君度編（1997），《中國外交新論》。北京：世界知識出版

社。

劉　杰（2000），《國際人權體制：歷史的邏輯與比較》。上海：上海社會科學出版社。

劉小楓（1996），《現代性社會理論緒論：現代性與現代中國》。香港：牛津大學出版社。

劉志峰編（1999），《道德中國：當代中國道德倫理的深重憂思》。北京：中國社會科學出版社。

劉軍寧編（1999），《民主與民主化》。北京：商務印書館。

蔡　拓等（1994），《當代全球問題》。天津：天津人民出版社。

蔣建華、馮婉蓁、季弘編（1999），《中華人民共和國資料手冊》。北京：社會科學文獻出版社。

魯　毅等編（1999），《新時期中國國際關係理論研究》。北京：時事出版社。

黎　虎（1998），《漢唐外交制度史》。蘭州：蘭州大學。

鄧　鵬、李小兵、劉國力（2000），《剪不斷理還亂──美國外交與美中關係》。北京：中國社會科學出版社。

鄧小平（1983），《鄧小平文選（第一卷）》。香港：三聯書店。

鄧小平（1993），《鄧小平文選（第三卷）》。北京：人民出版社。

鄧修倫（2001），〈聯合國體系下女性議題發展之探討〉。台灣大學政治學研究所碩士論文。

鄧啟榮、李鐵城（1998），《聯合國大事編年》。北京：北京語言文化大學出版社。

歷史研究委員會編，東英譯（1997），《大東亞戰爭の總結》。北京：新華出版社。

錢理群（1999），《拒絕遺忘──錢理群文選》。汕頭：汕頭大學出版社。

霍布斯（Thomas Hobbes）著，朱敏章譯（1985），《利維坦》。台北：商務印書館。

薛君度編（1987），《當代中國外交》。北京：中國社會科學出版社。

薛君度、陸南泉編（1997），《新俄羅斯──政治、經濟、外交》。北京：中國社會科學出版社。

薛龍根編（1996），《當代世界政治經濟與國際關係》。南京：河海大學出版社。

謝慶奎編（1991），《當代中國政府》。瀋陽：遼寧人民出版社。

謝益顯編（1988），《中國外交史1949-1979》。鄭州：河南人民出版社。

閻學通（2000），《美國霸權與中國安全》。天津：天津人民出版社。

閻學通（1997），《中國崛起──國際環境評估》。天津：天津人民出版社。

閻學通（1996），《中國國家利益分析》。天津：天津人民出版社。

閻學通等（1999），《中國與亞太安全》。北京：時事出版社。

叢鳳輝編（1996），《鄧小平國際戰略思想》。北京：當代世界出版社。

韓念龍、錢其琛等編（1987），《當代中國外交》。北京：中國社會科學出版社。

羅　鋼、劉象愚編（1999），《後殖民主義文化理論》。北京：中國社會科學出版社。

蘇　起（1992），《論中蘇共關係正常化（1979-1989）》。台北：三民。

蘇　格（1998），《美國對華政策與台灣問題》。北京：世界知識出版社。

蘇長和（2000），《全球公共問題與國際合作》。上海：上海人民出版社。

龔德宏、李秋發、高民政（1998），《鄧小平外交戰略思想》。北京：藍天出版社。

二、中文期刊、會議論文、網際網路線上文獻

丁永康，〈中共推動國際新秩序在非洲的實踐〉。《中國大陸研究》，43
　　卷11期（2000年11月），頁77-95。

丁奎松，〈亞太大國關係對地區安全合作的影響〉。《現代國際關係》，
　　2001年1-2期（2001年2月），頁88-90。

于有惠，〈中共的大國外交〉。《中國大陸研究》，42卷3期（1999年3
　　月）。頁45-62。

毛壽龍，〈中國要有大國定位〉。《環球時報》。2000年8月18日，版7。

王志軍，〈「後領土時代」與地緣戰略的嬗變〉。《現代國際關係》，
　　2000年第5期（2000年5月）。頁32-35。

王逸舟，〈國際關係領域的若干研究動態及問題〉，《學術界》，2001年
　　第1期（2001年1月），頁251-257。

王逸舟，〈面對世界我們應有的態度〉。《環球時報》，2000年12月1
　　日，版7。

王逸舟，〈中國：一步步認知全球化〉。《環球時報》，2000年5月26
　　日，版7。

王逸舟，〈市民社會與中國外交〉。《中國社會科學（雙月刊）》，2000
　　年第3期（2000年3月），頁28-38。

王逸舟，〈面向廿一世紀的中國外交：三種需求的尋求及其平衡〉。
　　《戰略與管理》，1999年第6期（1999年12月），頁18-27。

王逸舟，〈多極化不等於反美〉。《環球時報》，1999年8月6日，版14。

王緝思，〈國際關係理論與中國外交研究〉。《中國社會科學季刊》，第
　　2期（1993年2月），頁83-93。

王義桅、倪世雄，〈均勢與國際秩序：後冷戰時代的思索〉。《世界經
　　濟與政治》，2001年第2期（2001年2月），頁15-20。

田文林，〈國際政治視野中的文化因素〉。《現代國際關係》，1999年第
　　9期（1999年9月），頁22-25。

申相振，〈中共的世界觀與三個世界論的探討〉。《問題與研究》，27卷
　　11期（1988年8月），頁69-75。

石　沙，〈多極化體系裡的中共外交〉。《中央日報》，1998年12月2
　　日，版8。

石　碌，〈中共的大國外交與對台策略〉。《中央日報》，1998年9月21
　　日，版9。

石之瑜，〈論台灣政治的移民性質〉。《二十一世紀》，總68期（2001年
　　12月），頁66-75。

石之瑜，〈鑿開霸權：普世主義與相對主義之外關於民主的知識〉。
　　《中國大陸研究》，44卷3期（2001年3月），頁1-15。

石之瑜，〈回應中國：「反國家」論述對「東方主義」的欲拒還迎──
　　以周恩來為例〉。《共黨問題研究》，26卷12期（2000年12月），頁
　　6-20。

石之瑜，〈誰來解讀中共的「大國外交」──兼論現實主義之外的兩岸
　　關係論述〉，發表於台北，國史館主辦，台灣與中國大陸關係史討
　　論會。2000年11月4日。

石之瑜，〈現實主義國際政治學的知識脈絡〉。《問題與研究》，39卷7
　　期（2000年7月），頁37-52。

石之瑜，〈美國女性主義對國際政治的省思〉。《美國月刊》，9卷4期
　　（1994年4月），頁88-107。

石之瑜，〈中共第三世界外交原則之述評〉。《問題與研究》，32卷7期
　　（1993年7月），頁69-80。

向敏知，〈中共左派反對資本家入黨動向〉。《開放》，2001年8月號
　　（2001年8月），頁20-21。

江憶恩（Alastair Iain Johnston）著；王鳴鳴譯，〈中國參與國際體制的
　　若干思考〉。《世界經濟與政治》，1999年7期（1999年7月），頁4-
　　10。

朱馬杰，〈世界格局多極化趨勢中的文化因素〉。《中國評論》，2000年

8月號（2000年8月），頁64-67。

何家棟，〈二十一世紀中國國家利益與國家安全——兼駁國家主義意識形態〉，《中國社會科學季刊》，2000年春季號（2000年4月），頁103-109。

吳東野，〈北約全球化戰略走向對台海情勢發展之意義與影響〉。《遠景季刊》，1卷4期（2000年10月），頁25-57。

吳玲君，〈亞太經濟合作會議：日本的角色〉。發表於台北，政大外交系主辦，全球治理與國際關係研討會，2001年6月2日。

吳玲君，〈中共APEC策略與角色的轉變：新現實主義的解析〉。《問題與研究》，40卷3期（2001年5月）。頁1-20。

吳玲君，〈以APEC為基點發展亞太安全共同體的構想與理想〉。《中華台北APEC通訊》，第3期（1999年1月），頁60-66。

呂新國，〈大國關係與中國外交〉。《現代國際關係》，1998年1期（1998年1月），頁41-42。

李　明，〈朝鮮半島能源開發組織（KEDO）之運作和限制〉。發表於台北，政大外交系主辦，「全球治理與國際關係研討會」，2001年6月2日。

李　揚，〈冒險的遷徙：後現代主義在中國的傳播〉。世紀中國，http://www.cc.org.cn。

李少軍，〈以包容的文化融入世界〉。《環球時報》，2000年6月30日，版7。

李登科，〈冷戰後中共大國外交策略之研究〉。《國際關係學報》，15期（2000年12月），頁33-67。

李慎之，〈全球化與中國文化〉。《中社網——文粹周刊》，http://www.csdn.net.cn/page/china/wencui/zhoukan/0821adaa02.htm。

李義虎，〈日美新防衛合作指針評析〉。《國際政治研究》，2000年2期（2000年5月）。頁1-5。

汪　暉，〈當代中國思想狀況與現代性問題〉。大陸網站「天涯」，全文

轉載，《台灣社會研究季刊》，37期（2000年3月），頁1-43。

沈驥如，〈國際治理之我見〉，發表於台北，政治大學外交系主辦，全球治理與國際關係學術研討會，2001年6月2日。

林宗達，〈中俄關係之改善對中共軍事現代化的助力分析〉。《共黨問題研究》，27卷8期（2001年8月），頁58-76。

周方銀，〈對當前國際格局的聚類分析〉。《現代國際關係》（2000年12月）。

邱坤玄，〈冷戰後中共與朝鮮半島的權力平衡〉。《中國事務》，第4期（2001年4月），頁90-102。

邱坤玄，〈中共大國外交與獨立自主外交〉。《共黨問題研究》，26卷1期（2000年11月），頁5-8。

邱坤玄，〈霸權穩定論與冷戰後中（共）美權力關係〉。《東亞季刊》，31卷3期（2000年7月），頁1-14。

邱坤玄，〈結構現實主義與中共大國外交格局〉。《東亞季刊》，30卷3期（1999年7月），頁23-38。

季志業，〈大國關係初步到位、良性互動始見成效〉。《現代國際關係》，1999年1-2期（1999年2月），頁84-87。

門洪華，〈國際機制與中國的戰略選擇〉。《中國社會科學》，2001年2期（2001年3月），頁178-187。

俞正梁，〈經濟全球化進程中的新世紀世界格局〉，《復旦學報（社會科學版）》，2000年第1期（2000年2月），頁1-6。

美國國防部，〈中國軍事實力2000年度報告〉。《未來中國》（遠景基金會網站），http://www.future-china.org/fcn/ideas/fci200091501.htm，2000年9月15日。

柯偉林（William Kirby）著，〈中國的國際化——民國時代的對外關係〉。《二十一世紀》，第44期（1997年12月），頁38-45。

施子中，〈中共推動大國外交與建構夥伴關係之研析〉。《戰略與國際研究》，1卷3期（1999年7月），頁1-42。

胡志強，〈中共「大國外交」及我國因應之道〉。《政策月刊》，50期（1999年9月），頁29-36。

孫　津，〈有中國特色社會主義的世界意義〉。《當代世界與社會主義》，1998年第1期（1998年2月），頁78-79。

唐家璇，〈新中國外交五十年〉。《中國外交》，2000年第1期（2000年1月），頁3-7。

徐濟明，〈中國國家利益與對非政策〉。《西亞非洲》，2001年1期（2001年2月），頁50-54。

徐斯儉，〈全球化──中國大陸學者的觀點〉。《中國大陸研究》，43卷4期（2000年4月），頁1-28。

時殷弘，〈風物長官放眼量──二十一世紀前期中國國際態度、外交哲學和根本的戰略思考〉，《戰略與管理》，2001年第1期（2001年2月），頁1-19。

時殷弘，〈國際關係的基本哲理範式〉，《中國社會科學》，2000年第5期（2000年10月），頁177-187。

時殷弘，〈安全兩難與東亞區域安全體制的必要〉。《戰略與管理》，2000年4期（2000年8月），頁86-91。

時殷弘，〈跳出「安全兩難」怪圈〉。《環球時報》，2000年8月4日，版7。

時殷弘，〈放平心態看美日〉。《環球時報》，2000年6月23日，版7。

時殷弘，〈論二十世紀國際規範體系〉，《國際論壇》，2000年3期（2000年6月），頁2-10。

時殷弘，〈關於台灣的幾項必須正視的大戰略問題〉。《戰略與管理》，總39期（2000年3月），頁27-32。

時殷弘，〈體現大陸外交的政治眼光〉。《兩岸雙贏》，第13期（2000年2月），頁20-22。

時殷弘，〈現代國際社會共同價值觀念──從基督教國際社會到當代全球國際社會〉。《國際論壇（北京）》，2000年第1期（2000年2月），

頁4-9。

畢英賢，〈論中俄戰略協做夥伴關係〉。《問題與研究》，35卷12期（1996年12月），頁19-64。

秦　俊，〈全球化背景下之中共外交〉。《共黨問題研究》，27卷8期（2001年8月），頁23-28。

秦亞青，〈中國國際關係研究現狀〉。《中國大陸研究教學通訊》，35期（1999年11月），頁11-14。

袁　易，〈對於Alexander Wendt有關國家身分與利益分析之批判：以國際防擴散建制為例〉。《美歐季刊》，15卷2期（2001年夏季），頁265-291。

袁　易，〈安全典制與美中關係：一個認知社群論的分析〉。發表於台北：台大政治學系主辦，兩岸關係理論研討會。1998年11月7日。

殷天爵，〈中共大國外交與夥伴關係之研析〉。《共黨問題研究》，25卷3期（1999年3月），頁82-93。

張　寧，〈德里達的中國行〉。《二十一世紀》，總68期（2001年12月），頁77-84。

張敏謙，〈全球化與美國的戰略〉。《現代國際關係》，2000年第6期（2000年6月），頁28-31。

張登及，〈「中國」概念的內涵與流變小考。《中國大陸研究教學通訊》，第53期（2002年11月），頁17-20。

張登及，〈中共「大國外交」構思下兩岸關係的發展——思辯模型試擬〉。《中國事務》，第4期（2001年4月），頁131-135。

張登及，〈中共建政後歷屆黨代表大會「政治報告」涉外言論的內容分析〉。《東亞季刊》，32卷1期（2001年1月），頁53-82。

張登及，〈發展中的中共「大國外交」新構思——兼論對兩岸關係形成的挑戰與契機〉。《中國事務》，第3期（2001年1月），頁34-65。

張登及，〈1979年中共懲越戰爭的歷史結構分析——武力使用的解釋〉。《東亞季刊》，31卷1期（2000年1月），頁91-114。

張登及，〈毛澤東涉外言論與中共外交〉。《共黨問題研究》，24卷9期（1998年9月），頁41-48。

張雅君，〈上海五國安全合作與中共的角色〉。《中國大陸研究》，44卷4期（2001年4月），頁33-54。

張雅君，〈中共與俄羅斯戰略協作夥伴關係發展的基礎、阻力與動力〉。《中國大陸研究》，43卷3期（2000年3月），頁1-26。

張睿壯，〈重估中國外交所處的國際環境——和平與發展並非當代世界主題〉。《戰略與管理》，2001年1期（2001年2月），頁20-29。

張睿壯，〈也談美國新保守主義的外交思想及其對美國對華政策的影響〉。《國際問題研究》，2000年第2期（2000年3月），頁44-51。

張睿壯，〈中國應選擇什麼樣的外交哲學？〉。《戰略與管理》，1999年第1期（1999年2月），頁54-66。

梁守德，〈國際格局多極化中的美國霸權〉。《國際政治研究》。總74期（1999年11月），頁10-14。

許志嘉，〈鄧小平時期的中共外交政策〉。《中國大陸研究》，36卷7期（1997年7月），頁35-58。

郭震遠，〈二十一世紀中國的國際機遇與挑戰〉。《中國評論》，2000年1月號（2000年1月），頁20-24。

陳一新，〈布希政府亞太戰略的構想與部署〉。《遠景季刊》，第2卷第4期（2001年10月），頁1-27。

陳永生，〈外國直接投資與中國大陸經濟發展〉。《中國大陸研究》，44卷3期（2001年3月），頁17-43。

陳佩堯，〈中國應該怎樣研究制定對外戰略〉。《中國評論》，2000年7月號（2000年7月），頁37-41。

陳鴻瑜，〈中共進佔西沙、南沙群島及其南海政策〉。發表於台北，亞太安全合作理事會中華民國委員會（CSCAP）與台灣綜合研究院主辦，「台灣安全戰略與南海問題研討會」，2000年3月4日。

陳墇津，〈大陸的環境外交〉。《中國大陸研究》，40卷8期（1997年8

月），頁29-47。

莫大華，〈國際關係理論大辯論研究的評析〉。《問題與研究》，39卷12期（2000年12月），頁65-90。

莫大華，〈論國際關係理論中的建構主義〉。《問題與研究》，38卷9期（1999年9月），頁93-108。

陸建華，〈大陸民間組織的興起：對北京三個綠色民間組織的個案分析〉。《中國社會科學季刊》，總32期（2000年冬季），頁117-131。

喻希來、吳紫辰，〈新興世界大國的成長之旅：光榮與夢想〉。《戰略與管理》，1999年6期（1999年12月），頁1-17。

喻希來、吳紫辰，〈外交哲學中的人類道德——答張睿壯先生〉。《戰略與管理》，1999年第2期（1999年4月），頁94-102。

喻希來、吳紫辰，〈世界新秩序與新興大國的歷史抉擇〉。《戰略與管理》，1998年第2期（1998年4月），頁1-13。

游美惠，〈內容分析、文本分析與論述分析在社會研究的運用〉。《調查研究》，第8期（2000年8月），頁5-42。

黃俊傑，〈論政治學研究與中國人文傳統之關係〉。發表於政治學與文化研究研討會，台北：國科會社科中心跨科際政治學議題小組、台大政治系、中國政治學會主辦，2001年5月11日。

黃旻華，〈評「國際關係理論中的建構主義」〉。《問題與研究》，39卷11期（2000年11月），頁72-100。

董立文，〈兩岸關係與亞太安全〉。中華歐亞教育基金會網站，http://www.curasian.org.tw/monthly/m-main.htm#1。

董立文，〈論中共的「大國」意義及其問題〉。《中山人文社會科學期刊》，6卷2期（1998年12月），頁65-76。

楊　帆，〈神州新興思潮剖析——論中國社會轉型時期五種政治思潮〉。《明報月刊》，1996年1月號（1996年1月），頁23-27。

楊　闖，〈中國在世界重新定位——中國不能選擇當全球性大國〉。《中國評論》，1998年10月號（1998年10月），頁16-18。

楊潔勉，〈後冷戰時期美國學術界在對華決策中的作用〉。《外交學院學報》，1998年第4期（1998年12月），頁51-55。

楊志恆，〈中共外交的策略與原則〉。《中國大陸研究》，42卷10期（1999年10月），頁29-43。

楊成緒、薛謀宏、王緝思、賈慶國、閻學通、楚樹龍（等），〈中國在世界的位置〉。《環球時報》，2000年8月25日，版7。

葉自成，〈中國外交戰略下的兩岸關係〉。《兩岸雙贏》，第17期（2000年6月），頁22-27。

葉自成，〈中國：多種角色選擇〉。《環球時報》，2000年3月7日，版4。

葉自成，〈廿一世紀初的新形勢與中國大國外交戰略新概念〉。《國際政治研究》，2000年1期（2000年2月），頁24-36。

葉自成，〈中國實行大國外交戰略勢在必行〉。《世界經濟與政治》，2000年1月號（2000年1月），頁6-11。

葉自成，〈中國反霸思想中的矛盾及其超越〉。《太平洋學報》，總21期（1999年12月），頁66-73。

葉自成、李穎，〈構建大國外交之魂：正常心、自信心、樂觀心〉。《中國外交》，2001年9月號，頁2-5。

葉伯棠，〈中共對非洲政策的演變（下）〉。《共黨問題研究》，9卷6期（1984年6月），頁75-77。

楚樹龍，〈美國對華戰略及美中關係走向〉，《和平與發展》，2001年第2期（2001年夏季），頁39-43。

楚樹龍，〈中國的國家利益、國家力量和國家戰略〉。《戰略與管理》，1999年第4期（1999年8月），頁13-18。

楚樹龍，〈關於國際形勢和我國對外戰略若干重大問題的思考〉。《現代國際關係》，1999年第8期（1999年8月），頁1-6。

楚樹龍、王在邦，〈關於國際形勢和我國對外戰略若干重大問題的思考〉。《現代國際關係》，1999年第8期（1999年8月），頁1-6。

資中筠，〈「全球化」與中國〉。《中社網——文粹周刊》，2000年，
　　http://www. csdn. net.cn/page/china/wencui/zhoukan/0822adaa02.htm。

資中筠，〈為了民族的最高利益，為了人民的長遠福祉〉。《太平洋學
　　報》，1999年第4期（1999年12月），頁10-15。

資中筠，〈愛國的座標〉。撰於1994年，轉載自http://china-pla.hypermart.
　　net/board/messages/2488.html。

趙　梅，〈通向自由和繁榮之路〉。《美國研究》，2000年第3期（2000
　　年9月），頁132-141。

趙春山，〈從中共的「矛盾論」看華府與北京的「建設性戰略夥伴關
　　係」〉。《理論與政策》，12卷1期（1998年3月），頁1-11。

趙穗生，〈科學地認識中國大陸政治〉。《中國大陸問題研究》，33卷1
　　期（1990年1月），頁66-79。

趙黎青，〈關於中國非政府組織建設的幾個問題〉。《江蘇社會科學》，
　　2000年第4期（2000年8月），頁73-78。

蔡　瑋，〈中共的大國外交戰略與兩岸關係〉。《共黨問題研究》，26卷2
　　期（2000年2月），頁66-71。

鄭宇碩，〈文革後期的中國外交政策〉。《中國社會科學季刊》，32期
　　（2000年冬季），頁35-44。

鄭世平，〈中國國際關係研究的現況和困境〉。《中國大陸研究教學通
　　訊》，35期（1999年11月），頁1-3。

鄭端耀，〈國際建制與國際不擴散的關係——理論分析架構的探討〉。
　　《美歐季刊》，第13卷第2期（1999 年夏季），頁107-136。

鄭端耀，〈國際關係「新自由制度主義」理論之評析〉。《問題與研
　　究》，第36卷第12期（1997年12月），頁1-22。

劉宇凡，〈大陸知識界的大混戰及其現實意義〉。《左翼》，第14號
　　（2000年12月），頁23-35。

劉忠智，〈新世紀中國應有宏偉方略〉。《中國評論》，2000年4月號
　　（2000年4月），頁38-41。

閻學通，〈歷史的繼續——冷戰後的主要國際政治矛盾〉。《大公報》（香港），2000年7月19日，版A3。

閻學通，〈新世紀中國安全環境的變化趨向〉。《中國評論》，2000年5月號（2000年5月），頁35-39。

蕭功秦，〈後全能體制與21世紀中國的政治發展〉。《戰略與管理》，2000年第6期（2000年12月），頁1-8。

龍舒甲，〈古阿姆五國論壇發展研析〉。《問題與研究》，40卷2期，2001年3月，頁67-82。

韓勝東，〈日本新歷史教科書〉。《韓同胞21》，總322號（2000年8月）；《十月評論》轉載，28卷3期（2001年9月），頁12-14。

韓德強，〈「落後就要挨打」語意解析〉。上海紅旗網站，1999年5月30日，http://redflagsh.myetang.com/redsee/aida.htm。

蘇　格，〈國際安全新格局與合作機制〉。《中國評論》，1999年1月號。

蘇長和，〈經濟相互依賴及其政治後果〉。《歐洲》，1998年第4期（1998年8月），頁34-39。

三、西文書籍

Alker, H. R. (1996). *Rediscoveries and Reformulations-Humanistic Methodologies for International Studies*. Cambridge: Cambridge University Press.

Armstrong, J. D. (1977). *Revolutionary Diplomacy: Chinese Foreign Policy and the United Front Doctrine*. Berkeley: University of California Press.

Baldwin, D. A. ed. (1993). *Neorealism and Neoliberalism-The Contemporary Debate*. New York: Columbia University Press.

Baylis, J., & Smith, S. eds. (1997). *The Globalization of World Politics: An Introduction to International Relations*. Oxford: Oxford University

Press.

Bernstein, R., & Munro, R. H. (1997). *The Coming Conflict with China*. New York: Alfread A. Knopf Press.

Best, S., & Kellner, D. (1991). *Postmodern Theory: Critical Interrogations*. New York: The Guilford Press.

Buzan, B., Jones, C., & Little, R. (1993). *The Logic of Anarchy-Neorealism to Structuralism*. New York: Columbia University Press.

Carr, E. H. (1998). *The Twenty Years Crisis*. New York: Haper & Row Press.

Christopher, W. (1998). *In the Stream of History: Shaping Foreign Policy for a new Era*. Stanford: Stanford University Press.

Clinton, W. J. (1995, February). *A National Security Strategy of Engagement and Enlargement*. Washington, DC: Government Printing Office.

Courteny, B. (1995). *Chaos and Catastrophe Theories*. Iowa: University of Iowa Press.

Cox, R. W., & Sinclair, T. J. eds. (1996). *Approaches to World Order*. Cambridge: Cambridge University Press.

Cox, R. W., & Sinclair, T. J. eds. (1997). *The New Realism: Perspectives on Multilateralism and World Order*. Tokyo: United Nations University Press.

Dittmer, L. (1994). *China Under Reform*. Boulder: Westview Press.

Dittmer, L., & Kim, S. S. eds. (1993). *China's Quest for National Identity*. Ithaca: Cornell University Press.

Economy, E., & Oksenberg, M. eds. (1999). *China Joins the World: Progress and Prospects*. New York: Council on Foreign Relations Press.

Eichengree, B. (1996). *Globalizing Capital: A History of the International Monetary System*. NJ: Princeton University Press.

Faust, J. R., & Kornberg, J. F. (1995). *China in World Politics*. London: Lynne Press.

Friedman, G., & LeBard, M. (1991). *The Coming War with Japan*. New York: St. Martin's Press.

Fukuyama, F. (1992). *The End of History and the Last Man*. London: Hamish Hamilton Press.

Gilpin, R. (1987). *The Political Economy of International Relation*. Princeton: Princeton University Press.

Goldstein, J., & Keohane, R. O. eds. (1993). *Ideas and Foreign Policy: Beliefs, Institutions and Political Change*. Ithaca: Cornell University Press.

Gong, G. W., & Lin, Bih-jaw (1994). *Sino-American Relations at a Time of Change*. Washington DC: CSIS Press.

Goodman, D. S. G., & Segal, G. eds. (1997). *China Rising: Nationalism and Interdependence*. London: Routledge Press.

Grant, R. ed. (1995). *The European Union and China: A European Strategy for the Twenty-First Century*. London: the Royal Institute of International Affairs Press.

Groom, A. J. R., & Light, M. eds. (1994). *Contemporary International Relations: A Guild to Theory*. London: St. Martin's Press.

Guzzini, S. (1998). *Realism in International Relations and International Political Economy*. London: Routledge.

Haass, R. N. (1997). *The Reluctant Sheriff: The United State After the Cold War*. New York: The Council on Foreign Relations Press.

Harding, H. (1992). *A Fragile Relationship: The United States and China Since 1972*. Washington DC: The Brookingd Institution Press.

Harding, H. ed. (1984). *China's Foreign Relation in the 1980s*. New Haven: Yale University Press.

Hasenclever, A., Mayer, P., & Rittberger, V. (1997). *Theories of International Regimes*. Cambridge: Cambridge University Press.

Held, D., McGrew, A. G., Goldblatt, D., & Perraton, J. (1999). *Global Transformation: Politics, Economics and Culture.* Oxford: Polity Press.

Holmes, K. R., & Przystup, J. eds. (1997). *Between Diplomacy and Deterrence: Strategies for U. S. Relations with China.* Washington DC: the Heritage Foundation Press.

Holsti, K. J. (1992). *International Politics-a Framework for Analysis,* 5th ed. NJ: Prentice-Hall Press.

Hout, W. (1993). *Capitalism and the Third World.* Brookfield: Edward Elgar Press.

Hulsman, J. C. (1997). *A Paradigm for the New World Order: A School-of-Thought Analysis of American Foreign Policy in the Post-Cold Era.* London: Macmillan Press.

Hunt, M. (1996). *The Genesis of Chinese Communist Foreign Policy.* New York: Columbia University Press.

Huntington, S. P. (1996). *The Clash of Civilizations and the Remaking of World Order.* New York: Simon & Schuster Press.

Iriye, A. (1967). *Across the Pacific-An Inner History of American-East Asia Relations.* Chicago: Imprint Press.

Isaak, A. C. (1981). *Scope and Methods of Politics Science,* 3rd ed. Illinois: The Dorsey Press.

Johnston, A. I. (1995). *Cultural Realism-Strategic Culture and Grand Strategy in Chinese History.* NJ: Princeton Press.

Johnston, A. I., & Ross, R. S. eds. (1999). *Engaging China: The Management of an Emerging Power.* London: Routledge Press.

Kapstein, E. B., & Mastanduno, M. eds. (1999). *Unipolar Politics: Realism and State Strategies after the Cold War.* New York: Columbia University Press.

Katzenstein, P. J. ed. (1996). *The Culture of National Security: Norms and*

Identity in World Politics. New York: Columbia University Press.

Kegley, C. W. ed. (1995). *Controversies in International Relations Theory-Realism and the Neoliberal Challenge*. New York: St. Martin's Press.

Keohane, R. O. ed. (1984). *After Hegemony-Cooperation and Discord in the World Political Economy*. NJ: Princeton University Press.

Keohane, R. O. ed. (1986). *Neorealism and Its Critics*. New York: Columbia University Press.

Keohane, R. O. ed. (1989). *International Institutions and State Power: Essays in International Relations*. Boulder: Westview Press.

Keohane, R. O., & Milner, H. eds. (1996). *Internationalization and Domestic Politics*. Cambridge: Cambridge Press.

Keohane, R. O., & Nye, J. S. (1989). *Power and Interdependence*, 2nd ed. HarperCollins Press.

Kim, S. S. ed. (1994). *China and the World*. Bolder: Westview Press.

Kissinger, H. (1994). *Diplomacy*. New York: Touchstone Press.

Krasner, S. D. (1985). *Structural Conflict: The Third World against Global Liberalism*. Berkeley: University of California Press.

Krasner, S. D. ed. (1983). *International Regimes*. Ithaca: Cornell University Press.

Lampton, D. M. (2002). *Same Bed, Different Dreams: Managing U. S. - China Relations, 1989-2000*. Berkeley: University of California Press.

Lampton, D. M. ed. (2001). *The Making of Chinese and Security Policy in the Era of Reform, 1978-2000*. Stanford: Stanford University Press.

Lapid, Y., & Kratochwil, F. eds. (1996). *The Return of Culture and Identity in IR Theory*. Boulder: Lynne Rienner Press.

Lardy, N. R. (1994). *China in the World Economy*. Washington DC: Institute for International Economics Press.

Lardy, N. R. (1998). *China's Unfinished Economic Revolution*. Washington

DC: the Brookings Institute Press.

Lu, N. (1997). *The Dynamics of Foreign-Policy Decisionmaking in China.* Boulder: Westview Press.

Machiavelli, N. (1988). *The Prince,* edited by Quentin Skinner. Cambridge: Cambridge University Press.

Macridis, R. C. ed. (1976). *Foreign Policy in World Politics,* 5th ed. NJ: Englewood Cliff Press.

Mancall, M. (1984). *China at the Center-300 Years of Foreign Policy.* New York: Free Press.

Mann, J. H. (1999). *About Face: A History of America's Curious Relationship with China, from Nixon to Clinton.* New York: Alfred A. Knopf Press.

Marsh, D., & Stoker, G. eds. (1995). *Theory and Methods in Political Science.* New York: Palgrave Press.

Marx, K., & Engels, F. (1998). *The Communist Manifesto.* New York: Monthly Review Press.

McMurtry, J. (1978). *The Structure of Marx's World-View.* Princeton: Princeton University Press.

Mearsheimer, J. J. (2001). *The Tragedy of Great Power Politics.* New York: W. W. Norton & Company Press.

Morgenthau, H. J. (1973). *Politics among Nations-the Struggle for Power and Peace,* 5th ed. New York: Alfred A. Knopf Press.

Muravchik, J. (1991). *Exporting Democracy: Fulfilling America's Destiny.* Washington DC: The AELP Press.

Nathan, A. J., & Ross, R. S. (1997). *The Great Wall and the Empty Fortress: Chins's Search for Security.* New York: W. W. Norton & Company Press.

Neumann, I. B., & Waever, O. eds. (1997). *The Future of International*

Relations. London: Routledge Press.

North, D. C. (1981). *Structure and Change in Economic History*. New York: W. W. Norton and Company Press.

Oksenberg, M., Funabashi, Y., & Weiss, H. (1994). *An Emerging China in a World of Interdependence*. New York: the Trilateral Commission Press.

Overholt, W. (1993). *The Rise of China: How Economic Reform is Creating a New Superpower*. New York : W.W. Norton & Company Press.

Oye, K. A. ed. (1986). *Cooperation under Anarchy*. NJ: Princeton Press.

Perry, W. J., & Carter, A. B. (1999). *Preventive Defense: A New Security Strategy for America*. Washington DC: Brookings Institute Press.

Pettman, J. J. (1996). *Worlding Women: A Feminist International Politics*. Sydney: Allen & Unwin Press.

Robinson, T, W., & Shambaugh, D. eds. (1994). *Chinese Foreign Policy: Theory and Practice*. Oxford: Claredon Press.

Rosenau, J. N. ed. (1969). *International Politics and Foreign Policy*. New York: Free Press.

Roth, G., & Schluchter, W. (1979). *Max Weber's Vision of History: Ethics and Methods*. Berkeley: University of California Press.

Ruggie, J. G. ed. (1993). *Multilateralism Matters*. New York: Columbia University Press.

Segal, G. (1985). *Defending China*. Oxford: Oxford University Press.

Shambaugh, D. (1991). *Beautiful Imperialist: China Perceives America 1972-1990*. Princeton: Princeton University Press.

Shih, Chih-Yu (1993). *China's Just World-The Morality of Chinese Foreign Policy*. Boulder: Lynne Rienner Press.

Sjolander, C. T., & Cox, W. S. eds. (1994). *Beyond Positivism: Critical Reflections on International Relations*. Boulder: Lynne Rienner Publishers.

Skocpol, T. ed. (1984). *Vision and Method in Historical Sociology.* London: Cambridge Press.

Smith, M. A., & Timmins, G. eds. (2001). *Uncertain Europe: Building a New European Security Order?* London: Routledge Press.

Smith, S., Booth, K., & Zalewski, M. eds. (1996). *International Theory: Positivism and Beyond.* Cambridge: Cambridge University Press.

Solinger, D. J. ed. (1984). *Three Visions of Chinese Socialism.* Boulder: Westview Press.

Sven, S., Kathleen, T., & Frank, L. eds. (1992). *Structuring Politics: Historical Institutionalism in Comparative Analysis.* New York: Cambridge Press.

Swaine, M. D., & Tellis, A. J. (2000). *Interpreting China's Grand Strategy: Past, Present and Future.* Rand MR1121-AF2000.

Sylvester, C. (1994). *Feminist Theory and International Relations in a Postmodern Era.* Cambridge: Cambridge Press.

Thomas, B. (1976). *Max Weber's Theory of Concept Formation.* Durham: Duke University Press.

Tsou, T. (1963). *American's Failure in China, 1941-1950.* Chicago University Press.

Viotti, P. R., & Kauppi, M. (1993). *International Relations Theory-Realism, Plu-ralism, Globalism.* New York: Macmillan Press.

Vogel, E. F. ed. (1997). *Living with China: U. S. -China Relations in the Twenty-first Century.* New York: W. W. Norton Press.

Walker, R. B. J. (1993). *Inside/Outside: International Relations as Political Theory.* Cambridge: Cambridge University Press.

Waltz, K. N. (1959). *Man, the State and War.* New York: Columbia University Press.

Waltz, K. N. (1979). *Theory of International Politics.* London: Addison-

Wesley Press.

Weber, M. (1949). *The Methodology of the Social Sciences.* Edward Shils and Henry Finch translated and edited. New York: The Free Press.

Wendt, A. E. (1999). *Social Theory of International Politics.* Cambridge: Cambridge University Press.

Williams, P., Goldstein, D. M., & Shafritz, J. M. eds. (1994). *Classic Readings of International Relations.* Belmont: Wadsworth Press.

Yahuda, M. (1983). *Toward the End of Isolationism: China's Foreign Policy after Mao.* London: Macmillan Press.

Zalewski, M., & Parpart, J. eds. (1998). *The "Man" Question in International Relations.* Boulder: Westview Press.

Zbigniew, B. (1993). *Out of Control: Global Turmoil on the Eve of the Twenty-First Century.* New York: Macmillan Press.

Zbigniew, B. (1997). *The Grand Chessboard: American Primacy and Its Geostrategic Imperatives.* New York: BasicBooks Press.

四、西文期刊論文與報紙專論

Ashley, R. K. (1987, Winter). "The Geopolitics of Geopolitical Space: Toward a Critical Social Theory of International Politics," *Alternatives,* Vol. 12, No. 4, pp. 403-434.

Christensen, T. J. (2001, Spring). "Posing Problems without Catching up: China's Rise and Challenges for U.S. Security Policy," *International Security,* Vol. 25, No. 4, pp. 5-40.

Clemens, W. C. Jr. (2001, May 20). "How to Lose Friends and Inspire Enemies," *Washington Post,* p. B2.

Dessler, D. (1989, Summer). "What is at Stake in the Agent-Structure Debate?" *International Organization,* Vol. 43, No. 3, pp. 441-473.

Doyle, M. W. (1983, December). "Kant, Liberal Legacies, and Foreign Affairs," *Philosophy and Public Affairs,* Vol. 12, pp. 205-235.

Haas, P. M. (1992, Winter). "Introduction: Epistemic Communities and International Policy Coordination," *International Organization,* Vol. 46 No. 1, pp. 1-35.

Haass, R. N. (1995, January/February). "Paradigm Lost," *Foreign Affairs,* Vol. 74, No.1, pp. 43-58.

Holsti, O. R. (1989, Winter). "Model of International and Foreign Policy," *Diplomatic History,* Vol. 13, No. 1, pp. 15-43.

Hopf, T. (1998, Summer). "The Promise of Constructivism in International Relations Theory," *International Security,* Vol. 23, No. 1, pp. 171-200.

Huntington, S. P. (1993, Summer). "The Clash of Civilizations?" *Foreign Affairs,* Vol. 72, No. 3, pp. 22-49.

Huntington, S. P. (1993, June 6). "The Coming Clash of Civilizations or, the West Against the Rest," *The New York Times,* 6, 1993, p. E19.

Huntington, S. P. (1999, March/April). "The Lonely Superpower," *Foreign Affairs.* Vol.78, No.2, pp. 35-49.

Katzenstein, P. J. (1976, July). "International Relations and Domestic Structure: Foreign Economic Policies of Advanced Industrial States," *International Organization,* Vol.30, No.7, pp. 1-45.

Lake, D. A. (1992, March). "Powerful Pacifists: Democratic States and War," *American Political Science Review,* Vol. 86, No. 1, pp. 24-37.

Maos, Z., & Rusett, B. (1993, September). "Normative and Structural Cause of Democratic Peace," *American Political Science Review,* Vol. 87, No. 3, pp. 624-638.

Milner, H. V. (1998, Spring). "International Political Economy: Beyond Hegemonic Stability," *Foreign Policy,* No. 10, pp. 112-123.

Modelski, G. (1994, Winter). "Is World Politics Evolutionary Learning?"

International Organization, Vol. 44, No. 1, pp. 1-24.

Neufeld, M. (1993, January). "Interpretation and the 'Science' of International Relations," *Review of International Studies,* Vol. 19, No. 1, pp. 39-61.

Ng-Quinn, M. (1982, Spring). "Effects of Bipolarity on Chinese Foreign Policy," *Survey.* Vol.26, No.2, pp. 102-130.

Nye, J. S. Jr., & Owen, W. A. (1996, March/April). "America's Information Edge," *Foreign Affairs,* Vol. 75, No. 2, pp. 20-36.

Nye, J. S. Jr. (2001, July/August). "Golobalization's Democratic Deficit," *Foreign Affairs,* Vol. 80, No. 4, pp. 2-6.

Ross, R. S. (1997, March/April). "Beijing as a Conservative Power," *Foreign Affairs,* Vol. 76, No. 2, pp. 33-44.

Segal, G. (1998, September/October). "Does China Matters?" *Foreign Affairs,* Vol. 78, No. 5, pp. 24-36.

Shambough, D. (1996, Fall). "Containment or Engagement of China? Calculating Beijing's Responses," *International Security,* Vol. 21, No. 2, pp. 180-209.

Shambough, D. (2001, January/February). "Facing Reality in China Policy," *Foreign Affairs,* Vol. 80, No. 1, p. 50-64.

Shih, Chih-Yu (1998, July). "A Postcolonial Reading of the State Question in China," *Journal of Contemporary China,* Vol.7, No.7, pp. 125-139.

Wallerstein, I. (1993, February). "The World-System After the Cold War," *Journal of Peace Research,* Vol. 30., No. 1, pp. 1-6.

Waltz, K. N. (2000, August). "NATO Expansion: A Realist's View," *Contemporary Security Policy,* Vol. 21, No. 2, pp. 23-38.

Waltz, K. N. (2000, Summer). "Structural Realism after the Cold War," *International Security,* Vol. 25. No. 1, pp. 5-41.

Waltz, K. N. (1993, Fall). "The Emerging Structure of International Politics," *International Security,* Vol. 18, No. 2, pp. 44-79.

Wattenberg, B. J. (1990, Fall). "Neo-Manifest Destinarianism," *The National Interest,* Vol. 21, pp. 51-54.

Wendt, A. E. (1992, June). "Anarchy is What States Make of It: The Social Construction of Power Politics," *International Organization,* Vol.46, No.2, pp. 391-425.

Wendt, A. E. (1987, Summer). "The Agent-Structure Problem in International Relations Theory," *International Organization,* Vol. 41, No. 3, pp. 335-370.

William, K., & Kagan, R. (1996, July/August). "Toward a Neo-Reaganite Foreign Policy," *Foreign Affairs,* Vol. 75, No. 4, pp. 18-32.

附　錄

附錄一 「中國」概念的內涵與流變

一、凝固於現代的靜態「中國」

白魯恂（Lucian W. Pye）曾有句名言：「中國是一個文化，卻假裝是個國家。」而且是個「古怪的國家」（Erratic State）。關於「中國」的外交至今還囿於「中央王國」朝貢體系心態的想法，在學界也早非新聞。或許誠如白氏所論，「民族國家」是西方歷史的產物，「中國」對自己這個新地位認識模糊，在西人眼中難免有些古怪。然而，今天人們談到「中國」，將其「國」等同於美國、法國、英國之「國」，而為現代國際秩序裡的主權國家，似乎不再有疑義。不惟如此，近代以來人們大談「中國」上古史、「中國」外交史、「中國」美術史、「中國」青銅時代等等，似乎現代的「中國」概念已理所當然地和縱貫古今的「道統」脈脈相承，凝固為千篇一律、永恆靜態的對象。這種以新概念強加於歷史的做法，固然便於日常溝通，但犧牲辭意的流變與豐富性的結果，卻大大地局限了人們的眼光境界。於是愛之者頌讚其一貫光榮，惡之者鄙其為冥頑不靈，最後使言說的各方陷入作繭自縛的困境。作者有感於此，雖未專於史學，乃從浩瀚之歷代文獻取其一粟，對「中國」一詞的涵義與流變稍予查考。本書收錄此文雖不意在更張日用之「中國」辭意，但或可廓清論者之視界。

二、層累地造成的「中國」概念

「凡是一件史事，應當看它最先是怎樣的，以後逐步地變遷是怎樣的。」以辯偽名世的近代國學大師顧頡剛總結對《書經》、《詩經》等古代經典的考證，大膽提出了「層累地造成的中國古史」的觀點。他指出，古代偽經與各種穿鑿附會的注疏「譬如積薪，後來居上」地建構出

盤古炎黃、三皇五帝的世系,「時代愈後,傳說的古史期愈長,傳說中的中心人物愈放大。」於是連秦始皇以前的中國,都和《尚書禹貢》杜撰的九州一樣廣大。實際上,迄今不斷出土的考古資料都表明,中國文明的「孤島模式」與夏、商、周直線繼承觀念都不符史實。青銅史家張光直判斷,平行並起、相互刺激才是古代列國文明關係的特徵。

本文認為,多源頭的「平行並起說」比起為求「整齊」,或為政治目的建構的「天不變,道亦不變」模式更接近古代的「現實」。但追索「中國」概念的演歷與內涵,仍以顧頡剛「不立一真,惟窮流變」為好。從古代文獻分析以往說者使用「中國」一詞的指涉涵義,一方面可以掌握既往之時代,「中國」一詞的意義,一方面可以比較不同時期,「中國」概念的變化發展。關於「中國」的想像,就在歷史中不斷層累造成、積澱變化,最後又被迫與現代國際體系接軌,變成一個古怪的國際成員,且以中文的「國」這個概念和西文的 "State," "Nation," "Country," "Kingdom"等對應。西文諸語暫且不管,關於中文的「中國」,謹略將管窺所得,分如數端。

三、周代與春秋戰國:周王都城或受封諸侯國總稱

「國」原本指土石版築的「城郭」,在商周時期為貴族的封邑與武裝屯駐所在,延伸指涉整個受封的疆域,和諸侯征討所占的土地。孟子曾回憶周朝禮制,說「大國地方百里」,「次國地方七十里」。《大學》所謂「欲治其國者,先齊其家」,當時皆是此意。而「中國」一詞,在當時已廣泛使用。《詩經》中的「惠此中國,以綏四方」,及孟子所說舜獲天下擁戴,「然後之中國,踐天子位焉」,其「中國」都是指周王都城。但《孟子》記載「陳良生於楚,在中國之南,故北遊而學於中國也」,「闢土地、朝秦楚,蒞中國,而撫四夷也」;《左傳》稱「諸侯有夷之功,則獻於王,王以警於夷。中國則否,諸侯不相遺俘」;《公羊傳》載「桓公救中國,攘夷狄」;《史記》載「秦穆公辟遠,不與中國會盟」;《戰國策》中秦國宰相范睢說「韓、魏,中國之處,而

天下之樞也」，這些文本的「中國」已不限於王畿，不是指「一個國家」，而是總括封邑體系的各諸侯，以區別於四方不隸屬這個封邑體系的「夷」。

值得注意的是，春秋戰國時代，群雄並起，但今日人們所熟知的「群雄」在當時並沒有都被歸於「中國」的指涉範圍。所謂「中國之處」範圍模糊，有時僅限於指周室和韓、魏附近，有時則指周朝封邑體系的諸侯國。《史記》裡秦「子孫或在中國，或在夷狄」，吳國祖先「亡如荊蠻」、「自號句吳」，通常不列「中國」之屬。秦稱「公」乃是自封。出自江淮徐戎的徐國，起於百越之間的越國，北狄後裔中山國都是春秋時代馳騁一時的重要國家，但顯然不是「中國」成員。三苗後裔的楚，《史記》曾說她「或在中國，或在蠻夷」，但楚君自稱「我蠻夷也，不與中國號諡」，「王不加位，我自尊耳」，尤其是有意識地自外於「中國」一詞指涉的政治與文化範疇。「楚雖三戶、亡秦必楚」的誓言與「楚河漢界」的歷史，是此種觀念的延續。至於三星堆墓主——蜀國曾是周室滅商的盟友，興起於商朝中期之前，後為秦所併，與「中國」更為疏遠。

四、漢唐對魏晉：統一帝國整體對居中諸國或其舊地

秦漢統一，各有國號，然「中國」一詞已習用而傳延。《史記》稱此時「秦遂以兵滅六王，并中國，外攘四夷，死人如亂麻」，後來「中國一統，明天子在上，兼文武，席捲四海」，判分「內冠帶、外夷狄，分中國為十有二州」。漢武帝感嘆「今中國一統而北邊未安」。凡此「中國」皆指併滅戰國諸王，占居商周以來中樞地位的統一帝國整體。所以《後漢書》說「九州之外曰外國，亦曰絕國」。宋朝歐陽修所編《新唐書》記載唐初名臣魏徵所言「不許蠻夷弊中國也」；玄宗丞相楊國忠「傾中國驍卒二十萬」；唐苦於「吐番、回鶻號強雄，為中國患最久」，此類唐代「中國」語意與漢代相同，並不因設治郡縣與天子都城的遠近而有區別。史書作者歐陽修身處的北宋，也應是認同這一語意的。

　　魏晉南北朝也是各有國號。有趣的是，據晉朝陳壽所纂《三國志》記載，承襲漢祚而占據華北的魏，稱所據地區為「中國」，再度將蜀、吳排斥於「中國」之外。魏大臣傅碬稱「昔夫差凌齊勝晉，威行中國」、裴潛品評劉備「使居中國，能亂人不能為治也」，高堂隆說「吳蜀二賊，僭號稱帝，欲與中國爭衡」。魏人的觀點也為吳所接受。名將周瑜便斷言「舍鞍馬、仗舟楫，與吳越爭衡，本非中國所長」。另外，唐代名臣房玄齡所編《晉書》引述前秦君主苻堅記載「劉禪可非漢之遺祚，然終為中國所併」。歐陽修《新唐書》記載「晉遷江南，中國遂沒於夷狄」。可見無分南北，秦國宰相范雎的「韓、魏，中國之處，天下之樞」又成為時人指涉「中國」時的共識。

　　不過相關文獻談到高麗、高昌、南海諸國等未曾隸屬於秦漢的地區時，其「中國」概念又是魏晉南北兩方政權總據之地的全稱。唐代李延壽《北史》說高昌將白鹽「貢之中國」，高麗「書有五經、三史，……兵器與中國略同」，《南史》說南海諸國「吳孫權時遣宣化從事，……晉代通中國者蓋鮮。」顯然「中國」所指為何還要看論述裡的其他對象而定。

五、遼金：一個鄰國或已領有的居中諸國舊地

　　元代學者脫脫主修《遼史》與《金史》稱遼太祖皇后述律氏曾擔心戰爭「萬一不勝，為中國笑」，所言「中國」指五代的後梁。遼太宗曾云：「我夢神人令送石郎為中國帝」，「中國帝」正是石敬塘。無論國號，遼人與三國時代的吳國相同，依例將占居「韓、魏，中國之處」的五代諸政權稱為「中國」。相對於遼，「中國」是鄰國之一。蜀、楚、閩、吳越、南唐等「十國」則不是「中國」。

　　金入主遼、宋「中國之處」，（南）宋避江左。脫脫記載金將獨吉思忠曾議：「宋雖棲江表，未嘗一日忘中國，但力不足耳」；又載「日本國太宰府民七十二人，因糴遇風，漂至中國。詔給以糧，俾還本國」。這裡金人的「中國」已非稱呼一個國家政權，而又復指周室、韓

魏、漢唐（西）晉（北）宋都城所在的「天下之樞」舊地。

六、元明：回到統一帝國整體

明初宋濂所修《元史》，談及元代通習經史百家的名臣阿魯渾薩里，說「世祖聞其才，俾習中國之學」。世祖忽必烈之孫，元成宗奇渥溫帖木兒於1299年「復立行省，以中國之法治之」。查世祖與成宗時，蒙古早已征服金、宋。故此處「中國」與遼、金時代一樣，指已領有的居中諸國舊地。但元與遼、金不同之處是蒙古已再度統領漢唐時期全境，所以元朝宗廟音樂《威成之曲》高唱「紹天鴻業，繼世隆平。惠孚中國，威靖邊廷。」忽必烈致書責備日本，亦稱「我祖宗受天明命，奄有區夏。……日本密邇高麗，時通中國。至於朕躬，而無一乘之使以通和好。」宰相帖木兒塔識聞有日本間諜事，對曰：「今六合一家，何以刺探為？設果有之，正可令識中國之盛，歸告其主，使之向化。」雲南省因「西南夷八百媳婦國」未奉正朔，建議攻打。宰相哈剌哈孫批示「可諭之使來，不足以煩中國。」忽必烈等人這裡所說的「中國」，又是指統一的帝國整體。與《明史》所記明朝兵部尚書于謙為瓦剌來犯事奏稱「寇得志，要留大駕，勢必輕中國」一般無二。

七、清：自我指涉的國號之一

清繼明再度成為統領南北的帝國，層累繼受元、明的「中國」概念，稱「中國」為統一的帝國整體。由於開始和建構現代國際秩序的西方列強接觸，「大清國」與「中國」遂同時出現在正式的交涉文書中。被迫放棄天朝神話與朝貢秩序而從事「平行照會」的結果，「中國」逐漸凝固為清帝國君民清晰的自我稱謂。

例如，與俄君「察罕汗」訂尼布楚條約時清朝國勢正隆，條文開宗即謂：「中國大聖皇帝欽差分界大臣議政大臣領侍衛內大臣索額圖……」。後來陸續簽訂的不平等條約如南京條約，稱君臣時用「大清皇

帝」、「大清欽差」，一般稱謂用「中國人」、「中國大臣」。天津條約規定「英國自主之邦，與中國平等」。八國聯軍的辛丑合約內文則同時混用「大清國大皇帝」、「大清國」、「中國」、「中國政府」與「中國全權大臣」等語。此等形式「平等」的文書皆有中文西文，"China"遂也成為「大清國」、「中國」的共同譯名。恰好此時正逢民間排滿反清意識高漲，「大清」國號淪為「滿清」而遭排斥，「中國」遂承接傳統帝國整體、通用國號與一個現代主權國家實體而突出地被積澱下來。

八、小結

梁啟超感嘆以往史學「只知有朝廷，不知有『國家』，壓抑了『國家思想』的興起。」這正證明了從周代以迄明末近三千年的「中國」概念，和梁啟超急切要建構的「國家」是兩回事。

本文認為，歷史上「中國」概念的意義在商周都城、商周封邑體系的居中諸國、居中諸國所在地區、占居此一地區的政權、統一帝國整體之間漂移。當代華文社會日常語用的「中國」概念，則既是一個現代主權國家與其國號，又是秦漢唐宋元明清帝國的繼承者。此種意涵一方面來自歷代的層累造成的語用，另一方面又是經歷西方文明秩序嚴酷洗禮的對映結果，染上了一抹後殖民的色彩。不但如此，非指特定朝代國家的地區性概念——居中諸國所在的「中國之處」也還深植人心。

不經由歷史的追溯梳理，「中國」時而被感嘆為一盤散沙，時而被畏懼為霸權黃禍。其行止雖竭力仿效西方列強，卻又偶有疏離挑戰，往往令人難以理解。遂至各取所好，強加於人，真正變成偏執的霸權性話語。但是假若論者能理解概念意涵的流變，則在眾聲喧嘩的概念專斷下，或能保有幾許寬闊的澄明。

最後，「中國」概念和「神州」、「震旦」、「華夏」、「支那」等詞語的關係也是饒富興味。本文限於學力，未能一併探究，所幸此等詞語未陷入時下議論糾葛，可待來日思學也。

（原文載於《中國大陸研究教學通訊》五十三期，2002年11月）

附錄二　中國「大國外交」現象的後殖民分析

　　「大國外交」概念在後冷戰時期中共政壇與國際政治學界的興起是一種微妙的後殖民現象。

　　對上面這個提法要有以下兩點保留。第一，關於「後殖民」，包括後殖民的研究者本身也沒有給它一個固定的定義，這對各種「後學」而言是理所當然的。第二，雖然從鴉片戰爭之後，中國也長期經歷西方列強（包括日本）的殖民擴張，但中國從未為全被征服，不同地區在不同時期也是分別屬於個性極不相同的列強的勢力範圍。因此所謂「半封建、半殖民」的經驗是不完全的、複合的甚至矛盾的。然而，上述事實並不表示「大國外交」概念與現象的複雜內容不能用後殖民的角度加以分析。反而在西方與台灣以各種流派的現實主義分析之外，後殖民的角度會提供探索中共外交的人們另一種視野。

　　後殖民意指已經擺脫殖民地位的人，卻因為以往的殖民經驗與記憶而被對象化、異化，從而在名義上接納甚至認同前殖民者文化價值的現象。這種後殖民現象對於失去殖民地的西方而言是必須的。透過科學、文化以及物質文明的持續領先與滲透影響，西方依舊可以從後殖民現象中滿足自己優越地位的印象。一旦政經優勢有衰退跡象，文化價值的普遍性遭到前殖民地「在地化」、宣示自身獨特性的挑戰，西方知識界就產生霸權衰退、文明衝突、大混亂與「失卻典範」的焦慮，於是便思考出從懷柔整合到強硬遏制等各種因應之道，去維持既有的秩序。而迎面而來的這些「軟力量」又使擺脫殖民地位者陷入接受西方普世文明價值和殖民經驗重演的深重焦慮，這種認同危機，也是一種後殖民現象。

　　我們不妨循著二十世紀中國「大國」概念的旅程，以及後冷戰時期大陸內部對「大國外交」的辯論，作一個後殖民的隨想。柯偉林（William Kirby）指出，中國首次以平等一員的身分重返西方國際社會的契機出現在一次世界大戰之後。中國當時希望民主科學的西方列強，能夠接納中國的參與並給它一個公道。但威爾遜主義與國聯的失敗使得

這個想像粉碎，於是中國知識分子皈依了另一個西方——俄國列寧主義。第二次世界大戰中國首度以盟國主要成員的身分出現在世界舞台，稍稍恢復了自古作為「大國」的信心。但中國不但無法參與戰後秩序規劃，中共建政後又遭到西方領導的國際建制與組織長期拒於門外。韓戰的表現贏來了日內瓦會議，初步奠立共產中國對自己「大國」定位的認同。於是中共開始以自認不可或缺，但被主流排斥的「大國」，提倡反對「大國主義」的和平共處五項原則與萬隆精神。與蘇聯分道揚鑣後，中共更一度懷疑兩個超級大國要聯手對付，更不計成本地在亞非拉國家援助小國建設、指導革命，認為小必勝大，弱必勝強。華勒斯坦認為，大陸內部的「文革」可算是一種對資本主義世界體系的反叛，與法國、歐美1968年後蜂起的社會運動相呼應。70年代初進入聯合國後初期，中共對西方主導的國際組織仍意興闌珊，不時嘲諷。雖然80年代與美國關係正常化，但美方的一些反覆和蘇聯的緩和使得中共提出「獨立自主外交」，「永遠屬於第三世界」；中共內部的路線鬥爭也強化了「開放」但要「獨立自主」，和平防變的心理。

　　「大國外交」的概念與爭論出現於中共經改初成，軍經實力上升的後冷戰時期。但冷戰時期的「大國」、「反大國」雙重角色與政策其實已是後冷戰時期新爭辯的預演。西方分析家多半以為崛起的中國是一個重商主義至上、搭便車的大國（80年代也曾以為崛起的日本是這樣的國家）。赤裸的遏制怕要「自我實現預言」，於是希望藉由羅致中共參與國際建制與經濟全球化，使中國從一個犬儒投機者，認知並「社會化」成為承認西方價值主導的現狀秩序正當性的「遠東之錨」。西方思維與政策對這個不曾完全征服的神秘大國的躊躇，又助長了斜視西方的中共的舉棋不定。1993年APEC亞太經合會擺脫西方制裁陰影後，中國首先在次年的《中俄聯合公報》與一樣渴望重拾「大國」自尊的俄羅斯互道「大國」，這種國際場合的公開表述前所未有。1997年到98年，北京與西方主要大國元首互訪達到歷史高峰，人們以為「『世界』承認了我們」（實際上是西方），不用再「韜光養晦」，可以「有所作為」了，駐南斯拉夫使館挨炸又潑了一大盆冷水。似乎還是有共同歷史經驗的「中非合

作論壇」夥伴,才是中國忠實的朋友。

　　有成長的實力為後盾,又和柯林頓當局改善關係,原本引發了大陸內部的兩種反省。一種觀點認為中國不宜再沉緬於昔日殖民受害者的悲情,應當正面迎向具有相當程度普世性的、西方主導的國際社會,自我改進政經體制以提高中國文明的貢獻能力。另一種觀點也是認為中共不必再搞自我孤立的「獨立自主」,與被全球化拋諸腦後的「第三世界」小國們依偎取暖,應當適度展現實力,與大國們縱橫捭闔。但1996年台海危機、1999年炸館案與今年的軍機擦撞危機又呼應另外兩種觀點。其一認為大國彼此原本就有難以調和對抗性,不必對偶爾出現的西方善意抱持幻想,但也不要自我高估,為「第三世界」、「出頭」爭極,還是「做好自己的事」,以待來日。更急切的吶喊認為,西方資本主義國家的秩序本質上是排斥中國與「第三世界」的,其所謂普世價值只是殖民中心繼續剝削小國的霸權教條,這一點毛澤東早已警告過。中共應當高舉「國際政治經濟新秩序」的偉大旗幟,把國際體制改革推向二十一世紀,而不要與西方大國們沆瀣一氣。

　　本文猜想,上面這些爭議與大陸內部各種自由派、務實派、新舊左派的辯論有相互牽動的關係。無論如何,所有這些都離不開以西方文明和他們的政經動向為參照的心理,而且常隨著對方稍有的風吹草動而左右偏移。中國不曾被完全殖民,目前的經濟表現又已令西方大國們無法忽視。只要有一些「加入」的機會,「美帝」就會被視為矛盾的「美麗帝國主義」。如果中共還是像70年代以前一樣一窮二白,或者根本如同晉升無望、滿懷敵視的一些第三世界「小國」,其心態就不會如同今日這樣捉摸不定。更何況「殖民者」本身也不知道「單極」是否只是「片刻」,從認同、典範到戰略也還在漂移。這整個後殖民的境況,對各路論述者與實踐者而言,真是充滿焦慮與機遇。

　　(原文載於《中國大陸研究教學通訊》四十八期,2002年1月)

附錄三 北京為何坐視美國稱霸？

自2002年秋起，美國即堅持軍事解決伊拉克海珊政府，雖然終於全面占領伊國，但這種單極霸權的片面考慮，不僅引起全球除英國以外，多數盟邦的強烈質疑，也使美英兩國領袖面臨各自國會「偽造情報推動參戰」的指控和追究。

如所熟知，現實主義學派預言共同敵人瓦解後，既有同盟結構遲早要消滅，除非能很快找到新的強敵。面對冷戰的結束，國際關係既有典範的喪失，身為「孤獨超強」的美國，內部早有以「中國威脅」為旗號重整盟國團隊的呼聲。

只是每次美中關係出現緊張之際，國際上總是發生更令美國頭痛的事件和難題，使得北京最後都得以「軟著陸」處理。最令人歎為觀止的莫過於此次美國堅持以武力為伊拉克「解除武裝」，不惜將聯合國比喻為軟弱的國際聯盟，動武時將這礙眼的包袱丟到一邊。而北京這個曾經大力鼓吹「國家要解放、民族要獨立、人民要革命」，「反對霸權主義、強權政治」的第三世界代言人竟然出奇冷靜，與老布希攻伊時期相比，頗有再度結交其子小布希之意。

尤其正當金正日陳兵百萬、連續試射導彈，盧武鉉也心懷二志之際，北京不大叫「天下大亂、形勢大好」，反而是本該早在布勞福農場暢遊後就退休的江澤民，穩住「不搞對抗」的大局，暫時讓華府無東顧之憂，稍使小布希值回票價。美英指責巴黎「不可理喻」的同時，萊斯女士稱讚北京是個「負責任的大國」。北京保持被動，又換得小布希、席拉克、施若德、布萊爾先後致電爭取。但在國際各大媒體眼中，中國這個也有否決權的國家好像消失了，真是詭異至極。北京之曖昧甚至軟弱是否暗示什麼交易，還是中國的「獨立自主外交」將轉向親美？對於美國攻勢現實主義（offensive realism）竭力鞏固單極的霸權秩序，北京能容讓多久？

解釋可分為內政因素與國際考慮兩種，內政因素極大程度地決定國際考量。內政方面主要有二：一、共黨正進行史無前例的全面接班，外事、國防與對台等工作換班銜接尚未完成。短期內不欲節外生枝。無論是元首兼黨魁的胡錦濤，還是半退休的軍委主席江澤民，都還未能在外交上有突破性的創舉；二、長期而言，中國近年雖成長快速，但內部問題嚴重。其軍事投射與外交影響力也僅止於周邊地區。除了將主要精力放在「穩定發展」外，無暇他顧。

目前北京對美國單邊稱霸的對策有幾種可能：第一，自我定位為「體系大國」，採取外界所稱的「強烈現實主義」對付美國霸權的「攻勢現實主義」。「強烈現實主義」揚棄一切意識形態，唯具體利益是問。眼下既以經濟發展為中心，就幾代人咬牙「韜光養晦」，招商引資，美帝的帳稍後再算不遲。大陸決策圈與學界持這種犬儒心態的人不少。但「強烈現實主義」無法回答到底要「忍」多久的問題。何況美國已不再是中共外資最大來源，也不是最大貿易夥伴，經濟糾紛時有所聞，並非不能忍受與無法化解。倒是如果霸權日興月盛，與中共差距益大，「強烈現實主義」根本不符現實主義權力平衡的教義，更別提在台灣問題上與美交易。

第二，自我定位為「負責大國」，打算竭力「加入」主流國際社會。申奧、世博會等的成功已經顯示中國漸漸被西方主導的國際社會所接納。最近大陸籍法官首度當選海牙國際法院院長也是一例。這將有助於根本消弭中西雙方的歷史性緊張。而美國是主流國際社會的「重中之重」，美國的首肯就是踏入全球化的金鎖鑰。何況民主人權也並非都是西方反華的工具，中共也不再一概將各類維和行動視為「干涉內政」。則配合美國取締海珊何妨？我們姑且稱這種戰略為「負責現實主義」。這類觀念近來在大陸已被廣泛討論。但它不能回答一旦霸權固執文明衝突，堅持共黨仿效海珊「改變體制」，則北京只能淪為「一廂情願」，面子裡子兩失。

第三，自命為國際秩序的挑戰者。如此北京將不再韜光養晦，對美國稱霸也無法容忍。美國到處推銷「民主和平」，禍事早晚得輪到北

京。巴格達只是十字軍東征祭旗的軟柿子罷了。北京正等美國眾叛親離，很快就會乘隙反美，分化美俄、美歐、美韓甚至美日關係，並進而圖謀台灣。

其實以上各種解釋都有其道理，每種戰略設想在中南海高層與大陸知識界都有相當的支持者。但顯而易見的是，任何一種戰略都有明顯的缺點和無法回答的問題。鄧小平與江澤民大體採取第一種和第二種觀點的混合，根據情勢而有不同的偏向。但大陸民族主義情緒與所謂「新左派」反美攻伊人士屬第三種觀點；在全球化造成普遍的分配不公氣氛下，此情緒伺機湧爆非不可能，其能量如何尚難估計。

台北對華府攻伊的決策難以置喙，也無直接影響北京的籌碼。但至少可以發現，若中共濫用權力平衡以乘機興事，對台較為不利。而北京若也能深化「改革體制」，一個較為透明穩定的政體，才有更多台灣各界可以參與說服的空間。瞭解強權們的打算與難題，以理性的原則指導彈性的作為，面對高度不確定的世局，才會有穩健的應對準備。

（改寫自作者原載於《中國時報》2002年3月18日的同名文章）

國家圖書館出版品預行編目資料

建構中國—不確定世界中的大國定位與大國外
交 = Writing China: identity formation and big
power diplomacy / 張登及著. -- 初版. -- 臺北
市：揚智文化, 2003 [民 92]
　　面；　公分. -- （知識政治與文化系列；
5）
　　參考書目：面
　　ISBN　957-818-550-2（平裝）

　　1. 外交 – 政策 – 中國 2.中國 – 外交關係

578.21　　　　　　　　　　　　　92014621

建構中國 —

不確定世界中的大國定位與大國外交　　知識政治與文化系列 5

著　　者☞ 張登及
編輯委員☞ 石之瑜‧廖光生‧徐振國‧李英明‧黃瑞琪‧黃淑玲‧沈宗瑞‧歐陽新宜‧施正鋒‧方孝謙‧黃競涓‧江宜樺‧徐斯勤‧楊婉瑩
出 版 者☞ 揚智文化事業股份有限公司
發 行 人☞ 葉忠賢
總 編 輯☞ 林新倫
登 記 證☞ 局版北市業字第 1117 號
地　　址☞ 台北市新生南路三段 88 號 5 樓之 6
電　　話☞ （02）23660309
傳　　真☞ （02）23660310
郵撥帳號☞ 19735365　戶名：葉忠賢
法律顧問☞ 北辰著作權事務所　蕭雄淋律師
印　　刷☞ 鼎易印刷事業股份有限公司
初版一刷☞ 2003 年 12 月
ＩＳＢＮ☞ 957-818-550-2
定　　價☞ 新台幣 320 元
網　　址☞ http://www.ycrc.com.tw
E-mail ☞ yangchih@ycrc.com.tw